本书为教育部人文社会科学重点研究基地苏州大学中国特色城镇化研究中心和苏州大学新型城镇化与社会治理协同创新中心资助项目，同时受苏州大学优秀创新团队建设项目"地方政府与社会治理"和江苏省优势学科"政治学"资助。

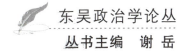

东吴政治学论丛

丛书主编　谢　岳

城乡社区治理新论

New Introduction to
Urban and Rural Community Governance

主　编　张　晨
副主编　何华玲

苏州大学出版社
Soochow University Press

图书在版编目(CIP)数据

城乡社区治理新论 / 张晨主编. —苏州：苏州大学出版社,2021.12
(东吴政治学论丛 / 谢岳主编)
ISBN 978-7-5672-3864-0

Ⅰ.①城… Ⅱ.①张… Ⅲ.①社区管理—研究—中国 Ⅳ.①D669.3

中国版本图书馆 CIP 数据核字(2021)第 274538 号

书　　　名：	城乡社区治理新论
	CHENGXIANG SHEQU ZHILI XINLUN
主　　编：	张　晨
责任编辑：	严瑶婷
装帧设计：	刘　俊
出版发行：	苏州大学出版社（Soochow University Press）
社　　址：	苏州市十梓街 1 号　邮编：215006
网　　址：	www.sudapress.com
邮　　箱：	sdcbs@suda.edu.cn
印　　装：	苏州工业园区美柯乐制版印务有限责任公司
邮购热线：	0512-67480030　销售热线：0512-67481020
网店地址：	https://szdxcbs.tmall.com/（天猫旗舰店）
开　　本：	700 mm×1 000 mm　1/16　印张：22.75　字数：343 千
版　　次：	2021 年 12 月第 1 版
印　　次：	2021 年 12 月第 1 次印刷
书　　号：	ISBN 978-7-5672-3864-0
定　　价：	88.00 元

凡购本社图书发现印装错误，请与本社联系调换。服务热线：0512-67481020

第一章　我们的家园：社区　/1

第一节　走进社区　/1
第二节　社区的类型　/8
第三节　社区变迁的动力　/21

第二章　城乡社区治理体制：结构与功能　/35

第一节　城乡社区治理体制的基本概念　/35
第二节　城市社区治理体制　/36
第三节　乡村社区治理体制　/53

第三章　基层党建引领社区治理　/62

第一节　基层党建引领社区治理概述　/62
第二节　基层党建引领社区治理的维度与实践路径　/67
第三节　打造社区党建品牌的实施与运营行动策略　/71

第四章　社区服务：从体制变革到机制创新　/81

第一节　社区服务体制变革：从"居站分离"到"一站多居"　/81
第二节　社区服务专业化：全科社工　/89
第三节　社区服务机制创新：政社互动模式的发展　/93

第五章 "指尖上的微生活"：
"互联网+" 智慧社区建设 / 124

第一节 智慧社区建设的时代背景："互联网+"的兴起 / 124
第二节 智慧社区的基本概念 / 126
第三节 智慧社区的建设与运营 / 133

第六章 城市新型社区的协同治理：
居委会、业委会与物业服务 / 146

第一节 城市新型社区治理的主体 / 146
第二节 城市新型社区治理主体间的关系 / 156
第三节 城市新型社区治理三方主体间的协同与互动 / 161

第七章 社区社会组织的培育与运营 / 171

第一节 社区社会组织概述 / 171
第二节 社区社会组织的培育 / 178
第三节 社区社会组织的运营 / 188

第八章 城乡社区民主协商：机制与流程 / 203

第一节 城乡社区民主协商概述 / 203
第二节 城乡社区民主协商机制 / 214
第三节 城乡社区民主协商平台的运作 / 226

第九章 社区矛盾冲突与纠纷化解 / 240

第一节 社区矛盾冲突的内容 / 240
第二节 社区矛盾冲突的演变逻辑 / 247
第三节 社区矛盾冲突的纠纷化解 / 249

第十章　城乡社区营造 /269

第一节　我们为什么需要社区营造? /269
第二节　社区营造的切入点：人、文、地、产、景 /281
第三节　社区营造该如何推进? /286
第四节　社区营造的突破口：人本与技术 /291

第十一章　社区应急管理 /296

第一节　社区应急管理概述 /296
第二节　社区应急管理的历史演变与国内外比较分析 /303
第三节　社区应急管理的能力建设 /311

第十二章　专题：怎样开展社区调查与研究——一个经验分享 /328

第一节　怎样选取一个社区研究的议题? /328
第二节　怎样进行社区调查的方案设计? /330
第三节　调查过程与实施 /333
第四节　研究经验总结与思考 /343

主要参考文献 /351

后记 /354

第一章 我们的家园：社区

第一节 走进社区

一、社区的含义

人类从遥远的原始社会，一路走到科学技术迅猛发展的网络时代，其行为方式发生了巨大变化。不过，无论是在茹毛饮血的原始社会，还是在高速发展的网络时代，人类作为群居物种这一属性并没有发生改变，人类个体依然是社会关系中的重要节点。2020 年，在全球遭遇新冠肺炎疫情肆虐的时候，人们聚焦家庭，聚焦一个一个社区，社区治理在疫情防控中起到了举足轻重的作用。

（一）社区的概念

原始社会的人们聚集在一起对抗自然，或近代工业社会的人们聚集在一起发展生产，其实质都是人们在一个一个的社区中生存，社区作为社会学的基本概念，最早是由德国社会学家滕尼斯提出的。他将德文"Gemeinschaft"（一般翻译为共同体、团体、集体、公社、社区等）一词首次用于社会学。1887 年，滕尼斯出版社会学名著 *Gemeinschaft and Gesellschaft*，其中，他将"Gemeinschaft"一词同"Gesellschaft"进行对比分析，用这两个词代表两种不同的社会团体。后来，美国社会学家罗密斯第一次将该书翻译成英文，书名最终为 *Community and Society*。英文"Community"一词便产生了。这本书被我国社会学家翻译为《社区与社会》。滕尼斯所理解的"Gemeinschaft"（社区）一词有深厚内涵——社区是由拥有共同习俗和价值观念的同质人口所组成的关系密切、守望相助、富有人情味的社会团体,而人们就生活在这种团体中。它与"Gesellschaft"(社会)一词有本质区别,社会中的人群是价值观不同、重理性而不重人情的社会关系的团体。所以,滕尼斯提出"社区"这一概念时,强调的是社会共同体、团体,强调心理的距离相近,并没有强调其地域的一致性。

美国芝加哥大学社会学系教授 R.E. 帕克在其所著的《城市社会学》中认为社区是"占据在一块被或多或少明确地限定了的地域上的人群汇集",而且"一个社区不仅仅是人的汇集,也是组织制度的汇集"。[1] 帕克还总结了社区的基本特点:一是按区域组织起来的人口;二是这些人口不同程度地与他们生存的土地有密切关系;三是生活在其中的每个人都处于一种互相依赖的互动关系中。[2] 由此看出,帕克强调地域、一定数量的人口和互动关系网络。地域便也成了社区概念中必不可少的要素,是社区存在的物质依托,围绕社区的讨论都离不开一定的空间地域。这样,社区概念得到进一步完善,并对应到了具体的实际生活。

帕克之后,关于社区的定义还有许许多多。1981年,美籍华裔社会学家杨庆堃统计的关于社区的定义就已经有140多种,他从不同角度界定社区:社会系统、社会功能、价值观、生活方式、归属感和认同感、社会参与等。在这里我们不一一展开论述,本书着重介绍中国学者的社区观。

20世纪30年代,中国学者引入了西方的社区概念,逐步形成了自己的定义。费孝通、郑杭生、王康、袁方、何肇发、黎熙元、方明等先后对社区进行了界定。虽然他们的侧重点不同,但是一般都立足于地域、人口、关系、结构、心理认同、基本物质设施等要素框架。比如费孝通认为,社区是若干社会群体或社会组织聚集在某一地域里形成的一个在生活上互相关联的大集体;郑杭生认为,社区是进行一定社会活动、具有某种互动关系和共同文化维系力的人类生活群体及其活动区域。

---

[1] 帕克,等. 城市社会学:芝加哥学派城市研究文集 [M]. 北京:华夏出版社,1987:110.

[2] LYON L. The community in urban society [M]. Philadelphia:Temple Univ Pr,1987.

结合国内外学者关于社区的看法，本书将社区定义为：聚集在一定的地域范围内，有某种互动关系，共享文化的人类群体。它是社会生活的共同体。

（二）社区的特征

社区作为人类生存的一个区域，有非常明显的特征。

1. 地域性

人们在一定的物理空间内聚集，地域是其基础，是聚集的依托。社区不能是一个过大的区域范围，过大的区域内的人群无法形成有效互动的共同体。在一定范围的地域内，人们在日常生活中互动，形成一定的人文空间，在这个空间中，人们还创造出了社区独特的文化。所以说，社区是我们地域空间和文化空间的结合，是人类活动的地理区域和社会心理的维系空间。在城市的社区中，有道路、商业网点、快递站、居民居住区域等，满足人们的生活需求；在乡村，有农田、村落、祠堂、快递站等，满足村民的日常需求。无论在城市或是乡村，人们在共同的区域生活并且互动，由此形成一定的生活方式、心理、文化等。

2. 共享性

居住在同一社区的居民共享各种生活设施，如菜场、商场、健身房、儿童游乐场等，他们面临着同样的住房和物业管理问题，由此就有了相同的利益诉求，共同处理问题，形成一定的行为规范。长期生活的物理空间，共享的生活配套设施，共同的社区文化，特别是特定地域的社区居民所形成的认同感和归属感，以及共同的社区意识所形成的社区特有的内聚力，这些都是社区居民社会关系的重要纽带。社区居民也因此形成了相对稳定的共同体。

3. 互动性

社区是社会的缩小版，人们共同生活在社区这个物理空间中，其社会关系更加具体、密切，相互之间的社会互动增多。社区成员只有充分协调、沟通和互动，才能形成良性运行的社区，才能为本社区的发展和功能的体现创造条件。比如社区中垃圾分类点的设置需要社区成员协调、沟通和互动；再如疫情期间社区的防疫也需要社区成员和物业管理部门、居委会等多方面配合，共同努力。在我国传统的农村社区中，人们的社会交往和互动关系比城市密切而亲厚，形成熟人社会，村民守望相助，共同满足日常生活中的一些需要。所以互动性是社区的重要特征，如果社区居民之间缺少互动，那么彼此会缺乏感情的交流和沟通，相互不了解，就很难形成共同的社区意识，这样的社区也就不是社会学意义上的社区了。

（三）社区的构成要素

社区既是一个物理空间，也是一个共同体，要构成一个社区，有些构成要素必不可少。

1. 人口

人口是社区的核心要素，具有一定相互关系或心理联系的人口是社区存在的前提。社区的一切因人而存在。人口主要有数量、构成和分布等三方面静态的特点。数量是指一个社区里人口的多少；构成是指社区内不同类型人口的特点；分布是指人口在社区中的物理空间分布，以及分布的密度等。人口数量、分布等关系到社区的规模，社区越大，人与人之间的互动、相熟的可能性越小，就越难形成共同心理，加上居民有着不同的职业、年龄、学历等，人口构成的多样化增加了社区的复杂性，使得社区的需求更加多元。所以了解一个社区，必须分析它的人口，了解其数量、构成、分布等。

2. 地域

社区有一定的地域范围和边界。和人口一样，地域也是社区必不可少的构成要素，为社区建设和发展提供了物质基础：一是社区成员活动的场所，生活的物理空间、地域范围的大小一定程度上也影响着人们的生活；二是为社区成员提供生活和生产资源。所以每位社区研究者都要研究社区的地域特点。许多著名学者都强调地域的重要性，如我们前文提到的帕克，他认为社区是由一群按照地域组织起来的人所构成的，这些人不同程度地深深扎根在他们生息的土地上；费孝通也在《乡土中国　生育制度》一书中，强调社区的地域空间性[1]。

---

[1] 费孝通．乡土中国　生育制度［M］．北京：北京大学出版社，1998：2.

3. 生活服务

社区一般都有一整套提供给社区居民的生活服务。这些服务的提供者通常包括邻里中心、商店、管理单位、学校、医院及社区服务中心等。

4. 规范和制度

社区有一套维护居民和谐生活的规范和制度，居民在社区生活中要遵守这套规范和制度。社区中的组织和人群都在不停地互动，这些互动会产生各种矛盾，矛盾的调节要靠社区的规范和制度。

5. 文化心理

一定的文化心理是一个社区得以存在和发展的内在力量。一个社区的风土人情、风俗习惯、管理制度，社区成员的心理特质、行为模式、价值观等都是社区文化心理的体现。最为典型的表现则是社区居民在长期的共同生活中形成的共同的地域观念、认同感和归属感。它构成了一种文化维系力，也是维系社区成员关系的强大精神凝聚力。

知识点链接：规范和制度——人类社会的规则体系

根据福山关于社会体系的描述，秩序的产生可以按照两条谱系为轴排列，一是从自上而下的由等级制产生到自发产生，二是通过非理性选择产生到理性选择产生。如图1-1所示，两坐标轴结合起来，可以说明社会规范产生的几种可能类型。

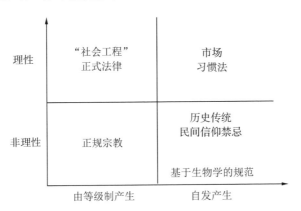

图1-1　规范和制度——人类社会的规则体系[1]

---

[1] 此图为本书主编根据福山的相关理论绘制，参见福山. 大分裂：人类本性与社会秩序的重建[M]. 刘榜离，王胜利，译. 北京：中国社会科学出版社，2002：193.

二、社区的功能

社区功能主要分成两大类：显性功能和隐性功能。

（一）显性功能

显性功能可分为生活功能、安全功能、学习功能、健康保障功能、福利功能五类。

1. 生活功能

社区可以提供一些生活服务，同时也依靠社区成员自己来维护和管理，为自己营造一个优雅、舒适、整洁的社区环境，满足自己对高品质生活的追求。

2. 安全功能

安全的环境是社区必不可少的，社区片警、物业公司保安、社区志愿者等，是保障社区居民的人身和财产安全的主力军。

3. 学习功能

社区建有幼儿园、中小学和其他各类辅导机构，为社区居民提供教育资源。

4. 健康保障功能

各种医院、诊所、社区医疗保健机构和药房等，为居民提供健康保障。有些社区建立了从新生儿到耄耋老人照料的整个健康保障体系。

5. 福利功能

社区内的福利机构、慈善组织或社会组织为老、弱、病、残等弱势群体提供特殊照顾和帮助。

（二）隐性功能

隐性功能可分为参与功能、社会化功能、社会整合功能、社会控制功能四类。

1. 参与功能

社区是联系每个社区成员的载体，社区为居民提供参与经济、政治、教育、健康和福利等方面活动的机会。社区成员通过参与社区活动来相互了解，建立良好的人际关系，互帮互助，解决社区生活共同的问题，追求快乐、幸福、健康、有趣的社区生活。社会经济的发展，社区规模的扩大，人们改善住房条件的需求，使得居住在传统的、熟悉的、具有良好人际关系的社区的居民越来越少，居住在互不认识的、单元式的、以自己家为活动空间的现代社区的居民越来越多。人们生活在自己的小世界中，参与社区事务的积极性不高，所以在现代社区中，如何调动居民参与社区公共生活的积极性，使其有效管理自己所居住的社区，是社区建设中值得深思的问题。

2. 社会化功能

个体为了适应社会，需要被社会化，而社区在人们社会化的过程中，起到至关重要的作用。社会化是个体对社会的认识与适应。个体从出生就开始与环境相互作用，进行社会化，在社会文化环境中学习掌握知识、技能、语言、规范、价值观、行为方式等，影响环境并被环境影响。个体通过社会化走向公共生活，融入社会，转变为社会人，成为合格的社会成员。人类出生后一般依赖原生家庭的帮助，在家庭中生活长大，然后走入社区，和社区同龄人互动，学会互动规则，接受社区文化，这种学习是潜移默化的，由此人类逐步形成社会认可的价值观和人格。社会化的教化来自家庭、学校和社会，无论何种社会化教化，都根植于社区，社区作为一个具体的生活共同体，是人类进行社会化的重要场所。

3. 社会整合功能

社区的大小不一，但不管拥有多少人口，社区在一定程度上都能把不同的人群在一定的空间里聚集起来，将社会个体以不同的方式进行不同程度的组织化，使社会与个体之间能够较好地融合。这也是社区共同体的内涵。

4. 社会控制功能

社区为国家、政府治理社会提供了更为具体的抓手，让国家、政府治理社会的政策真正落地，成为联结国家和家庭的纽带，让个体与社会的联系更加紧密。在抗疫的过程中，社区起到了举足轻重的作用，真正把一个一个的个体连接起来，共同对抗疫情。在社区的系统管理下，社区、个人和国家之间的沟通得到保障，公民的意愿能够较大程度地得到尊重，从而有利于消除矛盾或产生矛盾的温床，在时间和空间上，都对一些激进思想和谣言有一定的抑制作用，最终有利于社区的发展和社会的稳定。

社区作为共同体，所承担的社会控制功能主要是软控制，通过社会的风俗、文化、道德和习惯来影响人们的思想和行为，这种因为影响力而实现的控制也是社区对居民进行的最有效的控制。社区通过对社区居民的行为进行赞扬、表彰或批判、议论等来正风气，使社区成员自觉遵守社区规范和制度，共同推动社区的发展。

第二节　社区的类型

一、城市社区："都市港湾"

滕尼斯、沃思等学者依据社区的结构、功能、人口状况、组织程度等因素，把社区分为城市社区和农村社区两大类型，这也是被学界广为接受的分类，本书也采用这种分类方式。在中国，这两大类别能够囊括绝大多数的社区。

近代化伴随着城市化的进程，18世纪60年代英国开始工业革命，19世纪中叶城市化兴起，随后从英国向各国蔓延——欧美基本实现城市化，发展中国家随之跟进，20世纪中叶以后城市化在全球范围内推进。其动因在于：工业化推动城市化，农业生产工业化的趋势改变农村社区固有的特点，城市文明不断向农村地区传播。城市化主要表现为：人口向城市集中，社会生产力发展引起农业人口向城市人口转化，农村社区向城市社区集聚和转化，人类生活方式由乡村型向城市型转化。在我国，实现社会转型，实质上是消灭城乡差别。

（一）城市社区的特征

城市社区是主要由从事非农业活动的人口组成的、规模较大的、结构较复杂的地域社会共同体。城市社区具有明显的特征。

1. 人口规模大、密度高

工业革命给城市带来了更多的工作机会，人口从农村迁往城市，聚集形成城市社区。居住的高密集使得人与人的关系更加复杂，人与人之间的接触是表面的、短暂的、匿名的，也使得城市中少了传统农村的温情，多了功利取向。大规模、高密度的人口使得城市问题越来越多，城市治理，尤其是城市社区治理成为当下学术研究和政府工作的重点。

2. 人口异质性强

不同生活背景的人汇聚于城市，使得城市人口有着强异质性，进而使得社会流动性增加，阶级、阶层更加复杂；空间的流动，使得邻里关系淡漠；复杂的社会分工又让大家相互依赖，交换成为日常生活的必需，货币作为交换媒介，在人们心目中的地位越来越高；社会传统的控制弱化，社会问题丛生。当然异质性强也不是只有不好的方面，它也带来产业发展需要的多样化人才，这是相互依存的关系。产业会选择布局在比较容易获得人才的城市，人口也会流向产业多、就业机会多的城市，于是城市膨胀了，这是经济发展的必然结果。

3. 社会分工复杂、专业化程度高

越是大城市，人口异质性越强，同时分工会更加复杂，专业化程度会更高。城市社区有专门的洗衣店、家政公司、辅导机构等，满足城市居民各方面的需要。

4. 社会阶层结构趋向开放

在一个传统社会，一切都是文化、习俗或规范安排好的。在人口规模巨大、异质性强的城市中，不同阶层的人们多数因为求职谋生而来到城市，原有的阶层结构已经不再重要，不管是贫穷还是富有，大家来到同一个城市，居住在同一个社区，都有差不多的机会。在这个平台上，每个人凭借自身的能力生活，或超脱过去的阶层而晋升，或能力不济而阶层下滑。

5. 生活方式多样化、现代化

城市社区人口的异质性强，不同的职业、教育经历、兴趣爱好等使得人们的生活方式多样，价值多元。人们享受现代科技带来的生活便捷，选择自己觉得舒适的生活方式。

6. 社会控制以正式规则为主

在传统社会中，人与人之间有更多的人情味，是温情脉脉的，社会控制以传统、家族、文化为主。到现代城市社区，人与人之间关系较为冷漠，如果发生了矛盾，社会控制一般以正式规则为主，即便是社区调节，也依托正式的法律、规章和制度。

（二）我国城市社区的发展与分类

我国的城市社区一直随着城市化进程的深入而发展壮大。中华人民共和国成立以后，城市社区的发展与单位制的消亡密切关联，计划经济时代的单位实际上在一定程度上承担了现代社区具有的社会整合、生活服务、教育、福利等多方面功能。

中国城市社区发展经历了三个阶段：第一个阶段是1949—1978年，这一时期的单位制力量强大，在此基础上，国家对社会的行政控制力较强，社区居委会成为基层政权组织及其派出机构的附属；第二个阶段是1978—1992年，这一时期在政府的引导下，随着市场经济的发展，单位逐渐不再参与社区事务，社区组织作用日益凸显，社区居民初步参与社区事务，大量社会组织开始出现并发挥着越来越重要的作用；第三个阶段是1992年至今，这一阶段的政府日益重视培育自治型社区，逐步形成以社区居民为主体、以社区组织为手段的政府支持型的新型和谐社区。

在这里，我们简单地把当下的城市社区分为以下五类：

1. 城市老街区

我国有很多拥有悠久历史的城市，这些城市的老城区，通常集聚着很多开放式街区，这类社区的人口主要是老城区的原住居民，保持了较多老城区固有的传统街区生活方式、文化习俗，居民之间的人口同质性和文化认同感较强。社区样态主要是城市在长期历史发展中自然生成的。

2. 商品房住区

这类社区的住房主要是2000年以后建设的，由居民通过市场购买的方式获得，这类社区自20世纪90年代末中国房地产市场化之后就在各大城市中普遍存在，数量庞大，居住其中的人口异质性较大。社区样态主要是在城市化、市场化快速推进过程中基于市场资源配置而生成的。

3. 单位型社区

这类社区主要是指政府机关、大学、军队、大型国企的宿舍区，商品房改革之前，这种以各种形式建成的单位型社区不少，它没有脱离单位制，由单位承担社区的物业管理等职能，人口结构也较为单一，居民都是同事。进入21世纪后，一些单位型社区也出现了新变化，一些原住居民逐渐迁出，进入社区的新居民人口属性逐渐复杂化。

4. 经济适用房住宅区

这类社区是政府为了照顾中低收入市民而开发的住宅区。经济适用房相对于商品房有三个显著特征：经济性、保障性、实用性，是具有社会保障性质的商品住宅。其居民有一些共性特征，但由于一些历史原因，此类社区也出现了"人户分离"、群租现象严重等问题。

5. 老旧小区

住房的建筑时间一般在20世纪90年代以前，每套房屋的面积较小，在30平方米到80平方米之间。这类小区不仅户型小，没有电梯，而且年代久远，房屋质量导致的社区矛盾较多，社区治理有其自身特点。

（三）当前城市社区面临的主要问题

我国的城市社区治理在取得显著进步和斐然成绩的同时也出现了许多问题，而这些问题制约了城市社区的和谐发展。

首先最突出的是人口老龄化加剧，社区养老问题突出。根据第五次、第六次和第七次人口普查的情况，65岁以上的人口占比分别为7.1%、8.9%、13.5%，可以看出2010—2020年人口老龄化出现明显加速。在养老问题日益严重的情况下，社区养老的提出与发展满足了广大老年群体养老需求，有效地缓解了养老问题。然而，当前我国的社区养老由于受诸多因素的影响，在服务过程中存在许多不足。

所谓社区养老指的是老年人不必搬离自己熟悉的社区，可以住在自己家里，在继续得到家人照顾的同时，享受社区对接的专业服务机构和专业人员提供上门服务或者托老服务。现阶段我国社区养老服务的经费主要来自政府的财政拨款补贴和社会各界的捐赠，而基层政府的财力有限,使得相关经费的投入并不能满足社区的需求,更不用提进一步发展,而且由于老年人对医疗保健的巨大需求,社会捐赠实际上是杯水车薪。此外,随着人们生活水平和人均收入的不断提高,老年群体的物质和精神需求日益增长,这就对社区养老服务提出了更高的要求,配套基础设施建设需要更加丰富、更有针对性。而具体的养老管理服务过程也反映出社区养老服务的法律法规亟待完善、人力资源缺乏有效配置与管理等问题。

其次是新市民群体涌现,其城市融入度有待提升。随着城市化的推进,大量流动人口向大城市聚集,这些"新"群体为城市的发展建设提供了有力的支持,但同时他们在城市社区中的住房、教育及医疗保障等方面的问题日益突出。解决好这些问题,成为推动城市和谐、凝聚社会共识的重要突破口之一。十三届全国人大四次会议《政府工作报告》首次提到了"新市民"的概念,明确提出要"尽最大努力帮助新市民、青年人等缓解住房困难"。在新市民群体涌现的今天,人们需要理解什么是城市带来的幸福、品质。城市带来的幸福、品质就是让居住其中的人平等享有各项权益,享受教育、医疗、卫生等公共资源,让"老市民""新市民"都成为城市发展的力量,这才是以人为本的新型城镇化的核心要义。

最后是诸多"城市病"凸显,阻碍城市可持续发展。近几年来,随着中国经济的快速发展,城市的集聚效应已非常明显,大量人口涌入,城区建设扩张,人地矛盾日益尖锐。"城市病"的根源实际在于城市化进程中人与自然、人与人、精神与物质之间各种关系的失谐。这种失谐在现实中具体体现为人口膨胀、交通拥堵、环境恶化、住房紧张、就业困难等,而这些将会加重城市负担、制约城市化发展,甚至对市民身心产生不良影响等。例如,道路规划不合理、城市管理缺失而导致交通拥堵、出行时间较长等,会让城市损失大量财富,这无形中浪费了不少的能源和资源,不利于城市的可持续发展。

二、农村社区:"乡土乡愁"

农村社区也叫作乡村社区,寄托了人们青山绿水的浓浓乡愁。农村社区指主要以农业活动为基础聚集起来的人们生活的共同体,它可以是一个小的村落,也可以是由几个相邻的村落组成的社会区域。

(一)农村社区的类型

杨开道把农村社区按照住宅聚散、历史久远、家族派别、地理位置这四个标准进行分类。何肇发从三个角度对农村社区进行了划分:按照经济活动性质分为农村社区与非农村社区;按照形态与规模分为大村、中村、小村;按照发展水平分为初级社区与次级社区。中国乡村社会学学者主要采用居民聚集程度这一标准来划分,把农村社区分为散村社区、集村社区和集镇社区三种,具体分类如下。

1. 散村社区

我国土地广袤,地貌复杂,农村也因特殊的地理环境,形成零散分布的小村落。这些散村社区的特征是聚居程度低;居民靠天靠地吃饭,所以经济活动单一;居民之间来往频繁,需要建立紧密的联系来解决生活中的不方便,因为互帮互助,所以彼此了解,关系密切;这些社区交通不便,与外界隔绝,向外流动机会少;社区本身发展慢,变迁不大。因为经济活动单一又与外界隔绝,所以较为贫困,随着我国扶贫工作的开展,这些偏远的散村社区逐渐向集村社区转变。

2. 集村社区

顾名思义,这类社区的居民居住较为集中且人数较多、规模较大,一般是几十户甚至几百户聚居在一起;常常是一个或多个大姓宗族共同聚居;有一个或多个商铺中心,方便居民在非赶集的时候购买日常生活用品。相对于散村社区,集村社区市场经济渗透较深,经济活动不再单一,人们和外界的联系较多,人口流动相对大一些,变迁较快。

3. 集镇社区

集镇社区的形成有三种形式,一是从地点合适、交通便利的农村发展起来的,二是从定期赶集的自然集市发展起来的,三是在已经成为行政区划的基层政治中心基础上发展起来的。

集镇社区的人口由长期居住在集镇、不从事农业生产的居民,流动售卖的商人,在集镇务工的农村居民等构成。集镇有了工商、服务、建筑、运输、医疗卫生、教育、企业等机构，所以集镇地域在农村，服务于农村，但是没有农业生产，具有既不属于农村也不属于城市的特性。集镇到底是农村社区还是城市社区，学界还存在争议，这里把它归为农村社区。

（二）农村社区的特点

相较于城市社区，农村社区有非常鲜明的特征，其对自然依赖性强，所谓靠天吃饭，依赖天气、土地等；人口受教育程度较低；人际关系比较简单，熟人社会，人与人的交往大多基于亲缘，人们为解决日常生活的不方便问题而发生交往；生活方式单一，没有多少娱乐方式；经济水平不高；乡土观念重。具体来讲有以下几点。

1. 生存受自然环境影响大

农村居民谋生手段主要是从事农业，农业生产最重要的生产资料是土地，土地的肥沃程度、所处位置等直接影响产量，进而影响居民收入。除此之外，气温、降雨、风力等自然条件虽然有规律，但是也有偶然性，也会影响农业生产，靠天吃饭的情况依然存在。

2. 人口受教育程度较低

近些年来，农村的教育情况有较大提升，农村基础教育的硬件条件、师资力量等都有较大改善，但是和城市相比，差距依旧较大；受过高等教育的人口在农村占比不高。

3. 社会关系相对简单

相对于城市社区，农村社区通常由一个或者几个姓氏的人们在一定的地理区域范围内组成，居民社会关系相对来讲比较简单，主要是血缘、地缘关系。居民之间关系比较融洽、团结和睦、乐于互助。当然，随着农村的封闭性结构被打破，乡村资源的开发力度加大，居民外出机会增多，获取外界信息的渠道增加，人际关系也变得比以前更加复杂，邻里关系变得疏远。

4. 生活方式单一

农村生活包括农村居民的全部生活方式，如劳动、消费、闲暇和政治等。农村生活跟城市生活比，在整体上还是单一的。而且农村生活方式还有季节性,分农忙和农闲,农忙的时候日夜不休,农闲的时候主要在家、农田、集镇这些地方活动,照顾菜园和家禽、看电视、打牌。学习和发展的活动极少,即便有乡村图书馆,也基本上被闲置,总的来说,可供选择的活动方式和空间都较少。

5. 经济发展水平不高,居民收入较低

我国地理地貌复杂,所以农村土地分散,这就阻碍了农业规模化、产业化经营。近些年,农村交通等方面的基础设施建设改善较大,但还是不够完善,阻碍了农村对外拓展。单一的农业经济形式阻碍了多元化产品市场的形成,加上农产品的附加值低,农村居民收入普遍较低,农村经济整体发展较为落后。

> **知识点链接:差序格局**
>
> 我们的格局不是一捆一捆扎清楚的柴,而是好像把一块石头丢在水面上所发生的一圈圈推出去的波纹。每个人都是他社会影响所推出去的圈子的中心。被圈子的波纹所推及的就发生联系。每个人在某一时间某一地点所动用的圈子是不一定相同的。[1]

(三)农村社区的新问题

中国城市化进行了几十年,乡(农)村不再是费孝通笔下的那个熟人社会,日出而作,日落而息,靠着土地和天气吃饭。这几十年来,乡(农)村发生了很多新变化,有积极向好的,也有后退的部分,据观察,主要有以下两方面的变化。

一方面是空心化严重。城市化伴随的是人口的大规模迁徙,一是通过高考扩招,选拔了大批农村优秀青年,这部分人绝大多数留在了城市,真正扎根城市;二是进城务工人员增多,改革开放初期就有电视剧《外来妹》反映农村女性进城寻求发展空间的情况,到后来,农村青年无论男女,很多去沿海发达城市或各省会城市务工,他们就像候鸟一样,一年大多数时间在城市工作生活,春节和农忙时节回到农村短暂停留。这样留在农村的基本上是老弱病残幼,农村缺少年轻人,发展没有

---

[1] 费孝通. 乡土中国[M]. 上海:上海人民出版社,2006:21.

活力，空心化严重，问题频出。

另一方面是人口外流带来的农村青壮劳动力缺乏，种地和养殖附加值低，投入和产出不成正比，甚至在有的地方还会倒贴，于是出现抛荒现象，农民宁可让地荒着也不愿意再投入。地方基层政府也有积极应对的措施，如对土地进行流转。但在农村，即便有补助，流转后的土地生产效率低下，种植的经济作物，要么因疏于管理而产量低下，品质较低，要么销售困难，"谷贱伤农"，造成资源的严重浪费。有的农村试图利用自身独特的自然资源开发旅游业，但是开发旅游业是系统工程，很多地方不但旅游业没有发展起来，反而因为配套措施跟不上，造成对自然资源的污染。

三、城乡边缘社区："第三类型"

所谓"边缘社区"，顾名思义就是一种介于城市社区和农村社区之间的社区，这类社区既不同于现代城市社区，也不同于传统农村社区，是在我国城市化进程中出现的一类正在演变中的社区。"边缘社区"的发展前景应该是走向成熟的城市社区，但是如果这种转型不成功，无法回到农村的"边缘社区"就有可能沦为贫民窟。正是出于对这个问题的担忧，学界广泛开展了关于"边缘社区"的研究。"边缘社区"以不同的形式存在，如城乡接合部社区、"超级村庄""城中村"、过渡型社区等。

（一）城乡接合部社区：政策的产物

城乡接合部社区是中国特有的土地征购政策、户籍管理政策体系下的产物，处于城市建成区周边地带，兼有城乡生活方式的特征，因而不同于一般概念上的郊区或农村。周大鸣等认为城乡结（接）合部社区是指介于城乡之间的第三种社区类型。[1] 对于这类社区的研究主要集中在土地问题、社区安全和社区建设等方面。[2]

---

[1] 周大鸣，高崇.城乡结合部社区的研究：广州南景村50年的变迁[J].社会学研究，2001（4）：99-108.

[2] 张晨，王生坤，张欢.近年来我国城市化进程中的社区治理问题研究评述[J].中共南京市委党校学报，2010（2）：78-82.

(二)"超级村庄":乡间"都市"

折晓叶和陈婴婴用"村社区"来指称"超级村庄",认为"超级村庄"是乡村内部产生的一种非农经济社区。[1] "超级村庄"具有共同的地域和明确的边界,人们在价值观和认同感方面具有趋同性。由于经济发达,村庄的基础设施和建筑外表带有许多城市特色,是一种散布在乡村的"城市"居民点,亦可称为乡间"都市型"村庄。

(三)"城中村":都市里的村庄

关于"城中村"的研究文献,目前可谓汗牛充栋,其中比较著名的有李培林《村落的终结:羊城村的故事》和蓝宇蕴《都市里的村庄:一个"新村社共同体"的实地研究》。这两本著作都以对广州"城中村"的调查为基础,其研究路径一脉相承。在对"城中村"的研究中,李培林特别指出:第一,村落的终结和农民的终结不是完全同一的过程,不是非农化、工业化和户籍改革就能解决的,村落的终结更加艰难、更加漫长,一蹴而就的结果往往是社会的断裂;第二,村落的终结必然伴随产权的变动和社会网络的重组,其间必然伴随着激烈的利益和价值冲突,需要建立一种超越"零和博弈"的新的合作和整合机制;第三,村落组织的传统本土资源,并不完全是现代性的对立面,它也可以融入或被用来构建现代化的新传统,在所有被视为对立两极的中间,都存在连续谱的过渡和多样性;第四,"城中村"在城市化过程中具有双重的功能,它既是城市异质的边缘,也是替代贫民窟而成为农民工融入城市并转变成新市民的摇篮和桥板;第五,城中村的研究,为我们最终揭示从村落非农化、工业化、去工业化到城市化和村落终结的变迁逻辑,提供了可能。[2] 换言之,"城中村"的历史走向是逐步消亡直至终结。而蓝宇蕴则在对广州的"城中村"进行实证研究的基础上,主要注重"城中村"的社会层面和本土资源[3],提出了"都市村社共同体"这一概

---

[1] 折晓叶,陈婴婴. 社区的实践:"超级村庄"的发展历程 [M]. 浙江:浙江人民出版社,2000.

[2] 李培林. 村落的终结:羊城村的故事 [M]. 北京:商务印书馆,2004.

[3] 蓝宇蕴. 都市里的村庄:一个"新村社共同体"的实地研究 [M]. 北京:生活·读书·新知三联书店,2005.

念来阐释"城中村"存在、发展的特定逻辑，指出城中村已经成为我国城市化过程中的普遍现象，成为由"村"向"城"转型的一座"土桥"，都市村社型共同体成为城市化农民的"避风港"[1]，分析了政府合理的制度供给在"城中村"发展中的作用[2]。

（四）过渡型社区："何去何从"

在"边缘社区"中广泛存在另一类重要的新型"边缘社区"——城市边缘的大规模动迁小区，亦即我们所指称的过渡型社区，现有的对过渡型社区的研究相对薄弱。国内与之相近的研究主要是对于"村转居"社区的研究。在一些地区，"村转居"社区也被称为"村改居"[3]社区或"撤村建居"型社区或"村改社区"，徐琴对"村转居"社区和过渡型社区之间的关系做了阐释，她认为广义的"村转居"社区应包括三个子类："城中村型村转居"社区、"集中居住型村转居"社区和"政府安置型村转居"社区。[4]而第三个子类正是我们所研究的过渡型社区，即主要是由各地政府规划建设的、以安置失地农民为主的集中安置社区。

过渡型社区是伴随着工业化和城市化而形成的一类边缘社区。20世纪90年代末，我国工业化和城市化进程开始加速，由于城市和工业用地的大规模扩展，大量的城郊农村土地被征用，这成为我国各地政府城市化进程中不可避免的常见经济行为。为了安置失地农民，主要由政府统一规划、投资建设的动迁社区大量涌现，相应地，城市文化、城市生活方式和价值观也随之向原先的这些农村地区扩散蔓延。这样，原来的城乡接合部地带，就出现了一种既不同于农村社区又不同于城市社区的

---

[1] 蓝宇蕴.城市化中一座"土"的"桥"：关于城中村的一种阐释[J].开放时代，2006(3)：145-151.

[2] 蓝宇蕴.都市里的村庄：一个"新村社共同体"的实地研究[M].北京：生活·读书·新知三联书店，2005.

[3] 所谓"村改居"，是指在城市的周边地区或镇所在地成建制地实施"农转非"，将居民的农业户籍成建制地改为非农业户籍，将"村民委员会"这一农村基层群众自治组织改为城市性质的"社区居民委员会"。参见杨贵华.城市化进程中的"村改居"社区居委会建设[J].社会科学，2012（11）：76-84.

[4] 徐琴."村转居"社区的治理模式[J].江海学刊，2012（2）：104-109，239.

新型社区形态。由于此类边缘社区多处于学界较多关注的农村社区和城市社区之间,因其带有鲜明的从农村社区向城市社区过渡的特征而被称为"过渡型社区"。众多学者业已关注到此类社区,但以往的研究多采用转型社区、城乡接合部社区、城郊社区等概念。选用何种概念往往与学者的研究领域有关,如采用转型社区概念的学者多来自规划研究领域,采用城郊社区的学者则多来自公共安全研究领域。钱玉英在对基层治理的研究中,关注到了介于乡(农)村社区和城镇(城市)社区之间的过渡型社区。此概念的提出是为了在研究中将城镇化与当时的"集镇社区"和"城镇社区"概念相区别,认为过渡型社区的过渡性使社区内部存在矛盾和冲突,而治理的主要任务是消解冲突,建设更具包容性的社区,构建面向未来的基层治理新机制,这也是应对挑战、促进城镇化健康发展的重要路径。[1] 周晨虹把"城中村"改造后形成的介于城市社区与农村社区连续体之间的、既不同于"城中村"也不同于城市社区的、兼具城乡双重特性的新型社区称为"过渡型社区",认为过渡型社区管理需要解决好新型社区管理体制的组织构建、社区公共服务的供给、新型社区经济的管理转型及社区管理与基层政府行政的对接等几个关键问题。[2] 丁煌和黄立敏从社会资本的视角分析"居站分设"对"村改居"社区治理的影响,试图为寻找这类特殊的过渡型社区治理途径提供理论参考。[3] 上述"过渡型社区"概念或针对"城中村",或针对动迁小区,虽场域不同,但都关注到了此类社区最主要、最核心的特征——过渡性,它或脱胎于"城中村",或脱胎于传统村落,但其未来都是走向城市社区。

综上,所谓过渡型社区,其生成源于1990年以来政府主导下的快速城市化进程中,政府为了经济发展而进行的动迁。在征地动迁过程中,政府为了节约失地农民的安置成本,一般采取统一规划、集中修建

---

[1] 钱玉英.城镇化背景下的基层治理:中国的问题与出路[J].苏州大学学报(哲学社会科学版),2008(5):1-4.

[2] 周晨虹.城乡一体化进程中的"过渡型社区"研究[J].济南大学学报(社会科学版),2011(1):8-13.

[3] 丁煌,黄立敏.从社会资本视角看"村改居"社区治理[J].特区实践与理论,2010(3):36-39.

的方法，在较少的地理空间内集聚大量的失地农民。过渡型社区强调的是这类社区的过渡性特征，是中国特色城镇化进程中的特定社区演进形态。这类社区既包含着城市社区的特点，空间形态上已完全按照城市社区的建设要求完成规划建设，又由于失地农民生活方式和观念（文化传统、生活习俗）转换的滞后而顽强地保存着农村社区精神。在这类社区中，农民被动地卷入最初的市民化过程（生产方式的转变）中，而这类社区在功能上恰恰成了农民完成市民化的一个缓冲带，从而缓解了被动城市化带来的剧烈的心理和生活的冲击。一方面，大批农民失去土地后，在政府整体迁移的安置政策主导下，从村落散居被动地转变为小区聚居，"农转非"成为城市居民，从而导致他们的身份、谋生手段、生活方式乃至居住条件都发生很大变化，并主要体现在失地农民以动迁小区为载体的社区生活中；另一方面，随着城市工业化的加速推进，这些动迁社区由于距离工业区较近、交通便利、出租和转让成本也较低廉，吸引了大量外来人员入住。这使得这类失地农民动迁社区成为某种意义上的由失地农民和外来人口共享的"移民社区"。

  由于该类社区建设的目标是实现城市化，将失地农民转变成市民。因此，入住过渡型社区的本地居民都通过"土地换户籍"[1]而获得了城镇居民的身份，从户籍意义上他们已经是市民了。出于这种考虑，政府对其进行居住空间规划的时候，就是按照城市而不是按照农村来的。随着空间形态的改变，过渡型社区的治理主体也发生着改变和转换。在传统的农村村落社区，治理主体是村党支部领导下的村民自治组织——村民委员会（简称"村委会"）；在过渡型社区中，农村社区共同体的原有生活状态被动迁后新型社区的空间结构肢解，原本同一个村落的村民被分散到不同的社区中居住，村委会已经不能发挥治理作用，大多以"村改居"的方式被社区居民委员会（简称"居委会"）取而代之。就算在一些地方还保存着村委会，实际多已是名存实亡，不能发挥作用，而在一些地方，现代城市社区的治理机构，如物业公司也已经开始进入

---

  [1]"土地换户籍"政策在各地的实践引发了一系列的争议，而从编者调研苏州工业园区城市化的实践来看，这是一个客观现实，由于一系列征地动迁的配套措施（就业、养老、医疗等）的跟进和经济补偿的到位，多年来并未引发较为严重的失地农民的生计问题和利益冲突。

过渡型社区,并扮演着日益重要的角色。同时,人口性质的复杂化,使得该类社区的建设和治理面临不同于以往城市或农村社区治理的全新挑战。尤其是社区中的失地农民市民化和外来人口的社会整合与社区融入问题,成为过渡型社区建设和治理需要同时面对的两大核心问题。现实已经提醒我们,无论是单从失地农民入手,还是单从流动人口入手来研究这类过渡型社区的治理问题,都无法揭示问题的复杂性和内在本质。因此,不让过渡型社区成为我国未来都市中"贫民窟"的滋生地,而是更加顺利地实现过渡型社区中失地农民市民化、外来人员的社区融合,摆脱过渡型社区贫困化的潜在危险和困境,进而实现更深层次上的社会融合,是当前社区治理的核心主题。

因此,过渡型社区也是"边缘社区"的一种特殊形态,与其他"边缘社区"相比,过渡型社区具有自己的特点,凭借这些特点可以和其他"边缘社区"很好地区分开来。我们认为,过渡型社区具有社区生成行政化、社区景观城市化、社区居民非农化、社区人员构成复杂化、社区文化异质化、社区发展动态化、社区治安环境恶化等七大特点。这些特点"边缘社区"可能具备其中的几点,但是并不具备所有,完全具备这七大特点的方可被指称为过渡型社区。在这里我们需要注意的是过渡型社区与另一类典型"边缘社区"——"城中村"的区别,"城中村"的历史走向是逐步消亡直至终结,其实这一点李培林已经做了很好的暗示。过渡型社区则与之不同,过渡型社区具有明确的发展性特征,其前途是转变为成熟的城市社区,也就是说,"城中村"是属于过去和当下的概念,而过渡型社区的时间跨度是从现在到未来的,是一个比"城中村"更加具有生命力的概念。在政府主导型城市化的进程中,这一类过渡型社区将会越来越多地出现,有别于现有农村社区的城市化转型和"城中村"改造,对这类社区的研究势必开拓整个"边缘社区"研究的新领域。

第三节 社区变迁的动力

纵观我国社区发展建设的历程,无论是城市还是农村,社区治理的变迁都与推动其变迁的动力有着密不可分的关系。社区变迁的动力,是促使原有社区发生改变的力量，是对社区组织结构、管理模式等施加影响并使之改变的各种因素的总和，也是促使原有制度规范被创新、修改和废止及推动制度的执行和对操作进行调整和改变的作用力。本文将围绕"五化"展开，来分析社区变迁的动力。

一、城市化、城镇化与新型城镇化

这里将城市化与城镇化区别提出是基于我国在改革开放前后不同产业方针及一系列制度改革导致的差异化发展，而新型城镇化则是在反思已有的城镇化经验的基础上，逐渐将发展布局转向集约型，着眼于社会公平和可持续发展。

诺贝尔经济学奖得主约瑟夫·斯蒂格利茨曾判断，中国的城市化和以美国为首要阵地的新技术革命，将成为影响人们 21 世纪生活的两件大事。这里的"城市化"实际上蕴含的是一种市场逻辑，即在一个社会的经济重心逐渐从农业向工业和服务业转移的过程中，人口聚集的城市更有利于发展工业和服务业，相应地，城市居民更易获得更高的经济收入和更好的服务，在此趋势下，农业人口自然会逐渐向城市转移。但在我国的发展历程中，这样的"城市化"主要出现在改革开放前受国家以重化工业和大城市发展为主的方针引导的特殊时期。而改革开放以后到 20 世纪 90 年代中期，在"先农村后城市"的一系列制度改革及这一时期涌现的以乡镇企业为主的非国有制经济的影响下，中国走上了一条以小城镇为主的城市化道路。乡镇企业以市场为导向，建立了以轻工业为主的工业结构，很大程度上弥补了之前经济结构发展的不平衡，满足了社会和人民对生活必需品的需求。长期研究小城镇的费孝通提出以小城镇快速发展带动工业化进程，大规模解决就业，农民"离土不离乡"，又不产生"城市病"。这是符合中国国情的城镇化道路，甚至可概括为具有中国特色的城镇化道路。

20 世纪 90 年代中期以后，以小城镇为中心的城镇化发展暴露出发展基础薄弱、建设破坏环境等一系列问题，尤其是在城市经济规模化聚集发展的激烈竞争下，乡镇企业自身的缺陷越发凸显。学者们通过对中国实践的长期考察和对中国国情的深入研究，终于逐步形成共识：以小城镇为主的城镇化道路缺乏市场竞争力，并带来严重的区域性环境污染，综合效益有限，小城镇难以成为中国现代化和居民生活质量提高的空间依托。中国城市化要走一条以城市群为主体、大中小城市和小城镇协调发展的道路。

结合当时我国城镇化发展形势，2013年12月12日至13日，中央城镇化工作会议提出：城镇建设要体现尊重自然、顺应自然、天人合一的理念，依托现有山水脉络等独特风光，让城市融入大自然，让居民望得见山、看得见水、记得住乡愁。在此基础上李克强总理在十二届全国人大二次会议上做政府工作报告时强调推进以人为核心的新型城镇化，坚持走以人为本、"四化"同步、优化布局、生态文明、传承文化的新型城镇化道路。[1] 新型城镇化的重点是发展方式由粗放型向集约型的转变，核心是解决人的问题，旨在追求人口、经济、社会、资源、环境等协调发展的城乡一体化过程；同时强调在产业支撑、人居环境、社会保障、生活方式等方面实现由"乡"到"城"的转变，实现城乡统筹和可持续发展。由此可见新型城镇化不仅可以提高农村居民的生活水平，还可为其适应新的生活和生产方式提供良好的社会环境条件。一方面新型城镇化为农村社区建设提供保障。新型城镇化要求"工业反哺农业"，优化经济产业结构。另一方面，新型城镇化可以通过促进农村社区经济发展，有效地缩小贫富差距，缩小城乡发展水平差距，在此基础上城乡社区可以尝试建立良好的互动关系，相辅相成，共同推动我国社区建设的发展。此外，新型城镇化也改变了农村居民间的互动交往方式，现在的社区格局改变了村民间的关系，便捷的道路交通降低了交往互动成本，提高了互动效率，这更有助于居民间更为平等地交流互动，有助于形成新的共同体意识。

二、市场化

随着中国特色社会主义市场经济的发展，市场化应用的领域愈加广

---

[1] 新华社. 李克强：推进以人为核心的新型城镇化[EB/OL].(2014-03-05)[2021-9-25]. http://www.gov.cn/guowuyuan/2014-03/05/content_2629422.htm.

泛，无论是解决经济问题还是政治问题，它都在促进职权的分工协作、提高行动效率、激发社会竞争力等方面发挥了良性作用。

长期以来我国的社区建设是以公办公营、公建民营为主，需要政府持续的财政支持，且由于这是自上而下的政府行为，其建设模式相对单一，相对于由市场力量建设的机构，它更缺乏市场针对性。[1] 而在市场经济的作用下，社会资源逐渐自发地向资源配置更加高效的市场领域转移，在这样的大环境下，不能再依靠行政力量去为基层单位配置资源。同时，在市场化推动社会高速发展的情况下，社区的"人"和"事"越来越复杂，社区需要处理的事务也大大增加，这就意味着社区承担的责任也随之增加。如果不能实现权责的统一，势必会对将来的基层治理带来一系列问题，因而政府在调整党组织、街道办事处（简称"街道办"）、居委会在社区中的治理主体角色，通过责权利的统一，赋予社区以人、财、物及制度等资源，加强街道办自身能力建设。[2] 另外，在市场经济中，社会团体（也可称为社会组织、非政府组织）也在迅速增加，它们在社区事务管理中发挥着重要的中介作用，例如承担部分街道办不需要也没有必要承担的"社会性、服务性和事务性工作"，使社区资源可以更加集中地投入管理服务等方面。

随着市场经济的进一步发展和"小政府、大社会"政治体制改革的深入，传统上由政府控制的社会资源将逐渐回归社会。社区作为城市的基层单位，其内部组织也正经历着新的整合。一方面，政府权力重心逐渐下移，基层组织进一步增强对社区的行政控制；另一方面，市场组织和社会组织占有的资源越来越多，社区治理结构重心不断向政府之外的其他主体偏移。

---

[1] 陈喆，王慧君，陈未. 北京社会养老设施的调查与研究 [J]. 城市规划，2013（12）：51-59，67.

[2] 冯玲，李志远. 中国城市社区治理结构变迁的过程分析：基于资源配置视角 [J]. 人文志，2003（1）：133-138.

三、工业化

工业化的进程可以分为传统工业化和新型工业化,两者以第三次工业革命为界限划分。第三次工业革命以前,传统工业化主要表现为农业劳动力大量转向工业,农村人口大量向城镇转移,城镇人口超过农村人口。在这一阶段,借助传统工业化,城市经济得以迅猛发展,城镇化迅速推进,为城市社区的建设提供了有力的经济支持,推动了城市社区的形成。第三次工业革命后的新型工业化更加注重发展的可持续性,通过信息化带动工业化,既保证社区建设发展所必需的物质,也借助信息技术不断丰富发展社区建设的内容。一方面通过技术支持可以有效地整合社区资源,如为社区居民提供再就业机会等服务时,更加具有针对性,更符合实际需求;另一方面新型工业化为城乡经济创造了新的经济增长点,这也就为缩小贫富差距、缩小城乡社区建设水平差距提供了必要的支持,有力地推进了城乡社区一体化建设,同时为"城中村"、城乡接合部这些特殊区域的改造和整合创造了条件,使得社区的管理体制得到进一步的改进与完善。工业化的发展历程如图 1-2 所示。

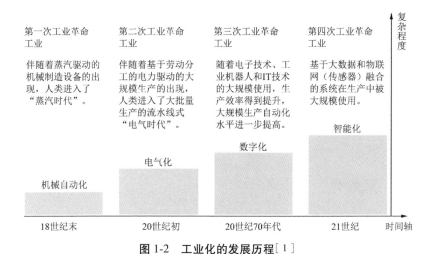

图 1-2 工业化的发展历程[1]

---

[1] 此图来源于网络,根据本书的需求,做了一定的修改,参见郑州扁担科技.从工业 1.0、2.0 到 3.0、4.0,我们的工业强国之路还有多远要走?[EB/OL](2020-04-27)[2021-03-06]. http://baijiahao.baidu.com/s?id=1665118813018650734&wfr=spider&for=pc.

此外，工业化在缩小贫富差距，促进经济更加和谐有序发展的同时，让不同收入群体间的矛盾与冲突有所缓解，在一定程度上推动了社会公平。这也有利于公民更加主动地形成民主、平等等观念，培养自治意识，提高参与社区民主治理的积极性，促进社区共同体意识的不断深入与完善。

四、信息化

信息化发展过程中的巨大推动力逐渐显现，"互联网+政务"也成为基层组织为居民提供的一种全新管理服务方式，从而成为促进社区变迁的重要推动力。一方面，信息化提高了基层组织的工作效率。社区政务通知由原本张贴在告示处转变为在微信公众号等平台发布，居民可以快速、准确地了解到相关事务，并及时进行反馈，从而缩短了信息相互传递的时间，社区工作人员可以快速调整工作内容和方式。另一方面，信息化拉近了基层组织与居民之间的关系。信息化的应用促使基层组织进行社区政务公开，在一定程度上缓解了以往信息不对称的状况，激发了居民参与社区活动的热情和积极性，基层组织和居民的关系由管理与被管理变为双向的互动关系，减少了二者之间的矛盾。

社区的信息化建设能够为居民建设一个舒适、便捷的现代化生活区。具体而言，要利用"互联网+"、云技术等现代信息技术，打造社区管理、服务、办公一体化的信息系统，实现社区的智能化、信息化、便捷化，形成服务水平更高的新的社区服务模式。城市社区智慧信息化建设是推动社区公共治理进一步发展的崭新模式，也是新时代城市社区建设的前进方向。

五、风险化

我国正处于社会转型和现代化建设的关键时期。一方面是改革开放40年以来取得了丰硕的现代化成果，经济持续性高速增长，国家综合实力和人民生活水平得到了显著提高；另一方面是伴随着现代化建设和社会转型而来的诸多社会问题的日益凸显，我国社会正处于一个全新的"高风险"时期，而近年来频繁出现的一系列社会问题、公共危机事件恰恰也证明了这一点。诸如就业问题、"三农"问题、金融问题、贫富差距问题、生态与资源问题、全球化问题、国内治理问题、信心和诚信问题、各类传染病和公共卫生问题等,构成了当前我国社会转型所面临的主要风险。转型社会这些特有的风险昭示着我们建立现代社会体制的工作还没有完成。因此,在我们津津乐道于财富增加的同时,千万要对现代化进程中的转型风险给予应有的关注。不然,亨廷顿的"现代性孕育着稳定,而现代化过程却滋生着动乱"的判断就有可能应验,重蹈许多拉美国家的覆辙。[1]

以德国社会学家贝克、英国社会理论家吉登斯为代表的众多西方学者从不同角度提醒我们,作为现代化努力方向的工业社会本身就是一个"风险社会",如技术风险、环境风险、金融风险及各种可能的突发事件带来的社会震荡风险等,它们一旦发生,将会造成难以估量的损失。这些作为现代性后果的社会风险也同样是正处在现代化进程中的我们不得不面临的问题。近年生产领域频发的各种安全事故,如重庆井喷、衡阳大火、吉化爆炸引发的松花江水源污染、哈尔滨市全城大停水及各地屡屡发生的矿难,都损失惨重;在生活用品安全这一领域,阜阳劣质奶粉事件、"苏丹红"事件、SK-Ⅱ事件、"多宝鱼"事件等,都引发了人们对生活用品安全机制的信任危机;江西九江地震、重庆大旱及2008年年初的南方雪灾等自然灾害也给当地人民生命财产造成了很大损失。这些都充分说明我们抵抗突发性风险的意识和能力,还需要提高。

因此,一般性的工业社会的"标准风险"加上转型社会特有的风险,使得中国社会成为了一个"双重风险社会"。如何应对这一重大挑战并"化险为夷",尤其是在涉及全社会,乃至全人类福祉的公共事务领域,我们能否找到一种全新的应对挑战的有效模式,都是公共管理和公共政策领域所应当给予解答的时代命题。正是这样一种时空情境,构成了我国社区变迁的基本动力。

[1] 亨廷顿. 变化社会中的政治秩序 [M]. 王冠华, 等译. 北京: 生活·读书·新知三联书店, 1989.

思 考

一、简答题

1. 谈谈社区共同体意识在社区建设中的作用。
2. 从社区功能的角度,谈谈社区对社区成员及社会发展的意义与价值。
3. 针对城乡社区现存的问题,试提出可行的对策。
4. 你是如何看待城乡社区发展不平衡的现状的?
5. 请结合转型期我国的特殊国情,谈谈如何展开社区治理工作。
6. 从社区变迁动力的角度,谈谈如何有效推动当今我国的社区建设。

二、案例分析题

案例 1　全球连线:中国因地制宜打造城市社区"15 分钟健身圈"[1]

"晚上热闹得很,跑步的、踢球的、打陀螺的……"夜幕降临,在中国贵州省贵阳市黔灵山体育公园内,市民覃明霞边跳着广场舞边说:"尽管跳完后大汗淋漓,但每天一个多小时的运动让我快乐。"

覃明霞脚下的这片运动场地,占地 25 万平方米,这里总是人声鼎沸。非常"魔幻"的是,它建设在一座"魔幻"立交桥下——5 层立体交通、最大垂直落差 55 米、11 条匝道、8 个出入口,这座黔春立交桥近年来因复杂的路况走红网络,很多司机感慨开车通过这里如同坐"过山车"一般。

作为贵阳市当前最大的市政立交桥,黔春立交桥不仅极大地改善了交通出行条件,还为附近民众开辟了新的健身空间。

公园管理方介绍,立交桥建成时,桥下很荒芜,闲置的空地上也没

---

[1] 本书所选案例有删改,案例来源:新华社.全球连线:中国因地制宜打造城市社区"15 分钟健身圈"[EB/OL].(2021-08-09)[2021-10-25].http://www.xinhuanet.com/video/2021-08/09/c_1127742878.htm.

什么绿化，后来考虑到桥墩较高，采光好、地势平坦，政府便投资修建了体育公园。

公园于2018年建成并投入使用，如今里面绿树成荫，既有足球场、篮球场等室外场地，又有乒乓球馆、羽毛球馆等室内场馆，并配套了充足的停车场地。

这是中国想方设法增加场地设施供给、全方位推动全民健身的一个缩影。

就在上个月，在距这座公园约15千米远的贵阳市观山湖区金华园小区，社区将原来闲置的喷水池及其附属空间改建为智慧体育健身驿站，其中设有羽毛球区、儿童娱乐区和健身步道，配备了智能健身器、智慧互动体验屏。

随着中国民众生活水平的不断提高，体育锻炼已成为人们生活不可或缺的一部分。在中国第13个"全民健身日"到来之际，记者在贵阳市市民健身中心看到，游泳馆内不少家长正带着孩子在学习游泳技能。

而如何提供更多的运动场地、健身设施，并实现"触手可及"？中国2014年提出要在城市社区推进"15分钟健身圈"建设。

所谓"15分钟健身圈"，主要是指"在城市社区，居民从居住地步行或骑行不超过15分钟范围内，有可供开展健步走、广场舞、球类运动等群众性体育活动的场地设施"。"十三五"期间，中国的福州、合肥、贵阳等城市先后宣布基本达到这一目标。

日前，中国国务院印发的《全民健身计划（2021—2025年）》要求，到2025年，县（市、区）、乡镇（街道）、行政村（社区）三级公共健身设施和社区"15分钟健身圈"要实现全覆盖。

顶层设计下，记者发现，中国各地陆续公布的具体实施方案，均提出要聚焦群众就近健身需要，优先规划建设贴近社区、方便可达的健身设施。福建、天津等地还明确表示支持建设符合环保和安全等要求的装配式健身馆。

贵州省政协委员王烈君曾多次呼吁加强公共体育基础设施建设。2021年7月，贵州省体育局在对她的提案答复中表示，2021年全省将在城镇老旧小区改造中加大场地设施投资和建设力度，包括预算2 700

万元，建设450个社区健身路径或3人制篮球场。

中国国家体育总局2021年6月公布的数据显示，截至2020年，中国人均体育场地面积为2.2平方米。2021年4月印发的《"十四五"时期全民健身设施补短板工程实施方案》提出，到2025年，中国人均体育场地面积要达到2.6平方米以上，每万人拥有足球场地数量要达到0.9块以上。

为破解"场地之困"，2020年10月，中国国务院办公厅印发的《关于加强全民健身场地设施建设发展群众体育的意见》，从盘活城市空闲土地、用好城市公益性建设用地、支持租赁方式供地、倡导复合用地模式等方面指明了方向。

在贵阳市云岩区的一个小区，一所24小时智能百姓健身房2020年开始运营，就是利用闲置空间、由企业投资建设、主要面向社区居民的运动场所。

业内人士也指出，"健身没地儿去"的难题不仅源于场地设施不足，还有场地设施得不到有效利用、运营管理缺失等原因。

数据显示，截至2019年底，在贵州省体育场地中，教育系统的体育场地占到全省50.1%。体育、教育等部门联手推动它们在适合时段向社会开放，是破解难题的一个途径。

贵阳市观山湖区副区长吴坤玲介绍，在做好疫情防控前提下，当地率先在13所符合条件的学校中开展学校体育场地面向社会免费开放试点。政府花钱购买设施对社会开放的公众责任意外伤害保险，投资安装门禁系统、支付设施维修维护费。

受访人士还建议，统筹打造多样化、小型化的社区嵌入式体育设施，多举办社区赛事，将全民健身真正送入千家万户。

问题1　案例中的小区属于什么类型的社区？

问题2　案例中的小区体现了社区的哪些功能？

案例2　察布查尔：农家厨娘借"百家厨房"显身手　乌宗布拉克农村社区多措激活乡村旅游[1]

顾客点完单，由后厨服务人员将菜单分配到各有所长的村民家中，经不同农家厨娘精心制作的农家菜再用保温桶送回餐厅摆盘上桌，一桌饭菜有可能吃到四五家各具特色的风味美食。4月3日，几位在伊格勒克百家饭庄点餐的游客对这一新颖的运营方式啧啧称赞。

这家与众不同的餐厅位于察布查尔锡伯自治县察布查尔镇乌宗布拉克农村社区。该社区采取"企业+合作社+农户"模式，吸引5家个体户注资100万元，成立察布查尔县阿克巴斯陶旅游发展有限责任公司（简称"阿克巴斯陶公司"），通过"百家厨房"运营模式，带动当地村民发展农家美食、蔬果、乳制品、肉制品等庭院经济，推动乡村振兴。

"去年夏天，乌宗布拉克农村社区盘活现有资源打造了这家餐厅，让村民以就业共享的方式参与到餐厅运营中，开业以来生意不错。"阿克巴斯陶公司党支部书记多斯江·居马汗说，"餐厅以哈萨克族美食为主，大部分菜品出自老百姓家。经过品尝、筛选，目前有17家农户成为餐厅的合作后厨，以一家一菜、一家一品的方式参与餐厅美食供应，既方便村民照顾家庭，又实现了增收致富。"

51岁的村民卡米拉·阿克木汗的生活重心是一日三餐、照顾家庭。自从与"百家厨房"合作，销售自己制作的奶茶、包尔沙克、那吾肉孜粥等美食后，凭着纯熟的厨艺，一个月就能挣1 300余元，补贴家用之余，自己也有了零花钱，这是她过去不曾想到的。

与卡米拉一样，村民古力扎特汗·阿热凭着出色的打馕手艺成了百家饭庄的馕直供方，榛子馕、核桃馕、牛奶馕等不同品种的馕除了供给饭庄，还销售到市场、夜市和零售点。"我一天要打200个馕，生意好的时候，一个月收入八九千元。"古力扎特汗说。

乌宗布拉克农村社区距县城8.5千米，距离伊南工业园区3千

---

[1] 案例来源:新华网. 察布查尔:农家厨娘借"百家厨房"显身手　乌宗布拉克农村社区多措激活乡村旅游[EB/OL]. (2021-04-09)[2021-10-20]. http://www.xj.xinhuanet.com/zt/2021-04/09/c_1127311201.htm.

米，有较强的地缘优势。2020年11月起，社区与察布查尔县工业园区融凯能源科技有限公司（简称"融凯能源公司"）合作推出代金券。凡是在融凯能源公司加油的过往车辆司机都能获得不同金额的代金券，用这些代金券可以到乌宗布拉克农村社区的餐厅、商店、市场等销售网点消费。"这一举措大大提升了餐厅的客流量。"多斯江说，目前，公司已为6家企业的运输车队司机发放7万元的代金券，可为社区各网点带来14万元的销售额。除此之外，公司还以餐厅及夜市为平台，多方推广村民家的乳制品、肉制品、小工艺品等，多途径帮助村民增收。

随着家庭游、自驾游的兴起，乡村旅游越来越受到人们青睐。这两年，乌宗布拉克农村社区借助距离察布查尔县、伊宁市近的优势，以哈萨克族村落为落脚点，打造"旅游+"精品项目，培育发展独具本地特色的农家乐、牧家乐和乡村客栈，开发"七彩花海""彩色墙绘"等项目，带动村民各展所长发展庭院经济，开发一系列独具哈萨克族特色的旅游产业，通过现代化改造，在吸引周边游客观光游玩的同时，让本地土特产"走出去"，让村民"钱袋子"鼓起来。

走在乌宗布拉克农村社区，一排排蓝白相间的房屋、一幅幅民俗浓郁的墙绘作品、一条条整洁有序的巷道，让整个村庄显得既诗意又田园，给人以"采菊东篱下，悠然见南山"的闲适与安然。

"今后，我们将继续巩固提升哈萨克民族村寨项目，围绕环境卫生整治开展乡村美化、绿化工作，督促村民做好家居卫生和庭院美化。"乌宗布拉克农村社区党支部书记李乃新说，目前社区已投入80余万元，完成主要街道两侧红叶海棠、苹果、树上干杏等树种的种植，为农户发放5 500余棵树苗，让他们在美化庭院的同时，壮大庭院经济。在阿克巴斯陶公司的运作下，3家高标准民宿也正在打造中。下一步，乌宗布拉克农村社区还将深耕本土特色，把乡村美食、乡村特产、农事体验、牧家生活等特色产业做大做强，让来到这里的游客就近体验"诗与远方"的田园生活。

问题 案例中的社区经历了巨大的变迁，试分析其变迁背后的动力。

案例3　甘肃临夏：昔日"城中村"变身文旅新地标[1]

一大早，在甘肃省临夏回族自治州临夏市老城区中心的八坊十三巷，游人就已经多了起来。富有生活气息的街巷，独具民族特色的砖雕、木刻，都吸引着游客来这里打卡游玩。八坊十三巷是典型的少数民族聚居区，曾经是茶马互市的重要枢纽之一。然而随着时代的变迁，这里已经成为典型的"城中村"。

临夏市八坊十三巷居民　马小强

改造前这里的道路泥泞不堪，街面脏乱差。记得我小时候有一次去学校的时候没带伞也没穿雨鞋，然后下雨了，回来的时候鞋和裤子全都是泥巴。好多人都搬出去了。条件稍微好一点有经济能力的，就都搬出去了。

为了改善居民的居住和出行条件，当地政府从2015年开始实施将文化传承、旅游培育、棚户区改造相结合的八坊十三巷综合保护开发。

临夏市八坊十三巷居民　马小强

改造之后，这个巷道就整洁很多了，泥水也没有了，好多街边的都开了自己的商店，把自己小院也打理出来，开个农家院，收入也好了，变化很大。

马小强在政府补贴下将自家库房改造成商铺销售地毯，在家就能轻松赚钱。

临夏市八坊十三巷居民　马小强

以前我爸和我都是出门在外地做生意，还挣不了多少钱。现在在家做生意，前店后院一家人特别好，收入也好。没想过有这么好的收入，真的。

街巷美了、游客来了、居民富了，如今的八坊十三巷，将历史与现代、民族与艺术、人文与休闲巧妙融合，原汁原味地保留了历史、传统建筑和民俗文化，成为临夏的文旅新地标。

---

[1]　案例来源:新华网. 甘肃临夏:昔日"城中村"变身文旅新地标[EB/OL]. (2021-09-08)[2021-10-25]. http://www.news.cn/video/2021-09/08/c_1211360665.htm.

问题1　结合案例,谈谈"城中村"的特征。

问题2　案例中的"城中村"变迁背后的动力是什么?

第二章 城乡社区治理体制：结构与功能

第一节 城乡社区治理体制的基本概念

体制的改革和完善，关注的是社会的结构合理性问题，它从本原上推进社会发展和进步。[1] 近年来，党和国家领导人逐渐认识到这一问题的重要意义。习近平总书记2014年3月5日在参加十二届全国人大二次会议上海代表团审议时强调，"加强和创新社会治理，关键在体制创新，核心是人"。2018年2月，党的十九届三中全会在《中共中央关于深化党和国家机构改革的决定》中明确提出："构建简约高效的基层管理体制……推动治理重心下移，尽可能把资源、服务、管理放到基层，使基层有人有权有物，保证基层事情基层办、基层权力给基层、基层事情有人办。"城乡社区作为基层最重要、最基本的治理单元，其关键问题就在于体制的完善与创新，这是城乡社区治理的元问题。我们只有把这个问题认识清楚并解决好，才能从根本上健全城乡社区公共服务体系，完善共建共治共享的社会治理制度，满足最广大人民群众对美好生活的需求，最终实现城乡社区善治。

那么何为社区治理体制？按照相关学者定义，社区治理体制是指规定社区参与主体之间权利和义务关系的一系列制度安排。社区体制是社会体制的微观基础，社区体制的核心问题是如何在公共利益和公众公平

---

[1] 陆学艺. 中国社会建设与社会管理：探索·发现[M]. 北京：社会科学文献出版社，2011.

参与这样一个边界条件里找到一个机制来激发社区活力、维护社区秩序。[1] 社区治理体制改革的根本目标，是推进社区治理体系和治理能力现代化，实现社区现代化。社区治理体制改革的主要任务，是理清政府、市场、社会之间的利益关系，充分发挥三者在参与社区治理过程中公平、合理配置资源的基础性作用，有效解放和激发社区活力，形成不同主体平等参与、包容开放、沟通协商、公平竞争、合作共赢的社区治理新格局。[2] 因此，加强社会建设和创新社会治理，就是要在深层次上理顺并构建三者的新型关系，既避免它们各自的失灵——政府失灵、市场失灵及可能的社会失灵，也避免它们关系上的越位、错位、缺位和虚位。[3]

第二节　城市社区治理体制

一、城市社区治理体制的历史变迁

自中华人民共和国成立以来，我国城市社区治理体制经历了从单位制过渡到街居制，再到现在的社区制的转变。单位制时期，我国城市基层治理体制以国家的垄断为基本特征进行制度变迁；街居制时期，我国城市基层治理体制以国家垄断力量为主，但有少量社会力量参与，以两者共同推进为特征进行制度变迁；社区制时期，我国城市基层治理体制仍然是以国家垄断力量为主，结合社会力量共同推进制度变迁，但这个时期社会力量进一步加强，在城市基层治理体制的变迁中发挥着更加重要的作用。[4]

---

[1] 丁元竹，江汛清. 社会体制改革目标设计及配套政策研究 [J]. 新疆师范大学学报（哲学社会科学版），2017（1）：31-37，2.

[2] 李晓壮. 城市社区治理体制改革创新研究：基于北京市中关村街道东升园社区的调查 [J]. 城市发展研究，2015（1）：94-101.

[3] 郑杭生，徐晓军，彭扬帆. 社会建设与社会管理中的理论深化与实践创新：访中国人民大学郑杭生教授 [J]. 社会主义研究，2013（3）：1-9，169.

[4] 李靖，李春生. 我国城市基层治理体制变迁研究：基于历史制度主义范式 [J]. 湖北社会科学，2018（1）：45-52.

(一)单位制的历史变迁

单位制是中国再分配经济体制下城市国有单位特有的组织和制度，是中国在1949年后进行有组织的现代化背景下，面对人均资源严重匮乏和社会整合机制相对脆弱的社会总体状况，通过强化国家政治权威和再分配能力实现社会控制和资源配置的社会管理机制。[1] 对于这种单位制的历史发展，田毅鹏指出东北地区特殊的历史背景和社区条件，使得其在全中国率先建立起单位制并形成"典型单位制"。据此，他将我国的典型单位制划分为三个时期，第一时期是发生阶段（1948—1953年），第二时期是发展阶段（1953—1956年），第三时期是消解与畸变阶段（20世纪90年代以来）。[2] 路风则根据私有制改造是否完成为判断依据，以1956年"三大改造"基本完成为界限将单位体制分为：单位体制的初步形成时期（1956年以前）、单位体制发展时期（1957—1966年）、单位体制成熟时期（1966—1976年）。[3] 综合以上学者的研究，本文将单位制的形成、发展与消解划分为三大时期，分别为单位制的形成时期（1949—1956年）、单位制的发展与成熟时期（1956—1978年）与单位制的消解与选择性在场时期（1978年至今）。

1. 单位制的形成时期（1949—1956年）

由于中华人民共和国刚刚建立，中国共产党也刚从革命党转变为执政党，此时的中国百废待兴，面临着一种总体性危机。孙立平指出，这种危机是全面的且是叠加的，即财政危机、行政危机、参与危机、权威危机、整合危机互相交织在一起。危机同时也表现在政治与社会层面，即政治解体与社会解组同时出现。社会上缺乏强有力的组织力量，社会自治机制受损，社会生活呈现为总体崩溃状态。原有的

---

[1] 刘平,王汉生,张笑会. 变动的单位制与体制内的分化：以限制介入性大型国有企业为例[J]. 社会学研究, 2008（3）: 56-78, 243-244.

[2] 田毅鹏. "典型单位制"的起源和形成[J]. 吉林大学社会科学学报, 2007（4）: 56-62.

[3] 郭圣莉,刘晓亮. 转型社会的制度变革：上海城市管理与社区治理体制构建[M]. 上海：华东理工大学出版社, 2013: 76.

社会关系基础无法重组，制度框架无法重建。要解决这种总体性危机，一种可能的方式就是用军事力量改变资源的控制形式，在此基础上重构国家与社会的关系，实现国家重点和社会重点。[1] 对于当时的中国共产党来说，由于对刚刚成立的国家缺乏相应的管理经验，唯一可供选择的方式便是采取党在根据地时期形成的对"党的革命队伍"的特殊管理体制。中国共产党根据这一实际经验出发，便孕育出了影响中国几代人的单位制。随着1956年"三大改造"基本完成，我国计划经济体制的基本形成，为适应计划经济体制而建立的单位制也随之在全国建立起来。

2. 单位制的发展与成熟时期（1956—1978年）

中国在"三大改造"完成后，私有制逐渐被消灭，单位制也由此走向成熟。在单位体制下，国家对于单位成员的控制也达到了前所未有的程度。由于社会成员全部被纳入单位体制，社会成员的生存与生活完全由国家掌控与调配，离开单位也就意味着失去了一切。因为人们的工资、住房、医疗、养老、子女教育与就业等都依靠单位，甚至个人的身份合法性认证、结婚、旅行也需要单位开具证明，此时人们的生活已经被政治化，单位成员朝夕生活在单位大院内，社会流动性极低，有的人可能一生都没有离开过单位。总体来说，单位通过垄断政治、经济、社会资源，形成对社会成员的全面支配，单位成员也只能依附于单位，由此单位制的发展进入成熟时期。

3. 单位制的消解与选择性在场时期（1978年至今）

1978年改革开放以来，随着市场经济的逐步放开，我国由计划经济体制转向社会主义市场经济体制。党的十一届三中全会以来，党和国家开始把经济建设作为一切工作的中心，中国社会也由此进入复杂多变的"转型期"，外来思想理念的冲击、非单位体制的挑战、社会结构的多元化、社会流动的加速化等因素致使单位制失去了其赖以生存的环境和制度基础。单位制逐步走向衰落，退出历史舞台。不过有意思的是，单位

---

[1] 孙立平."自由流动资源"与"自由活动空间"：论改革过程中中国社会结构的变迁[J]. 探索，1993（1）：64-68.

制有可能会通过"选择性在场"[1]或者"隐形在场"[2]等形式继续影响着社区治理,这一现象值得我们关注。

(二)街居制的历史变迁

街居制的发展与单位制大体相同,当时设立街居制的目的是与单位制形成互补,将单位体制外的无组织流动人员纳入街居体制下进行管理。不过街居制在很长时间内并没有发挥作用,起到重要作用的是单位制,直到1978年改革开放之后街居制才得以恢复并得到强化发展,这才对中国的城市基层治理起到重要作用。对于街居制的历史变迁,有学者从国家与社会关系调整的角度,将街居制的发展分为街居制的初创和受挫阶段、街道办的重建与功能强化阶段、街居制的改革和创新阶段三个阶段。[3]也有学者按重大历史节点划分为街居制的创立阶段、膨胀阶段、曲折阶段、恢复与发展阶段。[4]综合以上学者的观点,本文将街居制划分为创立与发展阶段(1949—1966年)、曲折与破坏阶段(1966—1978年)、恢复与强化阶段(1978年至20世纪90年代末)和变革与创新阶段(20世纪90年代末至今)。

1. 街居制的创立与发展阶段(1949—1966年)

彭真在1953年6月8日写给毛泽东的报告中建议,建立"城市街道办事处"和"城市居民委员会",指出居民委员会是群众自治组织,不是政权组织,也不是政权组织下面的"腿"。1954年全国人大一届四次会议正式通过《城市街道办事处组织条例》,从此确定了街道办事处的法律地位。街道办事处的职能主要有三项:办理市、市辖区人民委员会有关居民工作的交办事项;指导居民委员会的工作;反映居民的意见要求。这样,街道办事处的名称、性质、任务和机构设置实现了全国统

---

[1] 张晨,严瑶婷."选择性在场":都市社区集体行动中的"单位制":以S市H小区"车库维权"事件为例[J].新视野,2016(2):111-117.

[2] 李东泉,王瑛.单位"隐形在场"对社区集体行动的影响研究:以广州市老旧小区加装电梯为例[J].公共管理学报,2021(4):93-104,172.

[3] 张西勇,杨继武.历史制度主义视域下我国城市街道办事处的制度变迁[J].中国行政管理,2012(12):69-73.

[4] 何海兵.我国城市基层社会管理体制的变迁:从单位制、街居制到社区制[J].管理世界,2003(6):52-62.

一,并作为城市基层行政组织,正式进入国家政治制度的视野。[1] 1958年我国兴起"大跃进"与人民公社运动,很快街道办便被人民公社代替,实行"政社合一",实际上党、政、社高度合一,人民公社的机构和职能得到极大强化,街区权力高度集权,党控制着街区全部的权力。1962年随着人民公社的取消,街道办事处又得以恢复并基本承接了人民公社的架构与职能,这一时期的街道办事处迅速发展起来。

2. 曲折与破坏阶段(1966—1978年)

1966—1976年,街居体制遭到了"文化大革命"的严重破坏。在极左路线的影响下,街道办事处直接改组为街道革命委员会,实行党的一元化领导。街道办事处的主要任务是抓阶级斗争,其社会管理职能和经济建设职能基本丧失,这改变了街道原有的工作性质和法律地位,严重背离了为人民服务的方向。应当注意的是,无论在街居制创立与发展阶段,还是在曲折与破坏阶段,街道办事处都只是单位制的辅助性机构,它从来没有成为我国基层管理的主体机构。

3. 恢复与强化阶段(1978年至20世纪90年代末)

我国的社区制是单位制解体后的产物,它的首要任务就是为了建立和发展能够填补"单位制"解体后的真空,以及与城市社会其他重要转型特征相适应的新型城市基层社会的管理和控制机制。[2] 1978年党的十一届三中全会以后,街居体系得到恢复,并获得快速发展。1979年,街道革命委员会被撤销。1980年,全国人大常委会重新发布了《城市街道办事处组织条例》,街道办事处的机构和职能得以恢复。20世纪90年代初国企改革转制,大量企业职工下岗,他们的社会福利和服务供给由原来的单位转移给街道;同时,城乡劳动力市场的开放掀起大规模的农民进城打工浪潮,这部分人口管理也逐渐纳入街道办职责范围内。此外,原来实行"条条"管理的很多政府部门也将任务下放到街道,给街道增添了很多新的管理内容;而且,由于在转型初期,基本上没有民间

---

[1] 饶常林,常健. 我国城市街道办事处管理体制变迁与制度完善[J]. 中国行政管理,2011(2):85-88.

[2] 夏建中. 城市社区基层社会管理组织的变革及其主要原因:建造新的城市社会管理和控制的模式[J]. 江苏社会科学,2002(1):165-171.

组织等第三部门生存的空间，社会自组织能力十分薄弱。因此，所有的管理职能全都落在街道办事处上，以至于它与区政府的职能完全"同构"，成为事实上的基层政府。有人形象地说，街道办"上管天（环保）下管地（环境卫生），既管老（老龄工作）又管小（托幼），既管生（计划生育）又管死（殡葬改革），最后还管教育和安置"[1]。

4. 变革与创新阶段（20世纪90年代末至今）

20世纪90年代末以来，随着改革的进一步深化，社会流动加速，社会利益群体逐渐分化，民众的需求日益多元化，政府机构必须及时对公众的需求做出回应，并提供优质的公共服务。单位制没有解体之前，社会公众的需求几乎由单位包揽，所以街道办事处一直以来都没有起到重要作用，它只是单位制的辅助机制。但是，随着单位制的逐步解体，原本在单位中的社会群体便迅速涌入社会当中，这部分非单位内的社会群体按照中华人民共和国成立时的制度设计是归街道办事处管理的，但是在面对突如其来的巨量人口及其需求时，街道办事处根本应接不暇，由此便出现各种问题，如"责大权小"的问题[2]、治理能力与治理规模不匹配的问题[3]。于是，各地便开始探索对街道办事处的改革，南京市白下区（现为秦淮区）、北京市石景山区、贵阳市小河区（现为花溪区）、黄石市铁山区等地，都对城市基层管理模式进行了改革探索。2009年6月，第十一届全国人大常委会废止了实施50多年的《城市街道办事处组织条例》，这标志着我国街道办事处的改革进入到新的阶段。近几年，街道办事处的改革又掀起一轮新的浪潮，例如，北京市"吹哨报到"改革以"街乡吹哨、部门报到"为抓手，积极探索党建引领基层治理体制机制创新，聚焦办好群众家门口事，打通"最后一公里"，形成了行之有效的做法。[4]

---

[1] 吴侗. 新中国成立70年来的"街道办"：变迁及其逻辑[J]. 经济社会体制比较，2019（6）：15-23.

[2] 杨宏山. 首都街道管理改革的新趋势[J]. 前线，2019（4）：55-58.

[3] 熊竞，陈亮. 城市大型社区的治理单元再造与治理能力再生产研究：以上海市HT镇基本管理单元实践为例[J]. 中国行政管理，2019（9）：56-61.

[4] 孙进军，赵丹阳. 党建引领基层治理的新探索：北京市创新推进"街乡吹哨、部门报到"工作纪实[J]. 党建，2018（12）：14-16.

(三) 社区制的历史变迁

社区建设是我国基层社会管理体制改革的重要内容，英国学者吉登斯提出：社区这一主题是新兴政治的根本所在。[1] 在我国，社区具有一种建构性的色彩，虽然社区制与街居制一样自1949年起便已存在，但很长一段时间内两者都没有发挥主要作用。直到20世纪末，我国才有意识地去建构一个由具有共同价值取向的同质人口组成的关系密切、守望相助、富于人情味的社会共同体。总体来说，我国社区制共经历四个时段的变迁。

1. 社区制的酝酿阶段（1949—1978年）

中华人民共和国成立之初，我国对城市基层治理体制实行以单位制为主、街居制和社区制为辅的策略。社区居委会主要是在街道办事处的指导下展开工作，两者都是以管理非单位体制内的社会流动人员为主。1954年全国人大一届四次会议通过《城市居民委员会组织条例》，正式确立了城市社区居民委员会的法律地位。后来因受"文化大革命"的影响，社区居委会一度变得可有可无。

2. 社区制的出现阶段（1978—1991年）

改革开放之后，单位制开始逐步退出历史舞台，此时街道办事处职能的不断强化在一定程度上导致社区居委会职能的强化，社区制开始发挥作用，社区具有了更多思想政治、经济发展、计生和医疗等一系列服务和行政性质的职能。1986年，民政部首次提出"社区服务"概念，将其定位为在政府领导下，发动和组织社区内成员开展互助性社会服务活动，就地解决社区的社会问题。[2] 不过街道办仍然是城市基层治理的核心，但随着街居制这一治理体制弊病的出现，社区制开始逐步登上历史舞台并成为新的城市基层治理的核心。

3. 社区制的发展阶段（1991—2012年）

20世纪90年代，民政部为开展民政工作提出了"社区建设"概

---

[1] 安东尼·吉登斯. 第三条道路：社会民主主义的复兴 [M]. 郑戈, 译. 北京：北京大学出版社, 2000.

[2] 徐永祥. 和谐社会建构中的民间社会组织及其社会政策 [J]. 学海, 2006 (6)：57-61.

念,意在推动全国范围内的社区建设与发展。1991年,民政部部长崔乃夫指出:社区建设是健全、完善和发挥城市基层政权组织职能的具体举措。1998年,民政部"基层政权建设司"变更为"基层政权和社区建设司",社区建设被正式纳入国家行政职能范畴。2000年11月,中共中央办公厅、国务院办公厅联合下发了《中共中央办公厅、国务院办公厅关于转发〈民政部关于在全国推进城市社区建设的意见〉的通知》,通知指出:大力推进城市社区建设,是新形势下坚持党的群众路线、做好群众工作和加强基层政权建设的重要内容,是面向21世纪的我国城市现代化建设的重要途径。2004年《中华人民共和国城市居民委员会组织法》的修订稿公布并向社会各界征集修改意见,居委会作为"自我管理、自我教育、自我服务的基层群众性自治组织",其组织定位、组织结构、人员编制、运作方式从理念上来说基本适应了新的社会环境。2006年,《国务院关于加强和改进社区服务工作的意见》提出:要推进公共服务体系建设,使政府公共服务覆盖到社区。党的十七大以后,各级人民政府紧紧围绕和谐社会建设,提出和谐社区建设。党的十七大报告明确提出"把城乡社区建设成为管理有序、服务完善、文明祥和的社会生活共同体"的发展目标。

4. 社区制的完善阶段(2012年至今)

党的十八届三中全会首次提出了国家治理体系与治理能力现代化,社区作为社会治理的基础单元和治理重心下移的承接载体,其地位也随之被提升到了一个新的高度。[1] 大会还提出要创新社会治理体制,加强党委领导,发挥政府主导作用,鼓励和支持社会各方面的参与,实现政府治理和社会自我调节、居民自治的良性互动。2017年中共中央、国务院颁发的《关于加强和完善城乡社区治理的意见》更是成为中国社区改革发展史上的里程碑,文中指出要加强城乡社区建设,完善城乡社区管理体制。随后,"基层政权和社区建设司"更名为"基层政权建设和社区治理司",这标志着中国的社区改革开始进入了以社区制为核心的

---

[1] 陈秀红. 城市社区治理的制度演进、实践困境及破解之道:"十四五"时期城市社区治理的重点任务[J]. 天津社会科学,2021(2):75-79.

城市社区治理体制。党的十九大提出要加强和创新社会治理，加强社区治理体系建设，打造共建共治共享的社会治理格局。由此可知，我国现今的城市基层治理体制已经由之前的单位制、街居制转变为今天的社区制，其目的是要推进社区治理体系和治理能力现代化。

二、城市社区治理体制的结构与功能

社会管理体制的改革与创新主要体现在构建国家与社会关系转型的新模式，即基于中国本土经验探讨国家与公民社会理论范式。[1] 然而，基层群众自治的发展及地方政府社会治理的创新，没有从国家与社会关系的认识高度来思考和确立新的原则和治理模式，基层群众自治组织实际上仍然缺乏实质性的自治内容和意义（村委会不能贯彻自治的本来含义，居委会变成政府街道的"办事员"），基层政府的社会治理创新则受制于传统的政治思维而难以有所建树。[2] 因此，从国家与社会关系的角度来看，社区管理体制的核心问题就在于结构职能的调整、重配、优化，即如何才能在三大组织结构之间实现职能的最优配置。[3] 但三大组织之间的关系要想达到最优，其实还是要依靠党和政府，这是与西方国家社区治理完全不一样的路径选择，也比较符合中国的实际情况。因为，中国的社区建设从一开始就是由政府推动的，所有的政策、措施源于政府，始于政府，[4] 它不可能脱离政府而自发地从无序走向有序，所以我们可以利用国家既有的强大行政组织资源迅速构造一个新型的社会。[5] 我国城市社区治理体制从1949年的单位制过渡到街居制，再到如今的社区制，了解不同体制的结构与功能能够加深我们对于当下中国

---

[1] 李慧凤. 社区治理与社会管理体制创新：基于宁波市社区案例研究[J]. 公共管理学报，2010（1）：67-72，126.

[2] 周庆智. 社会治理体制创新与现代化建设[J]. 南京大学学报（哲学·人文科学·社会科学），2014（4）：148-156，160.

[3] 汪波. 城市社区管理体制创新探索：行政、统筹、自治之三元复合体制[J]. 新视野，2010（2）：40-43.

[4] 丁元竹. 社区与社区建设：理论、实践与方向[J]. 学习与实践，2007（1）：16-27，1.

[5] 徐勇. 论城市社区建设中的社区居民自治[J]. 华中师范大学学报（人文社会科学版），2001（3）：5-13.

社区治理的理解；同时也能够帮助我们从根本上理顺政府、市场与社会三者之间的关系，并使之朝向最优方向进行结构性调整。

（一）单位制的结构与功能

近代中国经历百年的屈辱与战乱，新生的中国满目疮痍，资源稀缺，人口众多，为了赶超发达国家，体现社会主义的优越性，尽快摆脱落后、混乱且无序的总体社会状态，单位制便成为与计划经济相辅相成的制度选择。一直到改革开放前，我国城市管理体制主要采用一种"主辅双线"结构。"主线"主要指基于"国家—单位—个人"这一纵向体系所形成的管理系统；"辅线"主要指以"街道—居委会—地区性组织"为主体的管理系统。[1] 所谓单位制其实来源于党在革命时期形成的特殊管理体制，它以中共党员群体为核心，根据地党群团体、军队、政府机构和公营企事业是"革命队伍"一元化组织的不同职能部分。"革命队伍"中的成员一律实行供给制，其范围逐渐扩展到衣、食、住、行、学、生、老、病、死、伤残等各方面，依照个人职务和资历定出不同等级的供给标准。供给制使个人的私生活空间极其狭小，物质生活和精神生活都完全依赖于"公家"的分配，几乎没有任何选择的余地。一个人只要参加"革命队伍"中任何一个单位，便成了"公家人"的一分子。[2]

单位制的这种结构十分简单，此时市场与社会并不"在场"，政府就是社会唯一的治理主体，国家通过单位这一中介组织对有关政治、经济和社会事务进行全面调配与管理。国家全面控制着社会，公共权力资源的配置呈现单极化，公共权力的运用呈单向性，公民社会失去了赖以生存的土壤，社会组织更没有生长空间，这是因为公共权力主要借由暴力或对稀缺性的权利资源（如土地、资本等）的垄断性占有所获取，而不是公共选择的结果。[3] 此时的企业（单位）不再是我们现在所熟知

---

[1] 田毅鹏. 转型期中国城市社会管理之痛：以社会原子化为分析视角[J]. 探索与争鸣，2012（12）：65-69.

[2] 华伟. 单位制向社区制的回归：中国城市基层管理体制50年变迁[J]. 战略与管理，2000（1）：87-100.

[3] 徐勇. 治理转型与竞争：合作主义[J]. 开放时代，2001（7）：26-33.

的一种经济组织，它更是一种行政组织，行使着政府的诸多权力与职能。一些国企由于是副省部级单位，而国企所在市只是一个地级市，因此前者在很长一段时间内把后者视为自己的一个后勤主管部门。一些大型企业（单位）甚至设置公安局和派出所，直接行使社区政府的治安管理职能。还有更多的企业（单位）设有家属委员会机构（简称"家委会"），在单位居住区中行使类似居委会的职能，与居委会同样列入街道办事处的隶属序列。不同之处在于，居委会干部从街道领取补贴，家委会干部则通常是企事业单位的正式干部。[1] 从现在的观点来看，单位制的这种模式似乎与现代社会格格不入，它是应当被批评的，但是我们不可否认单位制对应对中华人民共和国成立之初的严峻形势及对我国工业化体系的建立有着重要的作用，其历史意义不容置疑。

根据何海兵的研究，单位制从设立之初就具有三大功能。

1. 政治动员

每个单位（不论事业单位，还是企业单位）都有一定的行政级别，每个单位都是由拥有干部和工人这两大政治身份的人群组成的，每个单位都作为行政体系中的一个"部件"而存在，每个单位都设置健全的党群组织作为政治动员的主导力量。因此，通过单位这种高效率的政治动员机制，党和政府可以运用自上而下的行政手段，大规模地组织群众投入各种政治活动，以实现党和政府的各项方针和政策。

2. 经济发展

实行计划经济体制后，国家控制了几乎所有的资源，国家对资源的调控和配置是通过各类单位组织来进行的。党和政府通过编制单位隶属关系网络，使每一个基层单位都隶属于自己的上级单位，也使得上级单位可以全面控制和支配下级单位，而上级单位又隶属于中央和省市行政部门。因此，党和政府可以通过上级单位对下级单位下达工作任务，调拨和分配人力、物力、财力等资源。单位制在为国家集中稀缺资源，投入现代化建设的关键性领域，发挥了重要的作用，有效地保证了国家战

---

[1] 华伟. 单位制向社区制的回归：中国城市基层管理体制50年变迁[J]. 战略与管理，2000（1）：87-100.

略意图的顺利实施，为我国工业化体系的快速建立奠定了良好的基础。

3. 社会控制

在中华人民共和国成立之初生产力水平很低的状态下，通过"充分就业"、劳保福利、分配住房、子女入学等制度，我国实现了整个社会生活的高度组织化。全国人民几乎都被纳入了行政权力的控制范围之内，国家的触角延伸到了全国的每一个角落和社会生活的每一个领域，整个社会实现了高度的整合。[1]

（二）街居制的结构与功能

如前所述，街居制在改革开放前的城市基层治理体制中并没有发挥重要作用，改革开放之后街居制才开始在中国的城市基层治理中承担重要的角色。此时街道办事处有三种大的变化：一是工作对象扩展到辖区内所有的居民单位；二是工作任务的范畴大大拓展，居民利益和需求多样化；三是机构设置和人员编制大大扩充。20世纪90年代以来，为强化基层组织体系，大中城市纷纷推行"两极政府、三级行政、四级落实"的管理体制[2]，即以市为主导，以县、区为主体，以乡镇（街道办事处）为基础，以社区（村委会、居委会）为配合展开相关工作。这种管理体制强调的是在市区两级政府的领导下，强化街道办事处的属地管理责任，并将居委会纳入基层管理体系中。

街居制由于面临很多复杂情况，功能定位比较模糊，但总体来说其功能主要有三种。

1. 管理与稳定的功能

街居制设立之初就是为了解决非单位体制内的无组织社会流动人员的问题，当时这一人群还比较少。但是当单位制解体后，大量的"单位人"迅速涌入社会，加之市场的开放使得农村出现农民进城打工的热潮，街道办事处按照一开始的制度设计，就成为管理这些人员的重要机构，且加强对这类群体的管理也有助于社会的总体稳定。

---

[1] 何海兵. 我国城市基层社会管理体制的变迁：从单位制、街居制到社区制[J]. 管理世界，2003（6）：52-62.

[2] 杨宏山. 街道办事处改革：问题、路向及制度条件[J]. 南京社会科学，2012（4）：59-63.

2. 承接与发展的功能

街道办事处作为政府的派出机构，需要承接上级政府交办的任务；同时从现实层面来看，它还具有发展的功能，这里的发展是一种广义上的发展，不单单指街道经济要发展。由于城市治理中心的不断下移，街道办事处不断承接来自政府多个部门的事务，使得街道办事处的工作任务越来越重，其工作职能远远超出《城市街道办事处组织条例》规定的三项。具体而言，街道办事处工作内容包括街道经济、城市管理、民政、福利、社区服务、人口（包括外来人口）管理、社会治安、街道党的建设、对居委会的指导、社区精神文明建设等事项。

这就会导致街道办事处出现"责大权小"的问题，也就是大家经常说的"上面千条线，下面一根针"的治理格局。街道办事处并不具备独立的行政执法资格，它只能接受上级政府的行政委托，很多管理资源和执法权力仍然由"条条"掌控，街道办事处就变成了"条条"的"腿"，但对于很多行政与社会事务的管理受到很大限制。根据学者的最新研究，各地乡镇（街道）的内设机构数量一般为3~9个不等。如安徽一街道设置4个机构，分别为党政办、党群工作中心、综合服务中心、综合管理中心；浙江一街道设置9个机构，分别为党政办、党建办、综合信息指挥室、社会事务办、综治办、经济办、城建办、财政办与社区办；北京一乡镇设置9个机构，分别为党政办、党建办、财政科、公共卫生科、规划环保办、农业发展办、综合治理办、社会事务科、经济发展办。然而具体到每个岗位实际上也就一两名正式编制人员，单靠编制内这三五十名工作人员根本无法应对上级政府交代的各种任务，人员结构极度不合理严重影响干部的工作积极性。这就使得乡镇政府（街道办事处）全能化、村（社区）自治组织行政化，加剧了基层条块矛盾。[1]

3. 指导与服务的功能

街道办事处一开始的功能定位是指导居委会的工作和反映居民的意

---

[1] 过勇，贺海峰. 我国基层政府体制的条块关系：从失调走向协同 [J]. 经济社会体制比较，2021（2）：90-100.

见,但由于街道办事处存在种种问题,这一功能一直处于悬置状态。街道办事处在承接政府的诸多任务后,会把很多任务直接下沉到社区居委会。虽然新的组织形式要素(社区代表大会、居委会委员的直选等)已经产生,但居委会组织变革真正要指向的组织性质和实际运作机制没有得到根本改变;甚至在某种意义上,原有的居委会组织性质(行政性)还得到了加强。[1] 我国法律明确规定居委会是基层群众自治组织,街道办事处与居委会是指导与被指导的关系,但在"两级政府、三级管理、四级落实"体制下,居委会实际又成了街道办事处的"腿",其法律地位被悬空,难以保障居民自治权利。这种情况其实会导致更加严重的问题,基层干部明明承担了很多上级政府交代的任务,每日工作压力很大,居民却不能切身感受到自身生活水平及所在社区治理水平的提高。这甚至加剧了党群之间的矛盾。

因此,学界对于"街道办"的改革主要有三种设想:一是将街道办事处改成一级政府;二是撤销"街道办"的建制;三是改革与创新街道办事处的体制与组织体系。经过改革开放几十年的发展,街居制作为一种城市社区治理体制虽然相较于单位制有了很大的进步,社会主义市场经济得到更好的发展,社会也变得更加有活力,但街居制这种治理体制本质上还是政府行政主导的思维,侧重于对社会进行管理与维持社会稳定,因而会出现各种"政府失灵"的现象,它既没法为社会公众提供良好的社会服务,自身又会陷入"条块分割"的尴尬境地中。这实际上还是因为没有理顺政府、市场、社会三者的关系,三者关系仍然处于一种失调的状态,市场与社会无法进入政府"场域"参与基层社区治理,政府大包大揽各种行政事务,不仅给自己增加负担,也无法使居民获得幸福感。不过,随着改革的不断深入,为了消除经济快速发展与体制改革滞后的矛盾,政府管理体制创新的步伐已然加快。通过更新理念,转变职能,实现由大政府向小政府过渡,由管制型政府向服务型政府过渡。在构建服务型政府的背景下,以社区制为核心的城市社区治理体制便出

---

[1] 何艳玲,蔡禾. 中国城市基层自治组织的"内卷化"及其成因 [J]. 中山大学学报(社会科学版),2005(5):104-109,128.

现在人们的视野中。

（三）社区制的结构与功能

我国过去社会管理和社区治理体制的一个根本性缺陷就是政府一家独大，市场和社会的力量极为薄弱，很长一段时间都处于"缺场"的状态，这是一种失败的城市社区治理体制。政府过度行政化使得社会资源配置模式低效，不但无法满足公众日益增长的差异化的需求，而且还会将自己置于社会冲突中的焦点位置。因此，必须重新定位政府、市场与社会三者的关系，该政府管的归政府管，该市场发挥资源配置作用的就让市场发挥作用，归社会自治的部分政府就不应该插手。因此，形成以社区制为核心的城市社区治理体制就显得刻不容缓。2012年之后，社区制逐渐取代街居制成为城市社区治理体制的核心。十九届四中全会指出，必须加强和创新社会治理，完善党委领导、政府负责、民主协商、社会协同、公众参与、法治保障、科技支撑的社会治理体系，建设人人有责、人人尽责、人人享有的社会治理共同体，确保人民安居乐业、社会安定有序，建设更高水平的平安中国。此时社区制的结构已经不像单位制和街居制那样，只有政府一家独大，现在的结构已经从宏观上明确了政府、市场与社会三者之间的关系。政府应更加注重发挥在社会管理和公共事务中的职能作用，建立健全社会建设和管理的政策法规体系，建立健全社会保障制度。社会从更广义层面来说也包括市场，狭义的社会则与市场有明显区分，更加注重公平，而市场更加注重效率。所谓社会协同是要充分发挥市场的高效率，为社区提供更加优质的社会服务，比如，物业公司要充分参与社区治理。而从社会层面来讲，一是要充分发挥各类社会组织的作用，二是要充分调动公众的积极性，鼓励和支持其参与社会治理与公共服务。我国社区治理的特色在于党委领导，即我们要通过党建引领的方式进行社区治理，这既体现出中国共产党在社会治理中的宏观决策和微观推动作用，又体现出中国共产党始终代表着中国最广大人民的根本利益，从群众中来到群众中去，有利于加强党和人民的联系。由此，中国城市社区治理体制的结构便形成了，即党委领导下的政府、市场、社会等多元主体共同治理社区公共事务。

如果说单位制的功能侧重于动员与控制，街居制的功能则更加侧重于管理和稳定，那么社区制的功能则至少有如下几点。

1. 稳定与回应的功能

社会稳定是任何国家都不得不重视的方面，没有一个稳定的社会秩序，任何民主制度的建设都将无济于事。但如果单纯为了社会稳定而稳定，不注重与人民群众的沟通与联系，必将失去民心，其政权将面临合法性危机。中国的社区建设有两种不同的理论取向，一种是"基层政权建设"取向，另一种是"基层社会发育"取向。[1] 从基层政权建设角度来看，无论是单位制还是街居制都承担着社会稳定的功能，单位制主导时期通过政治动员等方式把人民群众全部纳入体制中来维持社会稳定；街居制主导时期通过行政等方式加强对社会的管理来维持社会稳定；社区制则更加侧重对社会公众需求的回应与沟通，以此来维持社会稳定。目前社区已经成为满足居民需求、调节利益关系、化解社会矛盾、维护社会稳定的前沿阵地，它面向居民、面向家庭、面向驻区单位，实现了基层政权建设、社区自治和服务功能的全面统一。[2] 这种社区建设的总体路径以政府、市场、社会等多元主体互动治理为核心，以服务群众为重点，以居民自治为方向，以维护稳定为基础，以文化活动为载体，以党的领导为关键，努力把城市社区建设成为管理有序、服务完善、环境优美、文明和谐的现代化新型社区。[3] 此外，网格化管理完善和优化了我国以社区制为核心的城市社会治理体制，它创新了基层党政组织的运作方式，增强了党政系统回应与满足社会利益诉求的能力，从而有利于秩序稳定。[4]

2. 表达与协商的功能

著名政治学家罗伯特·达尔曾指出民主共有八条标准，其中之一便

---

[1] 李友梅. 社区治理：公民社会的微观基础 [J]. 社会, 2007 (2): 159-169.

[2] 胡晓燕, 曹海军. 社区治理体系和治理能力现代化的思考：基于国家基层政权建设的微观视角 [J]. 经济问题, 2018 (1): 8-14.

[3] 刘中起. 走向多元主体互动治理：和谐社会构建语境中的社区建设模式新探索 [J]. 探索, 2009 (5): 125-132.

[4] 刘安. 网格化管理：城市基层社会治理体制的运行逻辑与实践特征：基于N市Q区的个案研究 [J]. 江海学刊, 2015 (2): 99-107, 238-239.

是表达自由。街居制的一个严重问题就是无法有效回应居民的利益诉求，其不断强化的维稳功能阻碍了公民利益的表达。由于街居制诞生于计划经济时代国家对社会严密控制的背景下，它一开始设立的目的就是为了管理体制外的社会流动人员，所以它没有协助居民表达利益诉求的"基因"。但社区制给社会公众提供了一个利益表达和协商的平台，这是因为社区制的治理架构明确要求治理主体是多元的。具体来说，之前的社区公共事务更多是在"三驾马车"（社区居委会、业委会与物业公司）的架构下进行社区治理，但现在社区制的治理主体除了"三驾马车"之外，还包括社区党委、居民、社区发展咨询专家、社会组织、社区警察等多元主体，这是单位制与街居制无法比拟的。但是这些多元主体以什么样的方式进行互动与交流、如何表达、在哪里表达、问题如何解决等都缺乏具体的细节论证。2015 年中共中央办公厅、国务院办公厅印发的《关于加强城乡社区协商的意见》为这些问题的解决提供了宏观上的制度设计，文件中指出"城乡社区协商是基层群众自治的生动实践，是社会主义协商民主建设的重要组成部分和有效实现形式"。因此，这些多元主体在党建引领下，通过基层民主协商等方式，"有事好商量，众人的事情由众人商量"，共同治理社区事务。在这个表达与协商的过程中，社区自治能力将会得到不断发展。

3. 服务与自治的功能

社区服务与自治最重要的载体就是居民自治组织——社区居委会。1989 年 12 月 26 日第七届全国人民代表大会常务委员会第十一次会议通过《中华人民共和国城市居民委员会组织法》，同时废止 1954 年颁发的《城市居民委员会组织条例》。这标志着我国的社区建设从此进入了一个新的阶段。1990 年生效的《中华人民共和国城市居民委员会组织法》规定居委会的主要工作任务有：宣传宪法、法律、法规和国家的政策，维护居民的合法权益，教育居民履行依法应尽的义务，爱护公共财产，开展多种形式的社会主义精神文明建设活动；办理本居住地区居民的公共事务和公益事业；调解民间纠纷；协助维护社会治安；协助人民政府或者它的派出机关做好与居民利益有关的公共卫生、计划生育、优抚救济、青少年教育等项工作；向人民政府或者它的派出机关反映居民的意见、要求和提出建议。2018年12月29日,十三届全国人大常委会第七次会议,表决通过修改《中华人民共和国城市居民委员会组织法》的决定,居民委员会每届任期五年,其成员可以连选连任。但是在街居制主导时期,"社区制"取代"单位制"最大的问题是居委会的行政化现象及社区居民参与度不高的现象。[1] 社区居委会承接来自街道办事处的各种行政事务,俨然成为政府在基层的"腿",这已经完全背离了居委会作为自治组织的建立初衷。社区制主导时期,多元主体的合作治理在很大程度上缓解了社区居委会行政化的倾向,使其能够从琐碎的行政事务中解脱出来,真正成为居民自治组织,为社区居民服务,解决他们的实际问题。社区不是一个地域概念或物理概念,而是一个组织概念或社会概念,必须让社区成员相互交往,结成有机联系,形成互助、互信的,具有共同归属感、认同感和集体行动能力的生活共同体。[2] 我们社区建设很重要的目的就是要避免出现美国社区的问题——曾经那种喜好结社、喜欢过有组织的公民生活、关注公共话题、热心公益事业的美国人不见了;今天的美国人,似乎不再愿意把闲暇时间用在与邻居一起喝咖啡,一起走进俱乐部去从事集体活动,而是宁愿一个人在家看电视,或者独自去打保龄球。[3] 社区制意在培养社区居民理性协商与自治的能力,做到居民的事情居民说了算,"小事不出社区,大事不出街道",社区居民在自治的过程中不断互动与交往,提升社区社会自资本,可以形成家一般的生活共同体,最终建成一个共建共治共享的社会治理格局。

第三节 乡村社区治理体制

乡村社区治理体制伴随着中华人民共和国的成立而不断发展与变化,其体制变迁经历了从初期的乡镇自治到政社合一的人民公社制,再

---

[1] 郑杭生,黄家亮.当前我国社会管理和社区治理的新趋势[J].甘肃社会科学,2012(6):1-8.

[2] 燕继荣.协同治理:社会管理创新之道:基于国家与社会关系的理论思考[J].中国行政管理,2013(2):58-61.

[3] 帕特南.独自打保龄:美国社区的衰落与复兴[M].刘波,等译.北京:北京大学出版社,2011.

到 1978 年改革开放后形成的政社分开的乡政村治制，最后又演变为至今仍在沿用的自治、法治与德治相结合的治理体制。不同历史时期的乡村社区治理体制，体现出根据国内的不同社会环境与乡村实际发展情况来调整与变革的科学特征。深入了解各阶段治理体制，能够加深学术工作者与实务工作者对中国乡村治理的整体性理解。

一、乡镇自治时期（1949—1958 年）

1949—1954 年，中央政府先后出台了各级政府组织通则，为社会主义农村基层政权机构体系的建立，铺好了规范的基础，基层党组织在乡镇和村级建立了党政组织体系，设立了村人民代表大会和村人民政府，形成了村级政权。[1] 由于乡村规模较小，县以下的管理层级基本上是两级制和三级制并存。一种是"县政府—区政府—乡（村）政府"三级政府体系，另一种是"县政府—区公所（县政府派出机构）—乡（村）政府"两级政府体系。前者"区"为一级政权，而后者"区"为县派出机构，区公所执行县人民政府交办事项，并承县人民政府之命，指导、监督与协助所辖乡人民政府的工作。[2] 1954 年《中华人民共和国宪法》规定了全国政权机构，中央人民政府内务部发布了《关于健全乡政权组织的指示》，实行"乡、民族乡、镇"的建制，明确乡、镇级政权可以直接领导行政村的治理工作。这实际上是取消了过去的区村制和区乡制两种体制并存的制度，乡以下可由若干自然村分别组成行政村，行政村下按自然村划定居民组开展工作。[3] 这种行政村庄是新政权构筑的维护基层社会秩序稳定的新型行政组织。[4]

乡镇自治时期也可以说是一种村庄行政化治理时期，这一时期乡村

---

[1] 陈锡文，赵阳，陈剑波，罗丹. 中国农村制度变迁 60 年 [M]. 北京：人民出版社，2009.

[2] 项继权. 中国乡村治理的层级及其变迁：兼论当前乡村体制的改革 [J]. 开放时代，2008（3）：77-87.

[3] 项继权. 从"社队"到"社区"：我国农村基层组织与管理体制的三次变革 [J]. 理论学刊，2007（11）：85-89.

[4] 李增元. "社区化治理"：我国农村基层治理的现代转型 [J]. 人文杂志，2014（8）：114-121.

治理体制的作用主要是结束了中国两千多年"皇权不下县"的国家与乡土社会的权力结构。中国共产党在乡土中国的农村成功地建立起现代国家的基层组织[1],共产党的组织网络全面渗透、覆盖到乡村社会,每个农民都处在党组织无所不在的网络之中[2]。乡村社会结构这一根本性变化使传统松散的乡村社会直接被国家纳入现代化的建设体系,开启了中国乡村治理现代化的进程。

二、人民公社时期(1958—1982 年)

如上文所述,这种行政村又被 1958 年形成的人民公社所取代,这一年中共中央颁布《关于在农村建立人民公社问题的决议》,其措施是小社并大社、转为人民公社,组织军事化、行动战斗化、生活集体化成为群众的行动特征,这在很长一段时间内对乡村治理产生了重要的影响。人民公社成立之初,由于规模过于庞大,为加强内部管理,一些"区社"下面便设立管理区,这时就形成了"县—公社—管理区"的三级体制。随后到了 20 世纪 60 年代,鉴于人民公社过大及种种问题,中央又要求各地缩小人民公社的规模,并在公社内部实行"公社—生产大队—生产小队"三级组织与管理体制。这是以乡为单位的农村集体经济组织,其与乡政府的合一,实际上就是给予乡政府行使管理农村经营活动的权力。[3] 人民公社实行党政经合一,公社是最基层的行政管理单位、社会治理单元。生产大队及生产小队成为农民的基本生产、生活单位,也是基本社会组织管理单元,公社实行统一管理、统一劳动、统一学习,统一组织生产。[4]

人民公社制的功能主要有两种。

---

[1] 申端锋.二十世纪中国乡村治理的逻辑:一个导论[J].华中科技大学学报(社会科学版),2006(4):103-109.

[2] 张英洪.善治乡村:乡村治理现代化研究[M].北京:中国农业出版社,2019.

[3] 陈锡文,赵阳,陈剑波,罗丹.中国农村制度变迁60年[M].北京:人民出版社,2009.

[4] 李增元."社区化治理":我国农村基层治理的现代转型[J].人文杂志,2014(8):114-121.

1. 组织动员

中华人民共和国成立初期,自然灾害频发,农村的基础设施也比较落后,工业化水平相较西方国家也十分落后,为了尽快赶超发达国家,需要一种制度能够有效地组织动员全体群众。一方面,当时乡镇政府(乡公所)由于面对的是大量小农户,转移地租和劳动力成本高、效率低,无法满足工业化、城市化的需求;另一方面,国家需要乡镇政府"多快好省"地支持现代化建设,快速度、低成本地转移更多地租和劳动力。[1] 于是,"中央对未来社会的设想与落实、地方干部在上级压力下'宁左勿右'的着力推行、贫苦农民对美好生活的向往,共同促成了公社建立"[2]。国家通过基层治理的人民公社制度,将分散的乡村社会统筹到国家治理体系中,完成了对全体农民强有力的组织动员。通过人民公社强大的组织动员能力,我国可以全方位地从农村汲取各种资源以发展工业。毛泽东曾指出:"为了完成国家工业化和农业技术改造所需要的大量资金,其中有一个相当大的部分是要从农业方面积累起来的。"[3]

2. 社会控制

人民公社包括公社、大队和生产队三个层级,这是一个完整的科层化体系,国家政权得以从政治、经济、文化方面对乡村社会进行较为全面而彻底的改造和控制。[4] 一方面这种科层控制模式可以保持社会的稳定;另一方面国家对乡村社会的全面控制使得乡村社会的自治能力较弱,使其在很长一段时间难以成长与发展,这对后续的乡村治理产生了很大的影响。

三、乡政村治时期(1982—2017年)

1978年安徽省凤阳县小岗村的土地"分田到户"吹响了中国改革

---

[1] 李昌平. 乡镇体制变迁的思考:"后税费时代"乡镇体制与农村政策体系重建[J]. 当代世界社会主义问题, 2005(2): 3-10.

[2] 吴淑丽, 辛逸. 上下互动:再论农村人民公社的缘起[J]. 中国经济史研究, 2018(4): 80-91.

[3] 中共中央文献研究室. 毛泽东文集:第六卷[M]. 北京:人民出版社, 1999: 432.

[4] 吴春梅, 石绍成. 文化网络、科层控制与乡政村治:以村庄治理权力模式的变迁为分析视角[J]. 江汉论坛, 2011(3): 73-77.

开放的号角，全国各地也开始实行家庭联产承包责任制，此时中央出于策略性考虑依然强调人民公社要坚决实行三级所有、队为基础的制度稳定不变。但随着改革开放的不断深入，国家与乡村关系的历史性重构，人民公社对于农村生产力的束缚越来越迫切地要求人民公社进行改革。因此，1982年《中华人民共和国宪法》规定："乡、民族乡、镇设立人民代表大会和人民政府"（第九十五条第一款）；"农村人民公社、农业生产合作社和其他生产、供销、信用、消费等各种形式的合作经济，是社会主义劳动群众集体所有制经济"（第八条第一款）。由此，我国从宪法层面终结了政社合一的人民公社体制，建构了乡镇基层政权体制。所谓"乡政村治"体制，即在乡镇建立基层政权，对本乡镇事务行使国家行政管理职能，但不直接具体管理基层社会事务；乡以下的村建立村民自治组织——村民委员会，对本村事务行使自治权。[1]

乡政村治的功能主要有三种。

1. 加速适应农村经济体制改革带来的巨大变化

家庭联产承包责任制的出现从根本上动摇了人民公社制的经济基础，原先集中经营、集中劳动、统一分配的经营管理方式已经不能适应新时代的发展，这种经营管理方式严重挫伤农民生产的积极性。因此，党和国家对农村基层治理结构进行了重大调整和改革，决定废除政社合一的人民公社，重建乡镇政权，实行政社分开，同时推行村民自治。

2. 推进农村基层民主的发展

人民公社制本质是一种全能行政体制，那时的乡村社会被彻底国家化，完全没有其独立的政治生活空间。人民公社取消后，我国重建乡镇政府，此时的乡镇政府管理职能收缩为有限行政，不再对乡村事务全面管理。与此同时，1987年11月，六届全国人大常委会第二十三次会议通过《中华人民共和国村民委员会组织法（试行）》，指出村民委员会是村民自我管理、自我教育、自我服务的基层群众自治组织，乡、民族乡、镇人民政府对村民委员会的工作予以指导、支持和帮助。随着村民

---

[1] 金太军."乡政村治"格局下的村民自治：乡镇政府与村委会之间的制约关系分析[J].社会主义研究，2000（4）：61-64.

自治制度的日趋完善，农民的参政渠道、参政意识日益增强，《中华人民共和国村民委员会组织法（试行）》从法律上保障了农民的民主权利，[1] 这就为农村基层民主的发展提供了空间。

3. 加强和完善乡村基层政权

国家的政策能不能下达到乡村就在于基层政权建设是否完善，它是国家治理体系现代化的重要组成部分。人民公社体制将国家政权组织与集体经济组织两种性质与功能完全不同的组织合二为一，既阻碍了集体经济的发展，也影响了农村基层政权自身的建设。[2]

因此，乡政村治治理格局解决了因人民公社解体导致的农村组织瘫痪问题，加强了基层政权，维护了国家权威和农村社会的稳定，在农村形成一种新的治理模式。[3]

当然，乡政村治体制本身也存在很多问题，比如乡镇政府与村委会之间存在冲突，一些乡镇仍然把村委会当作自己的行政下级或派出机构，仍然习惯于传统的命令指挥式的管理方式，对村委会工作和村民自治进行行政干预，这特别突出地表现在村级民主选举、民主决策和民主监督等环节上。[4] 村委会也并没有成为村民维护自身权利的有效组织形式，村民自治流于形式，基层民主建设任重道远。2006年，我国取消了农业税，这是中华人民共和国成立以来乡村继土地改革、实行家庭联产承包责任制之后第三次影响深远的重大改革，[5] 对我国乡村社会治理产生了复杂且深远的影响。农业税的取消虽然减轻了农民的负担，却出现了基层政权角色和行为、基层组织角色和行为与农民角色和行为三方面的异化。具体表现就是基层政权面临治理资源内卷化、公共服务缺位化、驻村干部离村化等问题；基层组织面临制度运行形式化、干群关

---

[1] 赵一夫，王丽红. 新中国成立 70 年来我国乡村治理发展的路径与趋向 [J]. 农业经济问题，2019（12）：21-30.

[2] 姚锐敏. "乡政村治"行政体制的利弊分析与改革出路 [J]. 行政论坛，2012（5）：9-13.

[3] 袁金辉，乔彦斌. 自治到共治：中国乡村治理改革 40 年回顾与展望 [J]. 行政论坛，2018（6）：19-25.

[4] 金太军. "乡政村治"格局下的村民自治：乡镇政府与村委会之间的制约关系分析 [J]. 社会主义研究，2000（4）：61-64.

[5] 尤琳，陈世伟. 国家治理能力视角下中国乡村治理结构的历史变迁 [J]. 社会主义研究，2014（6）：111-118.

系离心化和乡村治理谋私化等问题；农民群体面临集体合作困难化、参与治理冷漠化和"刁民"群体主流化等问题。[1]

四、自治、法治、德治时期（2017年至今）

乡村治理在乡政村治时期的各种问题也推动了我国乡村治理体制的新一轮变革。2017年6月12日，《中共中央 国务院关于加强和完善城乡社区治理的意见》印发实施，文件指出：城乡社区是社会治理的基本单元，为了促进城乡社区治理体系和治理能力现代化，必须注重发挥基层群众性自治组织的基础作用，充分发挥自治章程、村规民约、居民公约在城乡社区治理中的积极作用，弘扬公序良俗，促进法治、德治、自治有机融合。党的十九大报告旗帜鲜明地提出"实施乡村振兴战略"，创造性地提出"加强农村基层基础工作，健全自治、法治、德治相结合的乡村治理体系"。自治、法治、德治相结合的乡村治理体系起源于2013年浙江省桐乡市，经过数年发展，已成为我国基层社会治理的重要品牌，被中央政法委定位为新时代"枫桥经验"的精髓、基层社会治理创新的发展方向。这是中国特色乡村治理体制理论创新和实践创新的结果，标志着中国特色乡村治理体制的形成。[2] 这一模式有三个重要的创新点：统筹社会力量的协同机制；发挥人民作为基层治理主体的作用；推动法治为自治和德治服务的功能。[3] 2018年中央、国务院印发的《关于实施乡村振兴战略的意见》也强调加强农村基层基础工作、构建乡村治理新体制的重要意义，明确指出："乡村振兴，治理有效是基础。必须把夯实基层基础作为固本之策，建立健全党委领导、政府负责、社会协同、公众参与、法治保障的现代乡村社会治理体制，坚持自治、法治、德治相结合，确保乡村社会充满活力、和谐有序。"因此，党组织领导的自治、法治、德治相结合的乡村治理体系，本质上是要建

---

[1] 吴蓉，施国庆. 后税费时代乡村治理问题与治理措施：基于文献的讨论[J]. 农业经济问题，2018（6）：117-128.

[2] 高其才，池建华. 改革开放40年来中国特色乡村治理体制：历程·特质·展望[J]. 学术交流，2018（11）：66-77.

[3] 黄浩明. 建立自治法治德治的基层社会治理模式[J]. 行政管理改革，2018（3）：39-44.

立健全党委领导、政府负责、社会协同、公众参与、法治保障、科技支撑的现代乡村社会治理体制，加强基层政权建设，健全基层群众自治制度，推动政府治理同社会调节、居民自治的良性互动。[1] 一般说来，自治、法治、德治是方式、方法，我们可以通过这些方式、方法去实现乡村振兴的目标。不过当前中国乡村治理各主体的"缺位、越位、卡位"，村治组织的弱化及治理规则的断层等，导致各治理主体间相互嵌入机制缺失，从而影响着"三治融合"对改善乡村治理的效果。[2] 所以，学术界与基层政府应该通力合作，将理论与实践相结合，加快"三治融合"的体制机制设计和载体创新研究，并总结其治理经验，促使中国的乡村治理体系走向更好的层面，全面提升人民群众的获得感、幸福感与安全感。

思　考

一、简答题

1. 城市社区治理体制经历了哪几次变迁？
2. 你认为现今的城市社区治理体制存在什么问题？
3. 自治、法治、德治的乡村治理体系的功能有哪些？

二、案例分析题

案例　上海梅村的社区治理

基础信息：上海梅村是 20 世纪 90 年代初建成的动迁安置型老式社区，辖区内有 2 369 户，常住居民 6 500 人左右；其中，60 岁以上老人 2 474 名，老龄化比例约为 38%，离退休党员近 240 人，梅村党总支下设 4 个党支部。

---

[1] 高其才. 走向乡村善治：健全党组织领导的自治、法治、德治相结合的乡村治理体系研究 [J]. 山东大学学报（哲学社会科学版），2021（5）：113-121.

[2] 侯宏伟，马培衢. "自治、法治、德治"三治融合体系下治理主体嵌入型共治机制的构建 [J]. 华南师范大学学报（社会科学版），2018（6）：141-146，191.

存在问题： 第一，梅村自建成以来就面临老人多、弱势群体多、房型多、出租房多的复杂局面。第二，梅村存在不少吸毒、刑满释放与下岗失业人员、待就业人员等，他们由于对政府动迁安置不满，经常鼓动其他居民"闹事"，甚至集体上访。第三，梅村是出了名的垃圾村，垃圾满天飞，居民有时直接从窗户将垃圾往下倒。几乎没有人愿意参与社区公共事务治理，这一系列结构性挑战和治理困境持续了数十年。

梅村突围： 2007年S书记来到梅村后，通过扎根居民生活实践打好群众基础，树立了较高的威信；同时通过资源整合回应居民多元需求，找到了一条能够切实解决梅村治理困境的突围之路。2011年，环保宣传者到梅村开展活动，其环保新理念和就地转换废旧物品再利用的"实验"，激起了居民参与的兴趣。随后，在党总支的认可后热心居民组建了一支"绿主妇"环保行动小组，开启了以垃圾分类、低碳、绿色为切入点的社区治理道路。2012年，"绿主妇"行动小组取得初步成效，由原先的居民自组织向正式法人组织转变，注册成为正式的社会组织，进一步扩大了社区居民自治的范围。

取得成就： 如今，"绿主妇"的实践已经辐射到全国多个省市，吸引了包括联合国教科文组织、国家相关部委领导、上海市各级领导，以及诸多省市基层组织的参访和调研。同时"绿主妇"还获得"第二届上海社会建设十大创新项目""中国好社企""十佳公众参与案例"等一系列荣誉。现今，梅村的治理已经从环境治理扩展到邻里空间再造，从垃圾梅村向花园梅村蜕变，以及从单向追求小区自治向党建引领下的多元共治格局转变。[1]

问题1　上述梅村经历了几次体制变迁？

问题2　你认为梅村存在的问题得以解决的关键是什么？

---

[1] 案例来源：徐选国，吴佳峻，杨威威. 有组织的合作行动何以可能?：上海梅村党建激活社区治理实践的案例研究［J］. 公共行政评论，2021（1）：23-45，218.

第三章 基层党建引领社区治理

基层社会是国家的细胞，基层治理相应地就成为国家建构的神经末梢，而城市社区作为中国最重要的基层群众自治组织，构成了国家治理体系的重要一环。本章聚焦于"社区党建引领社区治理"这一核心问题。第一节是对基层党建引领社区治理的内容做基本介绍。第二节是对社区党建引领社区治理的维度和实践路径进行分析。第三节着重阐释打造社区党建品牌的实施与运营行动策略等一系列问题。其中还嵌入了城市社区中基层党建的具体实践的成功案例，以深入挖掘社区党建引领基层治理的发生机制与运行成效。

第一节 基层党建引领社区治理概述

一、基本概念

（一）基层党建

中华人民共和国成立以来，探索出农村党建、国企党建、机关事业单位党建、城市社区党建、非公企业党建、新社会组织党建六种模式。之所以强调党建，是因为它在增强政治合法性、巩固群众基础、推进基层群众自治、保证领导核心地位、政治整合、社会整合等方面具有重要作用。新出现的区域化党建作为一种"有机整合"模式，强调基层党建在社会参与中重塑其"公共性"的品格，对促进基层政党内外部整合、基层行政整合、异度空间整合都具备积极的作用。面对着党员积极性低、能力素质不足、观念认知不到位[1]，生态环境尚需改进等困境，基层党建在党政分离还是党社一体化、党组织的去行政化还是再行政化方面踌躇不定[2]。总的来说，基层党建面临生存基础和发展体制两个向度的困境，生存基础视角着重研究设置方式选择、设施经费保障、功能转型定位等基层党组织面临的基础性约束；发展体制视角重点探讨区域党建领导体制、共驻共建机制等基层党组织面临的体制性困境。[3]面对这些困境，我国学界主要是从理念转换、组织建设、体制改革三个维度探寻区域党建的路径。就理念转换而言，增强政治自觉、树立强烈的主业主责主动意识、树立正确的政绩观、强化"深度覆盖""区域协同""集成服务"[4]三大理念等都能将相应理念内化于党员心中。就组织建设而言，健全资源共享优势互补的体系、构建区域化党建工作长效机制、建立动态开放的党员教育管理机制、完善服务保障机制、打造公共服务平台[5]等都可以提升党建的绩效。越来越多的学者注意到网格化管理和城市基层党建相结合的"网格化+"手段。与此同时，有学者在基层党建的成功案例上提出了区域化大党建"1+3"体制、武汉市"三级联动、四方共建、统筹推进"的区域党建模式，嵌入式党建[6]、融入式党建、复合制党建[7]、"党建+"新型治理模式、"网格党建"也逐渐出现在基层党建中。

（二）社区党建

社区党建是社区建设的重要组成部分。自20世纪90年代末"社区

---

[1] 林尚立.社区党建：中国政治发展的新生长点[J].上海党史与党建，2001（3）：10-13.
[2] 孙柏瑛，邓顺平.以执政党为核心的基层社会治理机制研究[J].教学与研究，2015（1）：16-25.
[3] 卢爱国，黄海波.近年来城市基层区域化党建研究述评[J].湖南师范大学社会科学学报，2016（3）：45-52.
[4] 陈奕君.商圈党建：区域化党建在城市的探索：基于宁波市海曙区商圈党建实践的思考[J].中共浙江省委党校学报，2010（2）：11-18.
[5] 吴超晟.城市区域化党建工作的建设途径[J].党史文苑，2016（8）：42-44.
[6] 孔娜娜，张大维.嵌入式党建：社区党建的经验模式与路径选择[J].理论与改革，2008（2）：51-53.
[7] 韩冬雪，李浩.复合制结构："联合党建"与"三社联动"科学对接[J].理论探索，2017（5）：35-41.

党建"提出以来,学术界对此展开了大量研究,产生了丰硕的成果。对于社区党建的内涵,有学者认为社区党建是"党的基层组织建设中的一个组成部分,具体包括街道、居民区、乡、镇、村的党的建设"[1]。同时,社区党建具备巩固党的基层组织,改善党的基层组织的活动方式,强化党对社区活动和社区建设的主导,密切党与社会、党与人民群众的联系,构建党的领导和执政的广泛的社会基础,提高党组织整合社会的能力。[2] 就执政能力而言,社区党建在巩固党的基层组织、改善活动方式、强化党的领导、密切党社和党群联系、构建社会基础、提高整合能力方面有重要作用。[3] 此外,实际开展的党员教育管理能够提升党员服务社区、服务居民的意识和能力。更重要的是通过党员广泛调动社区群众参与社区服务的积极性,建立规模较大的专业化民间服务社团,建成强大的社区自我服务网络,以及创建为党员服务的新载体、探索教育管理党员的新模式。社区党建作为一种按照地区原则组建党的组织体系的党建模式[4],覆盖街道、居民区、乡、镇、村。它所承载的是通过社区党建实现对传统基层党建的创新,永葆党的战斗力的任务。就基层民主而言,社区建设的核心和根本目的在于促进社区民主政治建设,推进社区居民自治。

二、基层党建引领社区治理的历史进程

(一)初步探索时期:"社区党建"概念的提出

在党的十四大以前,我国在单位制下通过单位来控制整个社会。然而随着经济体制的改革,人们的生活方式发生了新的变化,经历了从"单位人"向"社会人"的转变。同时,无行政主管、无明确挂靠关系的新经济组织大量涌现,形成了不少党建空白点。对加强党的基层组织

---

[1] 金桥. 社区党建中的新型组织策略 [J]. 社会主义研究, 2007 (2): 98-100.

[2] 林尚立. 合理的定位:社区党建中的理论问题 [J]. 探索与争鸣, 2000 (11): 16-19.

[3] 郑长忠. 多元共存条件下社区治理的政党逻辑:以上海临汾社区物业管理党建联建工作为例 [J]. 理论与改革, 2009 (2): 55-59.

[4] 刘冀瑗. 单位党建和社区党建互动初探 [J]. 中央社会主义学院学报, 2005 (6): 86-89.

建设提出了新的要求。1996年伊始，上海市政府进行城市体制改革的积极探索，旨在实现城市管理重心下移、加强城市基层党组织的凝聚力和战斗力。在此背景下，上海市委首次提出了"社区党建"这个概念，意指以街道党工委和社区党总支（支部、党委）为主体，街道辖区内的机关、企事业单位、新经济组织、社会组织以及社区居委会的基层党组织共同参与的区域性党建工作。1996年中共中央组织部下发了《关于加强街道党的建设工作的意见》，提出"适应街道经济和各项事业的发展，及时调整和建立健全党组织，努力做到以居委会辖区为单位建立党支部"的要求。为了贯彻这一要求精神，1996年3月27至28日，中共上海市委召开上海市城区工作会议，会议出台《关于加强街道、居委会建设和社区管理的政策意见》，提出拓展"两级政府，两级管理"，探索"两级政府，三级管理"的全新城市管理体制。即以街道为核心，以居民区为基础，以专业管理部门为配套的相应的三级管理机构。此后又构建起"四级网络"，建起"条块结合、以块为主"的城市管理体制，城市管理的职权利和人财物同步向社区下移，基层政权工作内容的扩展，直接作用于社区党建工作内容的扩展。从此上海在全国率先开展了社区党建和社区建设的探索和创新。

（二）强基固本时期：社区党组织建设得到重视和发展

1997年，胡锦涛在视察上海市闸北区临汾路街道（现隶属于静安区）时指出："社区工作的立足点、出发点是心系群众、服务群众、依靠群众。"2000年，江泽民在视察上海市徐汇区康健街道时指出："社区党建大有可为。"随后中组部在上海、北京召开全国街道、社区党的建设工作座谈会和全国直辖市、副省级城市街道、社区党的建设工作研讨会，对街道、社区党建工作做了全面部署，并实行分类指导。同年，《民政部关于在全国推进城市社区建设的意见》对社区党组织的地位和职责进行了明确的阐述。"社区党组织是社区组织的领导核心，在街道党组织的领导下开展工作。其主要职责是：宣传贯彻党的路线、方针、政策和国家的法律法规，团结、组织党支部成员和居民群众完成本社区所担负的各项任务；支持和保证社区居民委员会依法自治，履行职责；加强党组织的自身建设，做好思想政治工作,发挥党员在社区建设中的先锋模范作用。"

(三)拓展成长时期:社区党建逐步推进

2002年9月,胡锦涛在中央党校开学典礼上把社区党建作为当前党的建设的几大主要任务之一提出。2002年11月,党的十六大报告中明确提出"高度重视社区党的建设,以服务群众为重点,构建城市社区党建工作新格局"[1],向全党指明了社区党建的前进方向。2002年12月,胡锦涛充分肯定了上海依托街道社区党组织采取"支部建在楼上",加强新经济组织党建的做法。2003年9月中旬,时任中央政治局委员的贺国强对上海社区党建工作做了专题调研,并对社区党建提出了具体的指示和要求。2003年10月,中共中央组织部向全国印发了《关于上海市社区党的建设工作的调研报告》,要求各地结合实际,学习借鉴上海社区党建工作经验,并在此基础上起草了《关于进一步加强和改进街道社区党的建设的意见》。截至2003年年底,我国城市的"一社区一支部(总支、党委)"率达98%,初步形成了以社区党组织为核心,社区居民自治组织和群众组织相配套的社区组织体系。2007年10月党的十七大又重申社会建设方面的议题,大力加强社会主义和谐社区建设,其关键是搞好社区党的建设。这一阶段,在中央对社区建设的高度重视和地方各级党委、政府的共同努力下,社区党建工作已经在全国大、中、小城市全面展开,呈现出良好的发展势头。

(四)创新升级时期:社区党建逐步成熟完善

习近平总书记在党的十九大上庄严宣告,中国特色社会主义进入了新时代。这意味着中国共产党的领导迎来了更多的发展机遇,同时也迎来了一系列新的挑战。进入新时代,党建引领社区治理成为坚持党的全面领导和推进国家治理现代化双重背景下的重要命题。习近平总书记强调:"要加强党的领导,推动党组织向最基层延伸,健全基层党组织工作体系,为城乡社区治理提供坚强保证。""社区是党和政府联系、服务居民群众的'最后一公里',要健全社区管理和服务体制,整合各种资

---

[1] 中国共产党第十六次全国代表大会文件汇编[M].北京:人民出版社,2002.

源，增强社区公共服务能力。"在这个阶段，我国社区治理的理论和实践层面显现出社区自治、基层协商民主、多元共治、社区治理共同体、社区治理创新、城乡基层治理体系等日益丰富多维的面相。[1] 全国各地都在积极探索社区治理的路径，按照《中共中央组织部关于进一步加强和改进街道社区党的建设工作的意见》，几年来全国城市社区在实践中总结形成了关于社区党建的一系列鲜活经验。2015年，上海市在2014年市委1号课题调研成果的基础上出台《关于进一步创新社会治理加强基层建设的意见》，形成"1+6"系列文件，涉及街道改革、居民区治理体系完善、村级治理体系完善、网格化管理、社会力量参与、社区工作者等6个方面的工作；同年，武汉市出台"1+10"系列文件，重构超大城市基层社会治理体系；2017年，杭州市形成了"1+8"城乡社区治理政策体系。各地还进行对"楼宇建党""商业街建党""工地党建""自由市场建党"等社区党建模式的探索，组建了社区党建工作队、党员先锋队、党员志愿服务队、党员互助队等社区党建工作的创新性活动载体，创造了"客厅里的组织生活会""庭院里的民主恳谈会""活动室里的心得交流会""楼层里的意见建议会"等充满生机活力而又为社区居民乐于接受的党支部活动方式。[2] 同时，随着互联网技术的发展，我国社区在"智慧党建""数字党建""互联网党建"的运用上都取得了不俗的成绩，运用互联网、社区党务公开栏等平台，采取发放学习资料、开展宣传教育等活动手段，逐步构筑起健全完善的社区党建工作机制。

第二节 基层党建引领社区治理的维度与实践路径

一、基层党建引领社区治理的维度

（一）党建引领社区党组织建设

随着单位制的式微，社区作为社会的基本单元，已经具有整合社

---

[1] 谢金辉. 党建引领社区治理研究综述[J]. 中共福建省委党校（福建行政学院）学报，2021（5）：78-84.

[2] 张书林. 以改革创新精神推进社区党建[J]. 探索，2009（3）：29-34，176.

会、巩固基层政权的功能。党的建设空间的战略性转移，要求改变"条强块弱"的党建格局，赋予社区党建更多的政治资源，将党的基层组织建设重点从单位转到社区，才能保证其与社区制社会结构继续保持内在契合性。[1] 在社区积极整合党的组织体系，是保证社区发展和党的建设互动双赢的基础环节。这既可提高党的战斗力，又可为党的建设注入源源不断的活力，社区党建从一个侧面，为解决党在新时期的历史命运问题提供了有益的探索。[2] 在当代中国社区党建直接指向的就是中国共产党的基层党组织建设问题。社区党建极大地拓宽了党的基层组织的视野和工作空间，增强了工作的综合性和社会性，把基层党建工作提高到一个新水平；社区党建为实现党在城市的基层组织体系创新积累了经验；社区党建为实现党在城市基层执政模式的创新提供了新思路。在社区进行党的组织整合，另一基础维度是在社区各类新生组织中做"建党"工作。城市基层社会场域存在一些不属于社区管理，但能够对基层社会治理发挥重要作用的机构和组织，如驻区单位、社会组织等，要按照"竖向到底、横向到边、管理有效"的原则，积极在新经济组织、社会中介组织中建立党的基层组织，填补这些党建空白点。这就要求社区基层党组织建设不应局限在组织内部，而应当强化党员的政治性身份和公共性身份，从而引领和调动群众，提升社区基层党组织的政治动员能力。

（二）党建引领社区民主自治

中共十九大指出，要加强社区治理体系建设，推动社会治理重心向基层下移，发挥社会组织作用，实现政府治理和社会调节、居民自治良性互动。在基层群众自治建设和发展中，党对基层群众自治的积极参与，不仅有利于基层民主的发展，而且有利于党的基层组织的整体建设和发展。有效的社区党建能够扩大党对基层群众自治的参与，通过推动社区协商、居民自治，培育社区社会组织、专业社工队伍建设等工作，

---

[1] 李朝阳. 城市社区党建：加强党的建设的战略性选择 [J]. 天津师范大学学报（社会科学版），2005（5）：3-7.

[2] 王辉. 城市社区党建：党的基层组织建设的新探索 [J]. 理论学刊，2001（3）：87-90.

支持和保证社区自治组织依法实行社区居民自治，探索并不断完善社区成员代表会、社区民主协商会、社区党员议事会、社区党建工作联席会等行之有效的方法，探索党代表、人大代表、政协委员进驻社区的工作机制，畅通各界群众利益诉求表达渠道，引导居民形成"自己的事情自己决定，自己的事情自己处理"的自治协商意识和行为，进而推动中国的基层民主政治发展。

（三）党建引领社区建设

从整体的社区建设维度来说，社区党建对于社区建设具有以下几个重大的意义。第一，政治引领功能。党组织对社区重大事项如规划、政策、法规的提出与制定。第二，凝聚整合功能。社区党组织通过营造居民共同关切的公共性议题，发起持续性的集体行动，以居民的积极参与和群体性互动，促使社区内社会资本的提升，建立居民彼此之间以及居民与社区环境之间的协调互动关系。第三，社会服务功能。社区党组织根据居民需求提供党群服务、政务服务、生活服务、治安防控和法律服务、健康服务、文化服务、社区管理服务等各类服务，丰富社区居民文化娱乐生活，为群众提供看得见、摸得着的物质与精神财富。

二、基层党建引领社区治理的实践路径

（一）打造社区党建共同体

党政军民学，东西南北中，党是领导一切的。基层党组织是社会基层治理的核心要素，它对于完善城市基层社区治理体制、保证城市社区公共服务水平、提升城市社区治理能力、巩固党的基层政权、推进国家治理体系和治理能力现代化具有基础性作用。党的十九大报告指出，要以提升组织力为重点，发挥自身"总揽全局、协调各方"的核心作用，突出政治功能，贯彻党的决定、领导基层治理、团结动员群众、推动改革发展的坚强战斗堡垒。在社区进行党的组织体系的整合，结合社区党员情况，调整优化社区下属支部设置，划小支部规模，配强配优基层支部班子，理清理顺党员组织关系，突出支部党员"属地化"管理；鼓励社区党委定岗和副职干部下沉到基层支部，工作前移到社区一线；通过

党群服务中心平台加强"两新"组织党建工作,增强基层党组织对流动党员的兜底管理,提升区域内党员的向心力、凝聚力;结合已有的社区治理网格化体系,构建以"社区书记—社区'两委'—社区在编党员—社区在职党员—驻区单位党员—社区志愿者—社区居民"的社区党建"同心圆"联动体系,推动基层支部党建工作高效开展,逐步实现由条线管理向协同治理转变;组建党建联盟,整合社区共建单位、非公企业、社会组织等党支部,成立社区城市党建联盟;积极与辖区内外的各类党组织开展融合共建,打造不同类型的党建联合体,通过党建联合体整合共享各类资源、组织开展党建活动、研究解决工作中存在的问题,实现党建工作由单打独斗向互动融合的转变。

(二)坚持"群众路线",充分把握基层需求

为人民服务,具体到基层,就是要为群众提供精准有效的服务和管理。围绕民生难题,由社区党委和所属各社区党组织牵头,建立线上、线下相结合的多重渠道,打通联系群众"最后一公里",畅通民意诉求表达、收集社情民意,并发挥党委政府资源优势,协调、组织党政机关、企事业单位、社会组织、各类志愿者等为居民解决实际困难和需求,同时主动发现和分析居民提出的普遍性问题和导向性建议。充分把握基层服务需求,增强居民获得感和幸福感,为上级党委政府决策提供依据。

(三)清理盘点各方需求,梳理自身服务能力

在当前社会转型的矛盾凸显时期,社区服务工作日益烦琐、任务量大、服务面广,在社区建设工作中,应从社区实际出发,构建起囊括社区政治、经济、文化、医疗、计划生育、环境卫生、劳动就业、物业管理、法律服务等在内的覆盖社区生活各个领域的服务网络。坚持以居民的需求作为社区服务的基本点,清理盘点社区内部驻区单位、社会组织、新经济组织、社会中介组织等各方利益诉求,采取走出去、请进来的方式,增进和群众的交流与合作。同时,不断拓展社区自身的服务能力,从提供单一的经济帮扶向同时提供思想帮扶、政治引导、文化引领、精神提升、社会融入的方向发展;从单一的纠纷解决向建立根除纠

纷长效机制和构建和谐社区的方向发展；从单一的面向全体居民的宏观服务到同时向进楼入户提供个性化服务，向弱势群众提供面对面、心贴心的特别服务的方向发展。[1]

（四）构建社区党建保障体系，推进社区治理新格局

社区党建保障体系主要可以分为人才支持保障、经费支持保障、领导支持保障。

1. 人才支持保障

创新社区党务工作者队伍建设，改革社区选人用人机制，按照素质高、能力强、作风硬、结构优的要求，吸引更多的优秀人才从事社区党建工作。通过扩大选人用人渠道、建立专兼职相结合的社区党务干部队伍、加大培训力度、抓好班子建设等形式创新社区党务工作者队伍建设。

2. 经费支持保障

可以采取"上级财政拨一点、社区所在街道出一点、社区自己筹一点、驻区单位资助一点"的办法来解决社区党建工作所必需的经费。社区党组织和社区居委会也要充分整合社区资源，发挥其最大经济效益，在不损害公益原则的前提下自力更生，积极创收。

3. 领导支持保障

各级党委和主要领导全力支持社区党建，形成党委统一领导、部门各负其责的社区党建工作领导责任制，切实把社区党建纳入基层党建、城市发展和社会进步的全局之中，科学决策、统筹谋划、扎实有效地向前推进。

第三节　打造社区党建品牌的实施与运营行动策略

一、社区党建品牌的指导思想

指导思想是社区党建品牌策划的基石。社区党建品牌的指导思想主

---

[1] 张书林. 以改革创新精神推进社区党建［J］. 探索，2009（3）：29-34，176.

要是阐明社区党建工作是如何呼应中央最新工作精神的。包括对于全面贯彻党的十八大和十八届三中、四中、五中、六中全会精神,坚持以邓小平理论、"三个代表"重要思想、科学发展观为指导,深入贯彻习近平总书记系列重要讲话精神和治国理政新理念新思想新战略等重要指导思想的回应,把宣传党的主张、贯彻党的决定、领导基层治理同团结动员群众、推动改革发展结合起来。

二、社区党建品牌的顶层设计

(一)总体思路

总体思路是社区党建品牌策划的顶层设计。依据新时期基层社会需求变化,立足社区的实际情况,强化顶层设计。社区党建品牌策划的总体思路就是设计出符合实际情况与未来规划的基层党建体系,在加强社区党组织自身建设的基础上,进一步增强基层党组织在社会治理中的全面领导作用。

(二)行动计划

制定社区党建品牌行动计划是为具体的工作搭建一个构架,具体包括社区区域党建工作体系、社区党建项目化运作、"三社联动"具体措施、智库资源、社区党建工作标准化、社区服务标准化等。按照时间划分,社区党建行动计划一般可做三年行动计划、五年发展规划等。按照社区党建的行动计划,下辖的各个支部要分步实施,各个支部要按照相关思路创立自己的品牌,再做社区一级的分步实施方案。

三、社区党建品牌的行动框架

行动框架是社区党建品牌策划的执行思路。行动框架要阐述社区党建品牌策划方案中党建引领下的社区治理模式。

(一)党建行动框架

建立党建工作责任清单,通过项目引领、细化清单、规范流程、专项督察、严格考核,初步建立科学合理、务实管用的党建责任体系,确保党建工作责任在社区落地生根。对于基层党组织建设体系的基本形态、工作核心、工作目标、工作思维、工作机制、工作主体、具体工作规划、党建工作机制、建设工作等都必须进行前期的归纳梳理。

（二）工作行动框架

根据社区工作基本内容具体开展的情况展开，按照工作周期特点，将工作划分为计划性工作和临时性工作。计划性工作有两类：一是标准类计划工作，即一定周期内重复开展的、有标准程序要求的工作；二是项目类计划工作，即年度一次性开展的、短期内不具有重复性的工作。临时性工作包括临时接收到的上级的工作任务，安排本级组织临时开展的工作等。同时，对于社区日常事务的检查记录、考察评估、绩效反馈、整改意见、评先树优等工作内容也需要进行统一部署。

四、社区党建品牌的工作抓手

工作抓手是社区党建品牌策划的执行措施。通过构建具有社区特色的服务体系，打通服务群众的"最后一公里"，保证党建领航社区治理落地。

（一）建立双向清单

第一，主动对接、梳理汇总共驻共建单位能给社区提供的各类服务资源，建立"资源清单""项目服务清单"，实现各种资源的有效整合，建起"共享库"，推动基层党组织更好地服务群众，多样化精准服务。第二，明确"需求清单"。在摸清居民群众需求、找准契合点的基础上，完成居民"需求清单"，形成"居民服务项目清单"。第三，有效衔接"双向清单"。

（二）提供精准服务

不同的群体有不同的诉求，因此社区在提供服务方面不能"一刀切"。一方面，要坚持以人民为中心的发展理念，统筹构建高质量民生产品和公共服务供给体系，完善就业、保障、教育、医疗、养老等民生保障网络建设；另一方面，充分尊重社区内部群体差异化需求，挖掘差异化的群体优势，优化各类社区服务平台，积极培育和引入社会组织、社会工作者提供社区社会服务。

(三)打造服务场所

对于城市社区来说,打造服务场所有助于打破"城市里的陌生人"社会相对冷漠的邻里关系格局,为居民提供开放、共享、温馨的社区公共空间和公共设施,为居民提供交流的公共场所,为各类服务提供阵地和场所。社区依托党群服务中心建立共享活动空间的协调机制,优化空间营造,为各类服务和活动提供阵地和场所。例如,党群场馆、党群驿站、党建广场等。

五、社区党建品牌的保障措施

(一)组织领导

坚持在社区党工委的坚强领导和区委组织部的有力指导下开展社会治理各项工作,增强社区党组织在社区治理工作中的领导协调作用。通过创新党组织设置方式,发挥区域党组织在整合资源、畅通诉求、协调利益中的作用,推动"两新"组织日常生产与党建工作同步发展。

(二)创新试点

坚持摸准情况、找准思路、因社制策、主动作为,以社区为单位探索基层党建与社会治理工作融合的方法。总结各社区已有的工作经验,形成各具特点的工作方法,将优秀经验进行推广。

(三)财政保障

街道社区相关部门需要进一步加强日常财务管理,严肃财经纪律,做好审计工作,积极参与街道集体经济发展,加强街道集体资产管理,严格对财政配套资金项目的审计管理,为基层治理各个项目提供必需的、稳定的财政保障。

(四)配套支撑

落实基层党建需要配套支撑,需要加强基层党建配套设施的配置,为党员活动提供必要的场所;需要丰富党建引领社会工作的内容,加强干部管理教育,促进干部提质升级,实现教育培训服务干部成长全覆盖;需要制定配套制度,保障日常工作开展。

（五）监督考评

加强对党员的监督考评。加强支部"三会一课"开展情况考评及支部党员参加组织生活考勤；将志愿服务等项目纳入党员考核标准中，坚持长效考评。同时，加强党风廉政建设，加强党风党纪监督员、企业监察联络员、政风行风评议员与群众的联合监督，完善效能监察员队伍。

六、打造社区党建品牌的行动策略

（一）整体架构，分步实施

通过检视区域范围内整体资源，提出清楚、明确的发展愿景、蓝图与行动方案，整体架构包括社区党建的三年行动计划，跨部门整合、跨领域合作等协作模式的建构，有深度文化意涵的本土化党建品牌的打造。同时，下面各个支部要分步实施，各个支部要有自己的品牌。

（二）基线调查，精准服务

基层党组织在带领党员实地调研、品牌规划、品牌推进、品牌宣传、品牌评估的过程中逐步获得党员和群众的认可、接受。在精准把握新时代社会主要矛盾变化和社会发展变迁的新特征基础上，立足社区建设和发展的实际需要，创建社区的党建品牌，同时对党建品牌进行相关的凝练，为后续的宣传、品牌效应的扩大打下坚实基础。

（三）前期推广，品牌凝练

对于社区党建品牌的凝练，首先要注重其贴近群众的特性，总结提出各具特色的品牌标志、理念，使党组织以一种具体、生动的形式出现在群众面前，要朗朗上口、句式整齐、贴合群众需求。具体可以包括党建品牌名称、简短的介绍词、IP形象等。其次各基层党组织采取将品牌标志、内涵、服务内容张贴悬挂于社区的办公场所和主要干道的醒目位置；在服务指南等宣传品上印制品牌标志；在重大活动中有意识地展示品牌形象并进行集中宣传，加大品牌宣传推广力度，使党建品牌的知晓度不断提升。最后通过"党建品牌群"建设和社会建设夯实基础，使得所形成社区党建品牌具有较高的知名度、美誉度、信任度，得到上级党组织的肯定和推广，得到党员群众及其他党组织的较高评价，并实现从"党建品牌"到"党建名牌"的升级。

（四）借力外脑，方案集成

社区党组织要发挥自身的引领作用，积极对接社会资源。在打造社区党建品牌的过程中与专业的运营公司合作，负责项目的管理、运营和推广；招募成熟的文化及文创团队，增强社区品牌的文化吸引力；建立集智交流的实践研讨平台，分享工作资源、交流党建经验，实现互帮互助、互取裨益，凝聚党建合力，增强党建活力；培育人才输入的实习基地，将高校的智力、技术和项目资源辐射到基层，以党支部共建为载体，为高校党员教工和广大学生提供良好的实践平台。

（五）突出重点，强化特色

社区建设有一定的普遍性、规律性，但每个社区的建设又有着各自的特色，只有把握了事物的普遍性和特殊性，抓住每个社区最核心的特征，并围绕其全面深入地挖掘，才能打造出有生命力的社区党建品牌。社区建设如何避免"千社一面"？如何创造有特色的文化品牌？这就要求社区治理立足自身的资源禀赋优势，依托现有空间、习俗和文化资源，建设特色鲜明、优势突出的特色社区文化，社区党组织要积极挖掘传统文化、弘扬善文化，充分调动居民的积极性、主动性、创造性，全面统筹"人、文、地、产、景"五大要素，为社区发展提供持续造血的能力，坚守"一社一品"特色，搭建平台、设计载体、开展活动，团结居民，凝聚起人心，最终形成有"一社一品"本土化的社区党建品牌。

（六）技术助力，"互联网+"

互联网广泛而深入地渗透到经济社会发展的各领域、各方面，互联网思维是"互联网+"时代必须具备的行动思维。基层党建工作也应当主动创新、因"网"而变，构建以大数据为基础的"互联网+"智慧党建平台与虚拟党建社区。积极利用大数据的全面性、动态性、精准性、预测性等特质，对打造党建品牌的过程进行全景式动态把握。

（七）过程控制，适时发声

数据的及时、准确更新对促进社区相关部门精准施策有重要意义。

社区党组织须形成媒体与政府之间的联动机制，保证信息畅通发布。每天与相关部门及时碰头，交流信息，将社区相关信息通过大数据的形式呈现给民众。大数据一方面可以加强政府与民众的沟通、宣传招商信息、普及法律法规及医疗常识、安排日常事务的通知、提供社会舆情舆论引导服务；另一方面能满足其他业务系统的需要，完成任务工单派发提醒、突发事件提醒、预警报警提醒等消息的推送。以此实现社区党建品牌与居民生活有效衔接，做到控制过程、及时反馈、适时发声。

（八）评估反馈，广泛宣传

争取上级部门的政策支持和资金支持、拓展与第三方社会组织的通力合作渠道、动员当地群众积极参与、协调利益相关方的关系，以上这些都是评估与反馈的前提。通过经验交流会、党员群众评议、媒体宣传等方式对党建品牌进行宣传，扩大品牌效应，利用电视、微博、微信等媒体资源广泛宣传基层党建品牌，在以上这些得到保障的前提下，项目才能有更好的宣传效果。

思 考

一、简答题

1. 什么是基层党建？试述基层党建与社区治理的联系。
2. 试述社区党建的历史进程。
3. 试述社区党建引领基层治理创新的维度。党建可以引领哪些社区工作？
4. 社区党建品牌的指导思想应该包括哪些方面的内容？
5. 社区党建品牌的工作抓手包括哪些内容？
6. 对于社区党建品牌的打造，你是否还有新的理解？
7. 试论述基层党建引领社区治理的行动策略包括的八个方面的内容。

二、案例分析题

案例1 "红色管家"添动力 基层治理有活力[1]

苏州工业园区是中国和新加坡两国政府的重要合作项目,被誉为"中国改革开放的重要窗口"和"国际合作的成功范例"。在全国国家级经济技术开发区综合发展水平考核评价工作中,园区实现"五连冠",在全国高新区排名中上升至第四位。作为一座产城融合的新城,苏州工业园区既具有产业功能型园区的性质,又具有街道社区、商务楼宇和商圈载体,涵盖了各领域全方位的组织形式。为推动苏州城市新中心建设,健全城市基层党建体制机制,苏州工业园区从2018年起探索实施"红色管家"基层党建项目,将凝心聚力、服务群众的"红色管家"理念融入园区开发建设最前沿、融入基层治理全领域,促进党建与中心工作、党建与产业发展、党建与服务治理的深度融合,切实发挥基层党组织战斗堡垒作用,不断推进城市治理体系和治理能力现代化。

苏州工业园区强化党组织在城市基层治理中的领导核心地位,建立完善以街道党工委为核心的街道"大工委"和以社区党组织为核心的社区"大党委"组织架构;按照"三整合"要求对内设机构设置进行调整,对以基层党组织为基础组建的区域联合党委强化指导,落实"职能入网、服务进门"理念;以党工委书记项目为抓手,做好顶层设计,召开"红色管家2.0工程"推进会,出台"红色管家"系列实施办法,形成工作指南;指导街道(社工委)党工委制订"红色管家"具体实施方案,形成区、街道、社区三级"1+8+N"的制度体系,推进党建工作与社区治理、城市管理等重点业务工作同频共振、深度融合。截至2021年3月,园区常态化落实简报制度,简报已刊发至107期,各街道(社工委)出台专项文件、简报合计400余份。苏州工业园区各基层党组织领导基层治理,坚持把党建工作与中心工作紧密结合起来,工作内容更

---

[1] 案例来源:苏州工业园区管委会."红色管家"添动力,基层治理有活力[EB/OL].(2021-03-26)[2021-09-14]. http://www.sipac.gov.cn/szgyyq/mtjj/202103/ecd2cb95541946f2b66f5ab2e49b92ea.shtml.

聚焦；各街道围绕社区基层治理开展"431"专项整治（四类场所整治火灾隐患百日专项行动）、网格化治理等中心工作，聚焦社区"大党委"建设，引导上级行政资源下沉社区，切实发挥社区党组织的牵头协调作用；各功能区围绕科技创新、营商环境等中心工作，通过"红色管家"集聚各领域党组织服务资源，引导服务对象开展共商共治，"融驿站""党建惠企"等一批实事项目落地见效，真正打通服务基层"最后一公里"。

问题1　"红色管家"基层党建项目将党建与哪些工作相融合？党建工作是如何与社区的中心工作相结合的？

问题2　请简要说明"红色管家"的"大工委""大党委"的组织架构。

案例2　白洋湾街道：激活居民议事自治热情[1]

2020年以来，白洋湾街道联合姑苏区司法局以开展"援法议事"活动为抓手，不断强化基层社会治理。在金筑社区试点"四议两公开"传统议事规则的基础上，探索形成"金言小筑"基层援法议事特色品牌。"金"，即"金领袖"，以挖掘居民领袖为突破口，协助宣传、召集、组织。"言"，即"六必言"，通过研究制定需求产生要言、议题选择要言、议事规则要言、参与对象要言、各个议题要言、实施结果要言的"援法议事六必言"运行规则。"小"，即"小细节"，在民生小事上、细节上充分发挥群众的参与热情。"筑"，即"筑力筹"，多元参与筹集物资、人力、资金等，实现楼道公共空间长效可持续地运行，楼道居民常态化、可持续地自治。"阿姨，我们小游园旁边的塑胶场要进行改造，您有没有什么想法啊？"党员志愿者正就社区环境改造事项上门

---

[1] 案例来源：陈兆帅，张治晟. 苏州白洋湾："金言小筑"激活居民议事自治热情[N/OL]. 苏州日报，(2021-06-29)[2021-11-21]. http://www.subaonet.com/2021/szms/0629/283908.shtml.

征询居民意见。小区"红蕴驿站"旁小游园有一块约150平方米的塑胶休闲场地，居民多次反映其表面老化破损，要求维修。社区党委广泛征求居民意见建议，经过社区"两委"会讨论、党员代表大会审议、居民（代表）会议表决等程序形成书面决议，联合物业，组织辖区网格员、党员志愿者对塑胶场地进行翻新重铺，小游园面貌焕然一新，进一步提升了小区周边环境和宜居水平。"整合力量资源，激活'援法议事'潜能。"白洋湾街道办事处主任袁硕旻告诉记者，"援法议事"活动涉及面广、群众性强，只有健全基层党委法治议事协调机构，推动党委、政府、社会、公众等各方力量共同参与，才能形成合力。金筑家园社区结合拆迁安置小区特点，挖掘老党员、老军人、老模范等草根居民领袖，让"金领袖"成为社情民意"收集站"，真正实现民事民提、民事民议、民事民决。坚持发挥党委核心引领作用，由社区党委书记担任"援法议事"领导小组组长，落实法治建设第一责任人职责。成立"筑绿蜂""筑红蕴""筑爱心"三个行动支部，总结提炼"红蕴金筑"党建品牌，汇聚共建资源，广泛收集自治建议，助推社区治理。"金言小筑"援法议事品牌以弘扬社会主义核心价值观为主要抓手，注重道德教化支撑，积极组织各类尚德活动。建立社区《垃圾分类积分兑换管理办法》和《志愿服务积分管理办法》，开展"筑绿园"天台城市农庄包干耕作、"筑绿蜂"蔬菜志愿行动、慈善一日捐等活动，让群众在勤劳耕作中重温乡土记忆，推动社区和谐共治。同时，引入姑苏区"向上"公益服务社、"逸轩为老"公益服务社2家社会组织，开展"红蕴共享　邻里同乐""童心筑梦　扬帆起航""睦邻巧手　恭祝楼道"等服务项目，搭建居民学习、交流、活动、互助平台，增进邻里感情、化解邻里隔阂。

问题1　请简要描述"金言小筑"基层援法议事特色品牌的内涵。

问题2　请简要描述"红蕴金筑"党建品牌的形成过程。

第四章 社区服务：从体制变革到机制创新

第一节 社区服务体制变革：
从"居站分离"到"一站多居"

社区体制自建立以来，就成为国家治理的"神经末梢"，而随着中国社会与经济发生重大变革，社区治理也与时俱进地发生着相应变革，以适应社会与居民需求。作为社区服务重要主体的居委会面临着行政压力逐渐增强的局面，在此背景下居委会减负成为社区服务变革的重要一环，各地基层政府也在体制与实践上纷纷进行探索，开创了从"居站分离"到"一站多居"的社区服务体制变革局面。

一、"居站分离"："议行分设"原则的贯彻

（一）社区居委会的行政化发展

社区治理是我国基层治理的基本单元。我国现行社区体制是从中华人民共和国成立后的城市基层政权建设演变而来的，1954年全国人大常委会通过《城市居民委员会组织条例》，居委会体制随后在全国确立。改革开放后，中国经济社会发生了翻天覆地的变化，城市建设的进程逐渐加快，而城市基层社会治理的变革也一直在进行，随着单位制、街居制等基层管理体制的瓦解，社区制逐渐浮出水面。社区不仅是基层政府联系和服务群众的重要窗口，而且在维护社会稳定方面起到了相当重要的作用。在"小政府、大社会"的大趋势下，许多过去由职能部门和基层政府承担的事务下放到了社区，社区逐渐成为基层政府与人民群众之

间联系的纽带。

我国城市社区居委会具有"双重身份":它既是法定群众性自治组织,代表社区居民行使自治权利以实现自我管理;又是国家在社会网络中行政管理的代理人,协助执行政府交办的事务。[1] 因此,社区居委会同时具有"自治性"与"行政化"两种属性。所谓行政化是指行政结构的行政运行机制、行政行为方式等在非行政领域的延伸和泛滥。行政化的深层原因就是行政权力过度扩张,行政功能在社会组织中被过度放大,超过其原有的社会功能。

社区居委会的行政化问题由来已久。中华人民共和国成立后的城市基层组织是在废除保甲制的基础上建立的,这一时期的居委会就是在政府主导下建立的,各项事务也是在政府主导下完成的,日常性工作也主要是政府性的。至改革开放前,街居制体系的"附属性"和"行政性"已经成为其基本特质之一,居委会实际上变成了各级党委与政府部门的承受层、操作层和落实层,居委会工作不堪重负。[2] 随着改革开放政策的推行,社会经济体制改革与城市发展取得阶梯式成就,作为国家治理"神经末梢"的居委会逐渐被赋予更多职能,既要开展社区服务又要承担计划生育、环境卫生等行政工作。随着政府下放到社区的事务逐渐增多,社区的"行政化"属性逐渐增强,并发展成为政府在基层的"一条腿",居委会的行政化问题日益严峻。

(二)社区居委会的去行政化改革

随着大量行政事务性工作重心下移,行政服务类、管理类职能先后进入社区,作为自治性组织的社区居委会行政化属性逐渐增强。由于权、责、利严重不匹配,社区居委会一方面不能有效地完成行政任务,另一方面由于要应付各种形式主义、文牍主义的创建考核而不能有效地为居民服务。[3] 在"行政一元化"的基层治理结构中,社区居委会逐

---

[1] 孙柏瑛. 城市社区居委会"去行政化"何以可能?[J]. 南京社会科学, 2016 (7):51-58.

[2] 何海兵. 我国城市基层社会管理体制的变迁:从单位制、街居制到社区制[J]. 管理世界, 2003 (6):52-62.

[3] 张雪霖, 王德福. 社区居委会去行政化改革的悖论及其原因探析[J]. 北京行政学院学报, 2016 (1):32-38.

渐被高度"行政化",社区工作给人的基本印象就是"社区是个筐,什么都往里面装""上面千条线,下面一根针"。[1] 在社区居委会行政化倾向日益严重的背景下,社区建设与社区治理陷入困局。因此,社区居委会的去行政化改革亟须进行。

社区居委会的去行政化就是指将社区居委会的行政任务剥离,更多地保留居委会的服务职能。居委会的"去行政化"并不是完全消除居委会的行政工作,事实上社区负担增大不是因为行政化,而是因为不合理的行政化,特别是不合理行政任务的堆积。因此,社区居委会的去行政化改革重点在于剥离不属于居委会的行政任务,通过给居委会减负增效,让其回归基层群众自治组织的本位当中。

(三)"议行分设"与"居站分离"模式的发展

1. "议行分设"

随着社区居委会行政化发展现象的日益严重,"议行分设"原则被提上日程。所谓"议行分设"是指议事层与执行层分离开来,以达到将社区居委会的行政职能剥离出去的目的。1999年,"社区自治、议行分设"原则第一次被写入民政部《全国社区建设实验区工作方案》,成为城市社区建设的一项重要内容,该方案强调,要逐步完成城市基层管理体制由行政化管理体制向法制保障下的社区自治体制的转变,要按照"社区自治、议行分设"的原则,以社区居委会或社区委员会作为社区内的主体组织,探索社区内议事层与执行层分开的社区建设组织形式。[2]

"议行分设"的目的是试图将行政职能从社区居委会中剥离出来,改造传统居委会,恢复其《中华人民共和国宪法》与《中华人民共和国城市居民委员会组织法》赋予的"基层群众性自治组织"的社会属性,使得社区居委会能够在社区自治中发挥"主体组织"的作用,做好基层社区服务的主要工作。

---

[1] 陈鹏. 社区去行政化:主要模式及其运作逻辑:基于全国的经验观察与分析 [J]. 学习与实践, 2018 (2): 89-97.

[2] 姚华, 王亚南. 社区自治:自主性空间的缺失与居民参与的困境:以上海市J居委会"议行分设"的实践过程为个案 [J]. 社会科学战线, 2010 (8): 187-193.

2. "居站分离"

所谓"居站分离"是指在基层社会管理中，将社区居委会和社区工作站分离开来，从而在社区党组织、社区居委会以外，设立街道行政服务社区工作站，承接从居委会剥离出来的行政性管理工作，[1] 进而清晰地划分社区居委会与社区工作站的职能权责。"居站分离"模式是对议行分设原则的贯彻与发展，是社区居委会去行政化改革的创新举措。

回溯中国城市基层社会管理体制历史演进过程，基本轨迹是从单位制到街居制再到社区制，而居站分离则是在社区治理结构基础上进行的深入改革与调整。"居站分离"改革开始于2005年，最初是深圳市盐田区开始试行探索，到2006年全国很多城市社区开始模仿实行"居站分离"改革，并在此基础上发展出了"一站一居""一站多居"等不同形式。

"居站分离"这一模式的提出，在推动社区建设与社区服务的改进方面发挥了积极作用：

（1）"居站分离"有利于社区居委会减负

居站分离模式创新地设立了独立于社区居委会的社区工作站来专门负责承接政府部门下沉的行政性事务，把不属于居委会职责范围内的行政工作剥离出来，使得社区居委会将工作重心转移到社区自治相关工作上来。实行议事层与执行层的分离，使得居委会不再承接政府工作，实现从政府的"腿"向社区居民的"头"的转变，这样就解决了长期以来困扰社区居委会的行政化倾向的问题，[2] 有效地实现了社区居委会的减负。

（2）"居站分离"有利于推进社区服务工作的专业化与规范化

由选举产生的社区居委会作为社区的议事机构，对社区的公益事业和公共事务进行调研决策，其下设的社区工作站作为社区的执行机构完成社区居委会决策的任务和政府部门需要居委会协助完成的行政任务。社区工作站的工作人员是面向社会公开招聘的，由专业化、职业化的人

---

[1] 王星. "居站分离"实践与城市基层社会管理创新[J]. 学海，2012（3）：31-36.

[2] 李璐. 制度与价值：解读社区组织管理创新的两个视角[J]. 云南行政学院学报，2010（2）：88-91.

员组成,提升了社区服务工作的专业化与规范化。

(3)"居站分离"推动了基层民主发展

"居站分离"模式的设想就是将社区居委会和社区工作站在责、权、利等方面彻底分离,使得国家基层行政与社区民主自治按照两条路线分别进行,使得国家基层行政事务和自治事务有不同的"抓手"。这使得政府各项工作得到较好落实,社区工作队伍更加专业集中,居委会有更多时间与精力专注于社区自治与服务,强化了基层民主自治功能。

(4)"居站分离"重构了社区治理结构

社区工作站的设立,为社区治理增添了新的主体元素,社区工作站的设立塑造了新的治理主体,激发了社区的多元活力,也改变了社区的治理结构与治理格局,[1] 提高了社区管理与服务的水平。

二、"一站多居"的社区服务模式

(一)社区工作站

1. 什么是社区工作站

社区工作站是指按照"议行分设"的原则与思路,在社区党委组织、社区居委会之外单独设立的承接社区居委会行政事务、承担政府及街道办事处在社区的各项工作和公共服务的组织机构,是街道办事处的派出机构。但在具体实践中,居委会与社区工作站之间的关系存在多种情形。

2. 居委会与社区工作站之间的关系

(1)下设关系

社区工作站是社区居委会的执行机构或专业服务机构,作为居委会下设的行政事务的处理机构,与社区居委会具有显著上下关系界线。

(2)分离关系

社区居委会与社区工作站之间在人员、机构、职能、经费等方面是各自独立、分开的,社区工作站作为独立承担社区行政事务的组织机

---

[1] 陈鹏. 社区去行政化:主要模式及其运作逻辑:基于全国的经验观察与分析[J]. 学习与实践;2018(2):89-97.

构，与居委会之间没有明显上下关系界线，包括"一站一居""一站多居"等不同模式。

（3）交叉关系

社区居委会与社区工作站在人员机构职能上存在部分交叉，甚至是基本重合的关系。

3. 社区工作站的模式与责任

目前社区工作站主要包括社区"居站分离"模式、下属模式、准市场型社会组织模式三种。

（1）"居站分离"模式

"居站分离"以深圳的做法为代表，最早在深圳盐田开始实行，又被称为"盐田模式"。这种模式是指设立社区工作站作为街道办事处的派出机构，完全独立于社区居委会。社区工作站是与社区居委会并行的组织存在。这一模式下社区工作站的主要职责是：在街道党工委和街道办事处的领导下承办政府职能部门在社区开展的工作，以及其他由区政府确定的需要进入社区的工作事项。[1]

（2）下属模式

下属模式以北京西城区的做法为代表，是指按照"议行分设"的原则设立社区居委会的执行机构（社区工作站），在社区推行"两会一站"（社区成员代表大会、社区居委会和社区工作站）的管理体制和运行模式，社区工作站接受街道办的工作指导，隶属于社区居委会，完成原来由社区居委会承担的工作。[2] 在这种模式下，社区工作站的主要职责是：落实居委会提出的工作计划，并向居委会汇报、听取意见建议；充分利用社区资源服务社区居民，并接受政府、居民与居委会的多重监督与考评。

（3）准市场型社会组织模式

前两种模式都是将社区行政性事务交由增设的政府组织来实施，社

---

[1] 张雪霖，王德福. 社区居委会去行政化改革的悖论及其原因探析 [J]. 北京行政学院学报；2016（1）：32-38.

[2] 罗晓蓉. 社区工作站：城市社区管理体制的新探索 [J]. 江西行政学院学报，2009（4）：22-25.

区工作站模式在发展实践中还探索出了一种公共服务外包的准市场型社会组织模式,这种模式以南京市秦淮区为代表。这种模式是在社区注册成立民办非企业性质的社区工作服务站,由街道办和社区工作服务站签订公共服务外包合同,支付行政服务费用。这一模式下社区工作服务站的主要职责是管理社区行政性事务,接受街道与居民的监督与测评。这一模式一方面是让社区居委会回归自治功能,另一方面是减员增效,降低行政成本、提高行政效率。

(二)"一站多居"社区服务模式的发展及创新

1. "一站多居"模式

"一站多居"就是一个社区工作站为周边多个社区提供工作指导和公共服务的一种新社区治理模式,[1] 是指在"居站分离"的基础上,把下沉公共服务重心、整合公共服务资源、提升公共服务能力与充分开展居民自治有机结合起来的社区治理创新举措。

2. "一站多居"模式下的居站关系

(1) 相互独立,彼此分离

首先是场地分离,"一站多居"意味着一个社区工作站所面向的社区居委会不止一个,因此通常居委会与社区工作服务站有着不同的办公场所,保持合理的物理距离以保证为居民及时提供服务;其次是人员分离,"一站多居"模式下社区工作站的人员是通过公开招考与聘任上岗,与社区居委会工作人员完全分离;最后是职责分离,"一站多居"模式下,社区工作站的主要职责就是负责承接社区居委会剥离出来的行政服务任务,社区居委会则回归自治组织本位——为社区居民提供社区服务。

(2) 竞争性关系

"一站多居"模式下,街道把居委会与社区工作服务站之间的关系定位于相互支持与配合的平行关系,社工站受街道办事处领导,社区工作服务站无权对居委会下达工作任务,居委会也无权给社工站分配任

---

[1] 史云贵,彭涌."一站多居":成都市别墅群治理的探索[J]. 中国行政管理,2010 (10):121-123.

务，仅能对社工站的工作进行监督评议。但在实际运作过程中，由于社区工作服务站的工作人员往往没有居委会了解社区具体情况，他们在接到任务后往往直接去通知居委会，使得居委会产生社工站是在下达工作的错觉，而对社工站产生一种排斥心理。同时两者的资源主要都是由政府提供，使得两者在某种程度上具有竞争关系。

3. "一站多居"模式的创新意义

"一站多居"是在"居站分离"的基础上对社区居委会去行政化的进一步深化与创新，因此也保留了"居站分离"所带来的积极作用。这一模式的推行很好地解决了社区居委会行政化发展的问题，由社区工作站承担社区居委会的行政事务，使得居委会回归自治服务。

（三）"一站多居"模式的发展困境

1. 居委会的边缘化发展

"一站多居"模式是社区居委会去行政化改革发展的创新模式，其推行目的在于将行政职能从居委会中抽离，让居委会回归社区自治性组织的本位。但是在去行政化的改革中存在着片面的、完全剥离居委会行政职能的实践，使得很多行政服务职能也由社区工作站承担，居委会反而陷入了无所事事的状态。居民反映最多的物业、社区治安与社区矛盾等问题，居委会无法与有关职能部门协调解决，使得居民对居委会的信任与认可逐渐降低。居民对社区工作站的定位也并不精准，在改革中被剥离了行政和服务职能的居委会不仅无法实现社区自治，还面临空心化和被边缘化的危机。

2. 居委会的主动性受阻

在政府主导的管理体制下，社区居委会委员的身份也趋于"行政化"。其自治角色模糊的同时行政色彩浓厚，使得社区居委会与政府资源之间的联结更加紧密。"一站多居"模式的发展则意味着要减少居委会对政府资源的这种依赖，政府资源更多地流向了社区工作站，使得社区居委会失去了很多外在支持，这严重打击了居委会委员的工作热情与积极性，居委会成员的实际工作状态变得消极且效率低下，对居委会服务性职能的履行造成了不小的阻碍。

3. 社区服务制度化成本增加

将既有社区居委会中的行政职能抽离出来，就意味着要增设一个新的平行组织，也就是社区工作站。依据适度经济学理论，组织的增设与权力的分散必然会增加制度化的交易成本。一个新组织或部门的设立，容易产生居委会与新组织之间职能划分不清晰、相互推诿的现象，导致行政政策难以有效执行，同时会影响社区服务的质量，"一站多居"模式更是容易造成职能划分不清的混乱局面。以使用公章为例，社区居委会的公章因被社会认可而具有较高公信力，被称为"万能章"，证明类或行政事务类一般都要求盖居委会的公章，在去行政化改革后行政类事务则交由社区工作站负责，但仍然会出现居民为了保证材料的准确性与可靠性而需要再次跑到居委会盖章的现象，无形中增加了制度成本。[1] 同时"一站多居"则意味着一个社区工作站的服务覆盖面通常较广，社区工作站的工作职责与任务并不轻松，增加了制度成本。

第二节 社区服务专业化：全科社工

随着基层社区治理创新发展与社区服务体制机制的变革，社区治理越来越注重引入社会组织力量参与，同时放大社会工作者的作用，使其在社区服务与治理过程中发挥社会工作专业优势。自社会工作引入中国以来，其本土化探索就成了中国社区治理研究的重要方面，全科社工模式近些年作为社区服务专业化方面的探索逐渐被重视，各地纷纷开始全科社工模式的实践。

一、社区工作者与全科社工

（一）社区工作者的含义与职责

1. 社区工作者的含义

社区工作者是指在社区党组织、社区居委会、社区工作站（社区管

---

[1] 张雪霖，王德福. 社区居委会去行政化改革的悖论及其原因探析[J]. 北京行政学院学报，2016（1）：32-38.

理服务中心）中专职从事社区工作的工作人员。

2. 社区工作者的职责

（1）社区事务的管理者

社区是社会治理的神经末梢组织，社区工作者承担着上级政府及各级行政部门下放的各类行政任务，同时也承担着社区日常事务的管理工作。行政方面的事务主要以条线事务的管理为主，包括综合治理、民政、计划生育等涉及居民日常生活的工作；社区治理方面则主要是社区日常自治工作的处理，调动居民参与的积极性，围绕共建共治共享的社会治理理念，充分发挥居民自治的效用。

（2）社区服务的提供者

社区工作者是社区服务的直接提供者之一，一方面处理社区服务工作，另一方面则根据居民诉求提供相应社区服务。例如，在社区组织社区活动、开设社区小组，对居民的服务需求进行调查的时候，社区工作者就会发挥专业优势与能力，为社区居民设计符合其需求的活动，以满足其诉求。除了直接为社区居民提供服务以外，社区工作者还有为社区引入资源、满足居民多元服务需求的职责。随着社会生活水平的不断提升，居民的服务需求逐渐呈现多元化发展趋势，社区层面所能提供的服务已无法充分满足居民需求，因此社区工作者需要关注居民诉求并链接社区以外的资源，同时积极与社区社会组织合作，以满足居民的多元服务需求。

（3）社区建设的协调者

社区建设不仅需要社区方的努力，也离不开社区居民的协调配合，而社区工作者是作为联结社区与居民的重要纽带而存在的，是社区建设的协调者。作为与社区居民接触最多的一线工作者，社区工作者在日常工作中更容易收集到居民反馈的意见与建议，因此社区工作者需要反映居民诉求，协调多方力量及时解决社区问题。同时，社区工作者应当运用专业优势鼓励居民参与社区建设，拉近居民与社区之间的关系，打造协同自治的局面。

（二）全科社工的含义及其发展历程

1. 全科社工的含义

全科社区工作者，简称全科社工，是指全面掌握各项社区工作职业技能的社区工作者，具有一人多岗、一专多能的优势，一人即可为有不同需求的群众提供全方位的贴心服务，以灵活的工作方式了解民生民情。

2. 全科社工的发展

中国社会工作发展实践历时较短，因此提升社会工作的知晓度、探索本土化与专业化发展一直是社会工作的主要任务。在这种需求引导下，专门而明确的社会工作专业领域暂时被搁置，转而受中国"综合治理""服务政府"等方针政策的影响，全科社工这一本土性的社会工作探索性模式应运而生，并且逐渐在各地被推广开来，成为近几年兴起的社会工作本土化的发展模式之一。

二、全科社工的工作模式

（一）综合服务管理平台建设

各地为减轻社区居委会负担，相继打造社区综合服务管理平台，它也是全科社工服务社区居民的工作平台。综合服务管理平台实现了"一门受理、全能服务"的工作模式，通过选拔、培训等环节挑选全科社工入驻社区服务站或社区服务大厅综合服务窗口，为前来办事的社区居民提供一站式服务，同时充分利用社情民意在线社区管理服务平台中的全科社工工作系统，引导全科社工开展线上线下融合式服务，真正打通服务群众的"最后一公里"。全科社工可以在综合服务管理平台上联动社区网格员、社区社会组织等多方力量，助力社区工作的开展。

（二）"互联网+"全科社工模式

随着智慧社区建设的推进，"互联网+"成为全科社工进行社区服务时的重要方法与途径。社区在充分利用互联网与智慧社区建设成效的基础上，将社区治理及社区和网格信息实现"一次采集、多方共享"的格局，实现居民服务"一门式受理""引导式受理"，将互联网平台运用到居民日常事务办理的过程中，全科社工充分利用互联网及信息平台，大大提升服务居民的效率，推动智慧化服务体系的建立。

三、全科社工开启社区服务新态势

（一）从专职社工向全能社工转变

以往的社区工作者按条线分工只负责一个条线下的任务，民政、计生、社保、残联等，每个条线都有一个专人负责，是一种专职社工模式。在这一模式下，社区工作者之间职责分割清晰、政策与流程熟悉，专人专岗办事，互不交叉影响。全科社工的推行使得社区工作者从"专职"社工向"全能"社工转变，他们不再只负责一个条线下的工作，而是成为集民政、计生、社保等服务工作于一体的全科社工，做到一个窗口、一个社区工作者就能实现全部业务的办理，实现社区工作者的全能发展。

（二）从求办事向随到随办转变

在专职社工服务模式下，每位社区工作者只负责一个条线下面的社区服务工作，业务能力较强，但是当某一个岗位的办事人员不在时，其他岗位的工作人员无法接替其工作，使得居民在办事过程中难免出现跑空的情况，甚至出现跑了很多次都没有办成的现象，增大了社区居民的办事成本，居民处在一种"求办事"的状态下，对社工服务的满意度也就受影响。而在全科社工模式实行之后，居民能够实现一个窗口、一个人员的全科办理，就算部分办事窗口或办事岗位的工作人员离开也不会影响到居民办事，居民实现了随到随办，大大提升了居民的办事效率。

（三）以"全科服务"促进社区工作作风转变

"全科社工"模式的推广，大大节约了社区工作的人力物力，推行"全科社工"服务模式以后，解决了上门送服务不足的问题，减少了资源的浪费，实现了"两个满意"。一是社区书记满意：以前到群众中间做工作的多是社区书记"一肩挑"，社区工作人员主要坐在前台"等事做"，现在除了"全科社工"外，所有的工作人员都深入群众中间，为群众解决难题，提供服务。二是群众满意：社区居民跑一趟就能解决大部分的问题，群众与社区的距离拉近了，社工服务群众的工作效能提高了，社区工作作风得到巨大转变。

第三节　社区服务机制创新：政社互动模式的发展

随着社区服务体制变革的基本完成，"居站分离"与"一站多居"模式在各地推行，社区治理与社区服务便进入了新篇章，国家与社会开始着重关注社区服务的机制创新。在理论与实践不断探索的过程中，社区服务机制经历了从政社互动发展到三社联动的创新模式，推动着社区服务的多元化、专业化、规范化发展。

一、政社互动1.0：政社互动模式的形成与发展

（一）政社互动：社区服务新模式

1. 政社互动的含义

政社互动是指政府与社会之间的互动与合作关系，以实现善治为目标，以政府善政为基础，以社会组织依法民主自治为依托，政府与社会组织对公共事务进行合作管理的一种社会治理模式。[1] 政社互动的内涵包括以下几点：第一是转变政府职能，规范政府行为，保障基层群众民主权利，提高基层服务水平；第二是提高基层自治水平，提升基层的自治能力；第三是在明确政府与社会职能边界的同时促进与培育社会组织的发展。其核心内涵就是尝试确立国家权力与社会自治体的平等协商与共处关系，它的核心目标则是要规范行政权力，以协作与协商的方式加强政策对民意的回应度，使基层社会自治保持活力以赢得稳定和秩序，[2] 最终实现社区服务机制的创新。

2. 政社互动的形成与发展

政社互动的政策起源是党的十七大提出的"实现政府乡镇管理与基层群众自治有效衔接和良性互动"以及《国务院关于加强市县政府依法行政的决定》提出的"增强社会自治功能，建立政府行政管理与基层群

---

[1] 龚廷泰，常文华. 政社互动：社会治理的新模式 [J]. 江海学刊，2015（6）：154-159.
[2] 周庆智. 从地方政府创新看国家与社会关系的变化 [J]. 政治学研究，2014（2）：80-89.

众自治有效衔接和良性互动机制"。2008年以来，江苏省太仓市在全国率先开展了政社互动的理论研究和实践探索，先后出台了《关于建立政府行政管理与基层群众自治互动衔接机制的意见》《基层群众自治组织依法协助政府工作事项》和《基层自治组织协助政府管理协议书》。随后全国开始效仿太仓经验进行政社互动模式的全面推广。

3. 政社互动的特征

政社互动作为我国社会治理模式创新的实践举措，具有以下几个鲜明的特征。

（1）从一元主体转向多元共治

我国政府在社会管理中的一元核心主体地位一直十分突出，在很长一段时间内政府管理活动涵盖社会生活的方方面面，政府是社会生活的全面组织者、公共产品与服务的提供者，以强有力的角色与地位维持社会稳定。政府的手甚至伸向了国家治理的末梢——社区治理，社区管理与服务一直保持着政府主导的模式。政社互动则是以多元合作共治为主要特征，客观上要求打破政府一元管理管得过于死板的传统社会管理格局，将社会纳入社区治理与服务提供者的行列，实现了从一元主体到多元共治的转变，也实现了社区服务的多元发展。

（2）从管理职能转向服务职能

社会管理实际上是对人的管理，其最终目标是为了服务于人民群众，因此政府必须转变理念，正确认识政府管理的终极要义。政社互动的关键是政府职能的转变，政社互动的重点就在于理清"行政权力"与"自治权利"之间的界线，政府要由领导者角色转变成指导与服务的角色，不再只是一味地对社区（村）下达任务与发号施令，而是发展新的治理模式以推动村与社区层面的治理发展，提高服务水平与质量。政社互动这一模式的开创，有力地推动了政府将工作重心从管理转向服务，明确了作为自治组织的职能定位，同时有效优化了社会治理方式，提升了社区治理的效能。

（3）从单向管控转向多向互动

治理是一个自上而下与自下而上的互动过程，强调政府与社会通过合作、协商，建立伙伴关系、确立认同和制定共同目标等方式，实施对公共事务的管理，从而实现政府与公民对公共生活的合作管理和公共利益最大化。[1] 之前的政府管理与社会治理都是政府自上而下的单向管控，缺乏上下互动的反馈机制。政社互动模式将社会力量纳入社会治理特别是社区治理当中，使得政府主导的自上而下的治理同社会力量主导的自下而上的自我管理相衔接，社会力量逐渐成为政府治理的合作伙伴，促进了上下互动与交流，这一模式有效地推动了治理过程中多元主体的多向互动。

（二）社会力量参与社区治理：多元主体与多元服务

随着政社互动的加强，社会力量被逐渐引入社会治理行列当中，同时基层政府也在探索将社会力量引入社区中并使其参与社区治理的方式，以此推动社会治理主体与社区服务的多元化发展。

1. 治理主体的多元化

长久以来，基层政府、社区党委、社区居委会与社区居民构成了社区治理的主要角色，自上而下的管控同自下而上的自治相结合，共同构成社区治理的主体。随着中央提出要完善党委领导、政府负责、社会协同、公众参与、法治保障的社会治理体制，要实现政府治理和社会调节、居民自治良性互动，构建全民共建共治共享的社会治理格局，社区治理也逐渐朝着打造共建共治共享格局的方向发展。党的十九大报告以"发挥社会组织作用"作为构建政社良性互动的基层社会治理体系的必要条件，要求地方政府通过激发社会组织的活力，充分发挥其"润滑剂"的作用，使正式力量与非正式力量优势资源互补，进而弥补政府治理投入的不足。共建的治理理念要求突破传统的单一主体管控的局限性，将多元主体进行组织化动员，协同参与基层社会治理。随着时代的发展与社区治理实践经验的日益丰富，社区治理主体逐渐呈现出"一核多元"的模式，该模式经常被概括成"1+3+N"："1"代表社区综合党委，它起着领导核心的作用；"3"是指社区居委会、社区工作站、社区服务中心；"N"是指社会组织和驻区单位，它们作为多元力量参与社区的管理服务。除此之外，各地还有不同的模式，但"多元"的核心理

---

[1] 俞可平. 治理与善治 [M]. 北京：社会科学文献出版社，2000.

念大同小异,都是旨在将社会力量纳入社区治理,成为社区治理的主体之一,打造出社区治理主体的多元化发展格局。

2. 社区服务的多元化

广义的社区服务包括了社会为社区提供的公共服务、社区自给福利性服务、社会化的私人服务及有争议的商业服务,社会力量参与社区治理带来了多元共治的格局,[1] 相应地也推动了社区服务的多元化发展。随着社会经济的不断发展,社区居民生活水平不断提升,居民的社区服务需求更加多样化,社区服务社会化的发展需求不断增强。政府一直是社区服务的主要提供者,但是由于政府提供的服务越来越不能满足人民需求,同时不能经受市场的考验,在社会力量不断参与社区治理的背景下,政府开始探索通过社会力量提供社区服务的实践,发展政府向社会力量购买服务的模式,促进了社区服务的多元化发展。

(三)政社互动的作用

1. 促进社区自治民主的发展

政社互动是一个放权于民、让权于民的过程,社会力量也成为接手权力的重要载体。政社互动模式的推行为社会组织的发展提供了更多空间与机会,社会组织本身就是由公民、法人及其他社会主体自愿组成以满足社区自治需求的。政社互动下培育与发展社会力量,有助于拓宽社区居民参与社区治理的路径,社会力量可以及时有效地反映居民需求,同时社会力量的引导也使得居民参与更高效,实现居民的自我管理、自我服务,推动基层社区自治民主的发展。

2. 促进社区民主协商的发展

协商民主作为一种治理形式暗含了参与主体广泛的特点,社区协商是一个多元主体协商共治的社区治理过程,实质是多元利益主体相互博弈、理性协商、寻求共识、共同追求社区善治的过程。[2] 自党

---

[1] 田华,陈静波. 论社区公共服务供给中的多元化主体 [J]. 云南行政学院学报,2007 (6):103-106.

[2] 陈荣卓,李梦兰. 政社互动视角下城市社区协商实践创新的差异性和趋势性研究:基于2013—2015年度"中国社区治理十大创新成果"的案例分析 [J]. 中共中央党校学报,2017 (3):54-64.

的十八大正式确立积极开展基层民主协商以来，各地都在不断探索促进基层社区民主协商发展的创新实践，而政社互动带来的多元主体共治的治理格局有效地推动了社区民主协商的发展。社会力量在参与社区治理的过程中，为社区自治注入新鲜血液，在社会力量的参与、引导下，基层民主协商构建出不同的实践模式，政府也开始探索通过购买服务等方式引入社会力量，培育社区协商议事平台与协商议事队伍，促进社区协商机制常态化、专业化，勾勒出政社互动导向下社区协商的创新发展。

3. 促进打造共建共治共享的社区治理格局

2017年，党的十九大报告提出要"打造共建共治共享的社会治理格局"，并明确指出要加强社区治理体系建设，把社会治理重心推向基层。共建共治共享治理理念强调"共"性，要求在"共享"的前提保障下，政府、市场、社会三大主体通过结构性力量的整合，[1] 构成一个"共同体"，内化公共价值于其中，共同治理、共享利益、共生发展。这一社会治理格局在基层治理中的贯彻与推行则发展出共建共治共享的社区治理格局。打造这一格局的核心目标是满足社区居民的需求与对美好生活的向往，其治理主体就是社会共同体或社会力量，因此通过政社互动将社会力量引入社区治理过程中，能有效促进社会力量与社区之间协同治理，打造社区治理层面的共建共治共享格局。

4. 促进社会力量的发展壮大

政社互动为政府、为社会力量的发展提供了空间，社会与政府之间的互动增强，社会力量依靠政府获得发展的同时，政府也越来越依靠社会力量承接社区治理中的各种工作。在推动社会组织发展的同时，政府也在互动过程中加大培育与发展社会力量的力度，强化对社会力量的管理，有利于促进社会力量朝着规范化与专业化方向发展。

---

[1] 周红云. 全民共建共享的社会治理格局：理论基础与概念框架[J]. 经济社会体制比较，2016（2）：123-132.

二、政社互动 2.0：三社联动与政府向社会力量购买服务

（一）三社联动的发展及其意义

1. 含义

三社联动是指社区、社会组织与社会工作者之间的联动合作，强调以社区为平台、以社会组织为载体、以社会工作人才为支撑的联动格局。[1] 具体来说，三社联动是政府牵头购买服务，以社区为平台、以社会组织为载体、以社会工作者为骨干、以满足社区居民服务需求为导向[2]的联动模式。政府购买将社会组织引入社区中，社会组织又引入外部资源与社会力量到社区服务与治理过程中，借助社会工作人才提供更加专业化、精细化与有针对性的社区服务，实现社区层面服务供给的多元化，在满足社区居民多样化需求的同时，使得矛盾与问题在社区层面得到有效化解。联动即"联合"与"互动"，联合意味着三者需要在某些方面融为一体，互动意味着三者需要以各自独立的立场进行合作互动，以此打造三社联动的局面。

2. 发展历程

从三社联动的地方实践来看，其发端于上海，最早被称为"三社互动"。2004 年上海市民政部门提出社区、社工与社团"三社互动"的概念，并形成以社区为工作平台、以社工为队伍抓手，以社团为组织载体"分工合作的工作思路"。[3] 继上海提出"三社互动"概念与实践之后，各地也逐渐开始结合本地发展情况进行"三社联动"的探索与建设。

3. 主体及其之间的关系、职责

（1）社区——三社联动的平台

三社联动模式中社区作为社区居民和基层政府的"桥梁"，有着

---

[1] 叶南客，陈金城. 我国"三社联动"的模式选择与策略研究[J]. 南京社会科学，2010（12）：75-80，87.

[2] 田舒. "三社联动"：破解社区治理困境的创新机制[J]. 理论月刊，2016（4）：145-150.

[3] 徐富海. "三社联动"如何"联"如何"动"？[J]. 中国民政，2015（12）：16-28.

"双重代理人"的主体性特征,同时,社区作为社会组织和社会工作者进行合作互动的特定场域,还具有平台性特征。[1] 社区作为居民生活的场域,也是联结多方主体的平台。首先,它是联结社区居民与社会组织的平台。社会组织参与提供社区服务,就需要与居民进行深入接触,社区作为一个"中介"平台的存在必不可少,它在充分了解居民诉求的前提下引入相应的社会组织与社会服务,保证服务的精准化与合理化。其次,它是联结社会工作者与社区居民的平台,社会工作者以提供专业服务为目标,与社区居民之间的联系必不可少,而社区这一平台让居民更相信社会工作者,也更加积极地参与反馈。最后,社区是三社联动模式运作的重要平台,三社联动作为社会服务机制的创新模式是围绕居民服务为中心的,必须在社区这一实体平台上进行运作。

(2) 社会组织——三社联动的载体

社会组织作为真正提供服务的主体,一方面承载着社区居民的服务诉求,另一方面也是社会工作者的服务场域。当前三社联动的运作仍是以政府购买项目为主要模式,社会组织作为承接政府购买的载体,也是三社联动的载体。还有一些社区内生型的社会组织,在三社联动机制中不仅是服务的载体,更是居民实现自我管理、自我服务的载体。

(3) 社会工作者——三社联动的支撑

以"以人为本、助人自助"为宗旨的社会工作服务的专业化、职业化是三社联动机制发展的重要背景,社会工作者作为服务的最终执行者,其服务质量与水平影响着整个三社联动的效果,是三社联动的人才支撑。当然,社会工作者的核心能力不仅仅是提供专业化的社区服务,也为社区内不同群体与个体的整合做出贡献。[2]

4. 三社联动模式的积极意义

(1) 优化社区服务

三社联动模式通过引入、链接专业社工和社工服务机构为居民提供

---

[1] 李精华,赵珊珊."三社联动":内涵、机制及其推进策略[J].学术交流,2016(8):162-168.

[2] 叶南客."三社联动"的内涵拓展、运行逻辑与推进策略[J].理论探索,2017(5):30-34.

了专业化、精细化的服务，更好地满足了社区居民个性化与多样化的服务需求，社区居民的服务需求也推动着三社联动机制的发展。社区方在与专业社会组织进行合作互动的过程中也能够学习到社会工作的专业知识与方法，增强社区自身提供服务的能力。

（2）促进多元共治

随着社区治理创新发展的需要，多元共治成为各方主体的共同呼声，通过三社联动，社会组织、社会工作者被纳入社区治理当中，成为参与社区治理的多元主体之一，在这一过程中社区仍是治理的核心力量。

（3）提升自治水平

三社联动满足了社区治理的需求，社区、社会组织与专业社工在社区这一平台上进行合作互动，政府在购买服务、将社会组织引入社区之后让位于社区，社区在三者联动过程中处于主导地位，极大地提升了社区自治的能力与水平。

（4）激发社区活力

社会组织与专业社工参与社区治理，通过合作、互动的实践过程，为社区链接到各种资源，使得社区有了更多与外界的互动，给传统的社区注入了新的内涵与活力，有效提升了社区治理的效能与效率，激发了社区的活力。

（二）三社联动的模式与运行机制

1. 三社联动的模式选择

（1）内生驱动型

内生驱动型的三社联动是在社区内在需求的驱动下引发的，呈现出联动一体、协同共进的局面。随着社区居民生活水平不断提升，居民的需求呈现多元发展的态势，这种内需驱动是社会组织提供服务的重要依据；社区发掘与培训草根组织参与社区治理的需求，社区自己培育出社会组织参与社区治理，也促成了三社联动的格局；社区治理的创新发展需要多元力量的参与，这种内需也推动社区探索三社联动。

（2）政府主导型

政府主导型的三社联动主要是围绕政府工作开展的，所进行的活动都是配合上级政府的任务要求或配合社会性的大型活动展开，以社区需求为出发点的服务内容相对较少。[1] 在前期社会组织与社区互动模式尚未完善时，政府主导型的联动模式确保了和谐社区建设的顺利进行，保障了社区服务的提供。政府力量的参与在社区治理的很多方面都必不可少，因此政府主导型的三社联动模式存在其合理性。

（3）项目引导型

项目引导型的三社联动是指"三社"主体由于项目制的运行而产生互动，共同参与社区治理。当前社会组织参与社会治理大多依托于政府购买社会服务项目的运作，政府向社会组织购买服务将社会组织引入社区，随后由社区社会组织在提供服务的过程中探索联动机制。项目引导型将成为社区外来力量参与社区建设的主要方式，也为专业社会组织能力的提升提供了空间。

2. "三社"的联动机制

（1）以党建引领三社联动

社区治理和服务工作是党全心全意为人民服务的宗旨的具体体现，必须充分发挥党建在基层治理中的引领作用，把加强基层党组织建设贯穿于社区治理和服务创新的全过程。在三社联动过程中，党建仍处于核心引领的地位，通过在工作中发挥社区党员的带头作用，通过党组织的引导，落实"社区需求由居民表达、社区问题由居民讨论、社区事务由居民参与"的理念。

（2）以政府主导三社联动

社区治理创新离不开政府力量的参与，社会组织参与社区治理离不开政府力量的引导，三社联动须大力倡导"政府主导、行业运行、民间运作、社会服务"的运作模式。政府要围绕社区需求引导民间组织参与社区建设，发挥社会的力量；政府要着力为社会组织营造发展空间，通

---

[1] 叶南客，陈金城. 我国"三社联动"的模式选择与策略研究[J]. 南京社会科学，2010（12）：75-80，87.

过购买服务助力社会组织的发展，培育多种多样的社会组织。

（3）以合作保障三社联动

三社联动的核心在于"联"与"动"，"联"即主体之间的联结，"动"即主体之间的互动。不管是联结还是互动，都需要以合作为基础。联动发展有赖于各方主体行动能力的提升，要加强联动平台、制度及环境建设，引导社会组织、社工人才探索创新合作途径，要形成自上而下与自下而上相结合、内外互动相融合的合作联动形式。

（三）三社联动机制的挑战与应对措施

1. 政府相关政策保障仍须进一步完善

虽然三社联动机制的运作是在社区层面上的，但是政府仍然发挥着重要的权力支配作用。三社联动要想真正联动起来、发挥作用，最重要的就是政府作为权力主导者所赋予的合法性依据。目前政府已经出台了一系列扶持社会组织发展、促进社区服务专业化发展的政策法规，但仍有不足之处。例如，政府对社会组织的优惠政策适用范围仍不够广泛，真正能够承接政府购买的社会组织相对有限；部分地区仍然存在政府购买社区服务运作过程不规范、不透明的现象，信息公开与监督管理机制仍须完善；[1] 政府对三社联动机制的支持与推动力度仍不足；等等。因此，政府要通过完善相关政策法规，为社会组织的发展提供更多空间，扩大社区自治基础，保障社会工作者功能的发挥，只有将上层基础打牢，建立完备的政策法规，三社联动才能在实践层面上获得生长的空间，才能不断创新发展并最终发挥作为社区服务创新机制的作用。

2. 提升对社区服务的项目化支持

目前，政府购买服务的项目运作仍是助力社区、社会组织、社会工作者三者协同的重要体制。社区服务目前正朝着精准化、专业化方向发展，政府层面应当通过重点对居民需求强烈、专业性要求较高的服务进行项目化运作，这一方式既可以将专业的社会组织引入社区，也保证了由专业的社会工作者提供社区服务。一方面培育与扶持了一批社会组

---

[1] 田舒."三社联动"：破解社区治理困境的创新机制[J]. 理论月刊，2016（4）：145-150.

织，引导和规范社会组织朝着有利于提升社区服务水平的方向发展；另一方面保障了社区服务专业化与规范化发展，满足了社区居民的多元诉求。

3. 优化多方主体的联动过程

三社联动的精髓和要义在于"联"和"动"，因此要真正发挥三社联动的作用就要探索到底"如何联"和"如何动"。三社联动过程中涉及多个主体与多个环节，如果某个主体或环节出现问题，就会影响到整体效果，因此在联动过程中不仅要关注各主体与环节，也要重视对整体过程的管理，因为好的结果总是由一系列的过程联结而产生的。[1] 三社联动环节众多，更需要流畅的运作过程，因此必须通过实践探索三社联动中"联"与"动"的创新模式，优化联动过程。

4. 增强社会组织承接服务的专业水平

随着政府购买规模的不断扩大，政社互动增强，社会组织在我国呈现出蓬勃发展的态势，然而数量的增长并不等同于质量的增长。我国社会组织的注册相对容易，政府购买社会服务的范围不断扩大，催生出一批规模较小的社会组织，部分社会组织专业能力的有限影响了其服务能力。"授人以鱼不如授人以渔"，政府在将社会组织纳入社会治理格局的同时，也应该给予相应的帮扶措施，不仅仅包括资金上的帮扶，还包括帮助社会组织增能。政府可以引入专业社会组织或专业人才，加强推动建设"枢纽型"社会组织承担相关职责，在对社会组织、社会工作者进行专业化、规范化的增能培训的同时进行监管评估，提升其服务能力与专业水平，以保障三社联动的成效。

（四）政府向社会力量购买公共服务

1. 政府购买服务

政府购买服务理论源于新公共管理运动，出于提倡政府应当掌舵而不是划桨、起催化作用而不是服务的原则，政府购买服务于20世纪70年代末兴起，随后中国引入这一理念并不断实践和发展。从广义上讲，

---

[1] 何玉芳，柳长青．"三社联动"治理模式的优化进路[J]．理论探索，2018（4）：64-71．

政府购买服务包括所有以政府为主体向市场购买的各种服务。按照"谁是这些服务的消费者"为标准，政府购买服务通常可分为两类：一是政府自己作为消费者向市场购买的服务，如政府部门购买保洁、保安、电脑维护、车辆租用服务等；二是政府作为提供某类服务的责任主体所购买的服务，而消费者是符合某种规定、应当获得某种服务的居民，如各类市政服务、特殊教育对象、孤寡老人等。[1]

2. 政府向社会力量购买公共服务

（1）含义

政府向社会力量（社会组织）购买公共服务是指政府将原来直接提供的公共服务事项，通过直接拨款或公开招标的方式，交给有资质的社会服务机构来完成，最后根据择定者或中标者所提供的公共服务的数量和质量来支付费用。[2] 这是我国全面深化改革、推进政府治理体系与治理能力现代化、优化公共服务供给机制的重要路径。

（2）我国实践起源与发展

我国政府向社会力量购买公共服务的实践发端于上海。1995年，上海浦东新区社会发展局新建了一个罗山市民休闲中心，为了提高该休闲中心的管理效率，社会发展局没有选择依托街道办事处和居委会等来管理的现有基层管理模式，而是通过协商委托上海基督教青年会对该休闲中心进行管理，并于1998年接受政府养老服务的委托，政府购买自此第一次进入中国的实践领域。21世纪以来，随着科学发展观的贯彻落实和服务型政府建设的深入开展，全国若干地区和城市开始陆续展开政府向社会力量购买公共服务的探索实践，这一时期的政府购买主要集中在政府向社会力量购买社区与管理类服务、行业与管理类服务、行政事务与管理类服务等，[3] 政府向社会组织购买公共服务事业的实践得到发展。

---

[1] 冯俏彬，郭佩霞. 我国政府购买服务的理论基础与操作要领初探 [J]. 中国政府采购，2010（7）：70-73.

[2] 王浦劬，（美）萨拉蒙，等. 政府向社会组织购买公共服务研究：中国与全球经验分析 [M]. 北京：北京大学出版社，2010.

[3] 王浦劬. 政府向社会力量购买公共服务的改革意蕴论析 [J]. 吉林大学社会科学学报，2015（4）：78-89，250.

自2013年开始，政府向社会力量购买公共服务成为一项国家战略，得到全面推广。2013年9月26日，国务院办公厅发布了《关于政府向社会力量购买服务的指导意见》，该意见指出"推行政府向社会力量购买服务是创新公共服务提供方式、加快服务业发展、引导有效需求的重要途径"，并提出"到2020年，在全国基本建立比较完善的政府向社会力量购买服务制度"的目标。[1]

3.政府向社会力量购买公共服务的发展困境

（1）政府向社会力量购买公共服务发展不平衡

公共服务地区间的不平衡。一方面，向社会力量购买服务的实施尤其是中央顶层设计下的购买服务，极大改善了地区间、城乡间在公共服务上的差距，经济欠发达地区的社会公众也可以通过政府拨款享受一定程度的公共服务；另一方面，公共服务供给地区间的不平衡依然存在，在推进购买服务之后，不平衡又体现在购买内容不同所带来的新的公共服务差距，城乡地区政府向社会力量购买的内容与水平有着明显的差距。[2]

社会组织发展与供给能力的不平衡。地区间的发展不平衡导致了不同地区社会组织发展的不平衡，经济发展水平较高的地区，政府购买所投入的人力物力自然更多，社会组织所获得的发展空间相应就会更大。由于所获得的资助与机会有限，不发达地区的社会组织往往缺乏专业性、规范性，供给服务的能力有限，甚至在缺乏监管的情况下野蛮生长，与发达地区相比，其社会功能更加单一，服务社会与群众的能力更加有限。政府向社会力量购买公共服务的水平和质量与社会组织的服务能力有很大关联，因此社会组织发展的不平衡反过来又加剧了服务质量的不平衡。

（2）政府向社会力量购买公共服务发展不充分

对购买者而言，制度化水平不充分。购买服务的制度化水平主要指

---

[1] 国务院办公厅.国务院办公厅关于政府向社会力量购买服务的指导意见[EB/OL].(2013-09-30)[2021-07-05].http://www.gov.cn/zwgk/2013-09/30/content_2498186.htm.

[2] 刘舒杨，王浦劬.中国政府向社会力量购买公共服务的深度研究[J].新视野，2018（1）：84-89.

指导购买服务的法律、法规、规范性文件等方面的规范性程度，即现有规章制度能否能对购买服务的流程提供清晰、明确的指导。[1] 目前我国政府向社会力量购买公共服务所依据的法律仍是《中华人民共和国政府采购法》，但政府采购与政府购买不论是基本内涵还是适用对象都是不同的，大部分情况下购买服务中的受益者并非是购买者（政府）。当前的制度规定中，仅《中华人民共和国政府采购法实施条例》规定将政府采购"服务"的范围扩大为政府为自身需要的服务与政府向社会公众提供的服务，但《中华人民共和国政府采购法》并未配套细化措施来规范购买服务的具体行为。

对消费者而言，参与不充分。政府购买公共服务，将社会公众变成公共服务的消费者，把资源放到民众手里让他们挑选，形成了"公众点单、社会接单、政府买单"的服务模式，但点单消费的公众，仍然存在主观与客观参与不充分的问题。主观上的参与不充分即参与冷漠，一方面不关注政府提供的服务；另一方面也不主动提出自己的服务诉求。这一现象在欠发达地区尤为显著。客观上的参与不充分则是由政府购买服务制度设计缺陷导致的。现有制度设计中，消费者并没有参与购买服务规则、标准与流程的制定，在购买什么、如何购买、购买结果的评估方面，消费者也缺乏参与的渠道，这种制度上导致的客观参与不充分也会削弱公众参与政府购买服务的积极性，引发主观上的参与不充分。

对生产者而言，竞争不充分。在当前的购买实践中，形式购买非常普遍。很多社区成立的"社会组织服务中心"或者"社区工作站"都属于这类购买行为。形式购买属于非独立性、非竞争性的购买形式，且制度化水平也普遍较低。一方面，主体间依附程度高，公共服务的生产者依附于购买者，社会组织的资金来源于政府的形式购买；社会组织的目标是为了完成主管部门的行政任务；社会组织几乎没有管理自身事务的决策权。另一方面，形式购买的竞争程度几乎为零，由于服务的提供

---

[1] 刘舒杨，王浦劬. 中国政府向社会力量购买公共服务的深度研究 [J]. 新视野，2018 (1)：84-89.

者多是政府相关部门自行成立的社会组织，多数情况不存在竞争者。[1]

4. 政府向社会力量购买公共服务的优化路径

（1）完善制度设计

现有政府购买服务的相关法规制度仍未明确细化，存在与实践脱节的现象，有了完善的制度设计，政府购买服务机制才能有根基、有据可依。首先是政府购买服务过程、监管与评估等方面的制度完善，以保证政府购买服务的顺利进行；其次是对社会组织管理制度的完善，对社会组织进行制度化管理，一方面使社会组织朝着规范化、专业化方向发展，另一方面保障其提供服务的质量与效率。

（2）明确购买主体的法定地位

在政府向社会力量购买公共服务的过程中，明确各主体的法定地位，有利于发挥社会组织在公共服务供给中的独特优势，实现政府职能的转化。政府通过购买服务的方式将提供服务的具体工作转移到社会力量手中，但并不意味着政府责任的转移，不管以何种方式提供服务，政府都必须时刻明确自身的职责。社会力量作为服务的提供者，要明确自身定位，一方面要接受政府的监管；另一方面也要接受"消费者"的监督。

（3）强化竞争机制

政府应当尽可能使用竞争的方式进行服务购买，保证竞争的公平、公开、透明，引导社会力量积极有序地参与竞争过程。竞争机制运用市场手段保障了社会力量提供服务的质量与效率，同时为所有社会力量提供了公平的生存与发展环境，能够激励社会力量的规范发展。

（五）社会组织参与提供社区服务

1. 社会组织参与提供社区服务的模式

（1）公益创投模式

随着政府向社会组织购买服务的发展，公益创投作为一种新模式逐渐发展并在全国推广开来。

---

[1] 刘舒杨，王浦劬. 中国政府向社会力量购买公共服务的深度研究[J]. 新视野，2018（1）：84-89.

知识点链接：

公益创投概念最早由美国慈善家约翰·洛克菲勒三世在1969年提出，原意是"一种用于解决特殊社会痼疾的具有一定风险的资助形式"，最后在1984年美国半岛社区基金会首次用"Venture Philanthropy"表示商业创投和资助行为的结合。

公益创投主要包括基金会模式、企业模式、政府模式与混合模式，西方发展的公益创投的投资者主要是公益部门、慈善机构及投资者，这一模式引入国内后不断进行本土化的发展，逐渐形成了政府作为投资主体运营公益创投的形式。最早的政府参与公益创投案例是2009年上海市委托当地的社会组织恩派承办的"上海社区公益创投大赛"的实践。公益创投就是把经济生活中的"风险投资"或"创业投资"的理念延伸到公益社会组织的培育发展之中，它是一种创新性的社会公益发展理念和模式，这一模式是政府通过向社会组织购买社区服务，为社区引入专业社会组织服务的同时培育社会组织、助力社会组织的发展。随着社会建设的加速，政府对公益创投的重视日益加强，杭州、苏州、无锡、顺德等地亦纷纷跟进，公益创投开始在国内"遍地开花"。

（2）党建为民服务模式

习近平总书记反复强调，人民群众是我们力量的源泉。抓党建也要牢固树立和切实践行群众观点，只有抓住为人民群众服务这个根本，党建才有生命力。要把"为民服务"作为党建工作的底色，在农村党建领域突出兴民富民，在非公企业党建领域突出发展惠民，在社区党建领域突出便民利民，在机关党建领域突出务实亲民，真正把党建为民理念贯彻到各领域。随着党建为民这一根本理念的提出，社区服务也创造性地发展出党建引领下的社区服务模式。党建为民模式即由基层社区党建引领社区治理，通常被凝练总结为"一核多元"模式，其中"一核"就是基层党组织发挥核心作用，"多元"即党组织在发挥领导作用的前提下，延伸拓展多项服务功能，同时引领与引入多元主体参与社区治理、提供社区服务。[1]

---

[1] 曹海军. 党建引领下的社区治理和服务创新［J］. 政治学研究，2018（1）：95-98.

（3）社区服务社会化模式

社区服务社会化模式是指社区服务的提供者不再单单是政府，社会力量逐渐凸显并扮演重要角色，成为政府购买的承接方为社区提供服务。作为政府向社会组织购买服务的模式之一，社会服务社会化以提供更加专业化、精细化的社区服务为主要特征，聚焦社区痛点难点，深入社区居民中，着重解决社区问题，满足特殊群体的专业需求。

2. 社会组织提供社区服务存在的不足

（1）社会组织对社区嵌入度不足

目前社会组织大多围绕着政府购买服务的项目与社区发生联系，从而参与社区治理，而项目多以政策为导向进行招标，一旦政府决定不再购买该项目，且该组织未有其他项目在此社区进行时，社会组织就会退出该社区，或者会转向服务于另一个社区。此外，由于社会组织中的社区工作者的工资普遍偏低，社会组织内部人员流动一般都比较频繁，导致社工与社区的对接难以常态化，居民对社会组织和社区工作者的认知度普遍偏低，对社会组织缺乏信任，从而难以建立稳定的信任关系。

（2）购买服务的合理性与服务性不足

政府购买服务的项目制运作使得社会组织在参与治理的过程中更加关注项目的策划运行与项目的完成而非居民的需求，又或者由于社会组织自身能力有限而无法达成居民的诉求，这些都影响着社会组织提供服务的合理性，阻碍着社会组织真正融入社区治理中，发挥多元主体协同治理的作用。

（3）社区对社会组织的认可与合作程度有待提升

部分社区在治理过程中缺乏创新机制，对社会组织接纳度不足，未能实现与社会组织的合作与协同治理。不同社区在治理过程中有不同的模式，如何在自身现有治理模式下将社会组织吸收进来，发挥社会组织的协同作用，是对社区的重要考验。机制创新有地域的限制，很难进行复制，如何进行创新，打造社区与社会组织协同治理的新模式以克服社区治理发展的阻碍，成为推动社会组织融入社区治理的重要挑战。

3. 社会组织提供社区服务的完善途径

（1）政府须在对社区需求进行充分了解的基础上购买服务

在向社会组织购买社区服务的项目制运作过程中，政府作为主导力量判断社区服务需求时，难免存在主观、片面的问题，导致购买服务未能充分满足社区需要、引入的社会组织也未能充分契合社区要求，影响社会组织参与社区建设。政府购买社区服务必须建立在对社区服务需求进行充分了解的基础上，要充分倾听社区居民的诉求以"按需购买"，保证购买服务的合理性与有效性。政府并不是单纯的出资方，作为引导社会组织参与社区治理的主要力量，必须承担自身的责任，以保证社会组织融入社区治理中。

（2）社会组织应当致力于提升自身专业水平

随着政府购买服务的规模不断扩大，中国社会组织数量呈现出明显的增长趋势，相互间竞争也愈发激烈，而提升组织专业水平以提供更加专业化的社区服务是提升竞争力的重要途径。政府向社会力量购买社区服务的主要目标之一就是提升服务水平与服务的专业化程度，只有保证自身专业水平，社会组织才有可能参与到政府购买的项目运作过程中，为自己赢得生存与发展的空间。

（3）社区须转变治理理念，加强与社会力量的合作

社区建设的创新需要社会力量的参与，社区需求的多元化也需要社会力量提供服务，社会组织为社区提供服务的过程中可以为社区提供各种外部资源，挖掘社区内部潜在资源为社区打造品牌，增强社区的品牌效应以提升治理效能。因此，社区应当转变陈旧的治理理念，积极主动地将社会力量纳入社区治理过程，加强与社会力量的合作，一方面丰富社区服务的内容与形式以满足居民的多元需求，另一方面可以丰富社区治理的形式，提升社区治理效能。

三、社区服务新格局：乡镇（街道）社会工作站

（一）乡镇（街道）社会工作站的发展

2017年，广东省民政厅以民政部加强基层民政能力建设为契机，

率先启动实施了"双百计划",分两批在全省19个地市109个县(市、区)407个乡镇(街道)建设407个镇(街)社工站,开发1 737个社会工作岗位,助推基层民政工作发展,有效解决基层群众问题。[1] 随后,为深化基层民政改革、加强民政基层能力建设,湖南省民政厅于2018年印发了《湖南省乡镇(街道)社会工作服务站项目实施方案(试行)》,在全省范围内开展了"禾计划"项目,通过政府购买服务的方式建设乡镇(街道)社会工作服务站(简称"社工站")1 938个,实现乡镇(街道)全覆盖,大幅提升了湖南省基层民政服务能力。[2] 在广州"双百计划"与湖南"禾计划"的发展推动下,各地逐渐开始探索基层乡镇(街道)社会工作站的建设工作。2020年10月17日,民政部在湖南省长沙市召开加强乡镇(街道)社会工作人才队伍建设推进会,会议提出要加快建立健全乡镇(街道)社会工作人才制度体系,力争"十四五"末实现乡镇(街道)都有社工站,村(社区)都有社会工作者提供服务,把乡镇(街道)社工站打造为落实党和政府爱民惠民政策,落细民政基层服务的一线阵地,社会工作的作用得到更加充分发挥,社会工作者地位得到普遍认可。为推动此次会议的部署内容落地实施,2021年4月20日,民政部办公厅印发了《关于加快乡镇(街道)社工站建设的通知》,对基层乡镇(街道)社会工作站的建设提出了具体要求。在中央文件精神的基础上,各地开始探索本地社会工作站的建设,并根据各地基层治理实践提出相应的建设要求。全国各地的乡镇(街道)社会工作站遍地开花,社工站的探索与建设工作如火如荼。

(二)乡镇(街道)社会工作站的创新建设

1. 乡镇(街道)社会工作站的建设要求

2021年4月20日,民政部办公厅印发《关于加快乡镇(街道)社工站建设的通知》,统筹加快推进乡镇街道社工站建设进度,该通知提

---

[1] 颜小钗,广东省民政厅有关负责人,张和清. 镇(街)社工站建立之地方实践(一)广东社工"双百计划"运营模式面面观[J]. 中国社会工作,2020(28):12-14.

[2] 徐蕴. "禾计划"这一年:湖南省乡镇(街道)社工站项目成长记[J]. 中国社会工作,2020(25):40-41.

出要加紧制定政策，将乡镇（街道）社工站建设纳入民政重点工作中，并对乡镇（街道）社会工作站建设提出了总的方向与要求。

（1）资金要求

要加强资金保障，协调财政部门列支财政经费，统筹社会救助、养老服务、儿童福利、社区建设、社会事务等领域政府购买服务资金及彩票公益金中用于老年人、残疾人、儿童和社会公益等支出资金，优先用于购买乡镇（街道）社会工作服务。

（2）进程要求

要把握推进步骤，抓紧制定时间表和路线图，对于建设条件好的地方，争取2021年年中前启动建设，2023年年底前完成建设任务；对于建设条件不完备的地方，争取2021年启动试点建设，2025年年底前完成建设任务。要强化资源整合，联动民政管理员、社会救助经办人员、儿童督导员和儿童主任等民政部门服务力量，司法、人力资源社会保障等政府部门和工会、团委、妇联、残联等群团组织基层服务力量，社区社会组织、公益慈善组织和志愿者等社会力量共同开展服务。

（3）工作要求

要将乡镇（街道）社会工作站作为平台，联动民政部门的服务力量，联合司法、人力资源社会保障等政府部门和工会、团委、妇联、残联等群团组织的基层服务力量，联合社区社会组织、公益慈善组织和志愿者等社会力量共同开展服务，充分利用乡镇（街道）与社区的现有资源，实现资源的共享。

2. 乡镇（街道）社会工作站的建设方向

（1）服务的专业化

根据民政部办公厅印发的《关于加快乡镇（街道）社工站建设的通知》要求，要指导社工站在服务中突出社会工作特色专长，避免单纯承担事务性工作；要引导优秀社会工作机构承接运营社工站。要运用社会工作专业理念、方法和技巧制订专业的服务计划以提供多种多样的综合性服务，并不断提升社会工作服务的专业化水平。同时也要鼓励社会工作与社会服务领域的专业人才积极投身乡镇（街道）社会工作站的建设中，积极培育专业人才，鼓励社会工作者通过各种方式提升自身理论水平与实务能力，提升服务质量与专业化水平。

（2）服务的精准化

乡镇（街道）社会工作站要根据群众需求，立足增强基层民政的服务能力，研究确定社工站的服务对象，重点做好社会救助、养老服务、儿童关爱保护等领域特殊困难群众的基本生活保障、社区融入和社会参与工作。社工站要根据基层治理实践精准确定服务对象，打造群众认可、特色鲜明且具有示范作用的社会工作服务品牌。

（3）服务的规范化

乡镇（街道）社会工作站在建设与运营过程中，需要建立并遵循相应的管理规范，以确保社工站服务的规范性。与此同时，各地也要发掘本地优势，积极探索政府购买、政校合作等方式，搭建协调配合的督导网络，建立专业的督导团队进行定期、持续的督导与指挥，协助社会工作站的建设、管理与服务。各地在引入专业社会工作机构承接与运营乡镇（街道）社会工作站的同时，也要加快培育社会工作服务机构，指导社会工作服务机构建立健全各项规章制度，引导专业社会工作机构的规范发展，提升其服务质量。

3. 乡镇（街道）社会工作站的建设意义

目前多地在镇（街）建立社工站的做法主要是将社会工作服务集中到镇（街）统一组织、统一安排，这是一种由基层政府部门统一组织建立基层社会工作服务机构的体制。在这种体制下，在镇（街）一级统一建立专门的社会工作服务机构，它不同于过去在镇（街）自发形成的社会工作服务机构，也不同于在村（社）一级建立的各种社会工作服务机构。通过较长时间的实践表明，这种体制下的基层社会工作服务能更好地兼顾社区居民服务的实际需要和完成政府基本公共服务的实际要求，能更均衡、更稳定地承担政府交办的社会工作服务，并有利于提高基层社会工作服务的质量和效率。

思 考

一、简答题

1. 简述"居站分离"模式的发展历程及"一站多居"模式对社区服务发挥的积极作用。
2. 如何理解全科社工与传统社工的区别？
3. 什么是政社互动？简述政社互动对社区治理与社区服务发挥的作用。
4. 什么是政府向社会力量购买公共服务？简述政府购买社区服务的发展困境。
5. 简述三社联动的联动模式与运行机制。
6. 三社联动的发展面临哪些挑战？该如何推动三社联动的发展？
7. 简述乡镇（街道）社会工作站的目标定位与建设意义。

二、案例分析题

案例1 北京市"一站多居"模式的探索[1]

"一站多居"这一概念指的是一个服务站覆盖多个居委会的范围，并且取代原有居委会"办事"的职能，成为居民们办理各种涉及生活事务的专业场所。这一概念经2015年提出后，各区县社工委等部门先后着手，至2018年年底，天桥街道成为北京第一个"一站多居"模式覆盖整个管辖地区的街道。

经历了近半年的平稳运行，工作人员们体会到了这一模式的优势。究竟它与传统的居委会办事有何区别？为什么居委会办事的模式要打破？没有了这些工作，居委会又将会有哪些新的工作？带着这些问题，记者走进了天桥街道永安服务站。

---

[1] 案例来源:张硕. 走访北京第一个"一站多居"服务站,其与传统居委会有何区别？[N/OL].北京晚报,(2019-04-19)[2021-07-15].https://www.takefoto.cn/viewnews-1763768.html.

一、服务站更像是办事儿的地方

永安服务站位于天桥街道北片，与南片的东经路服务站一起，覆盖着天桥街道管辖范围。服务站设在胡同的一个小院子里，院门口挂着醒目的标志。走进服务站的房间，一排办事柜台映入眼帘，7个工作人员坐在连成一排的柜台前为居民们服务。

中午时分，来办老年证的杨女士来到了工作站，虽然已是午休时间，但王涛还是热情地为杨女士介绍了办事流程，将需要的证明证件小纸条放进了杨女士手里。"这种情况常遇到，居民们难免遇上点儿事儿，提前打个招呼的话，即便是晚上来办理，我们也会加班等待。"

适逢退休，杨女士最近没少跑社区服务站办理相关手续及老年证。"我的这些事情以前居委会也都给办，不过您看这大厅和工位，最大的区别就是现在这里更像个办事儿的地方。"杨女士说。

她说，以前居委会房屋里面都是一张张办公桌，有些是两张对着摆，"几乎每张桌面上都是厚厚的一沓文件，加上电脑、打印机、茶杯、纸笔，我们带着材料来了，工作人员得现腾地方。也挺理解居委会工作人员难处的，他们都挺忙，前边还在准备居民活动布置现场，后头就得帮我们办手续办事儿"。

相比之下现在的办公环境，"就跟电信营业厅、银行营业厅似的，非常整洁"。接待居民们的服务台上，只摆着装有各种手续政策说明的文件架子，更大的面积腾出来，居民带来的材料一字排开就行了。办公用的复印机等设备都有专门地点，服务台后面的办公桌上则是工作人员的电脑。

二、专业人员提高办事效率

这种改善并不只是桌面上，曾在先农坛社区工作的副站长胡娅男，感受到了另一种"专业"的办事效率。"以前居委会在没有重大活动的情况下，常设的办事人员共有9个，每人分管一摊，比如老龄工作、社区调解等。说是每人分管一摊，但实际上远远不止，因为居委会每周都要组织几次居民活动，带着居民们锻炼身体、学习手艺、整理自行车棚子、清理社区卫生死角等，周末还会加班带着居民们健身。这儿有个排污水口，那儿冒了黑烟污染空气，无论大小都得有人亲自查看管理。大家还都兼着网格员的工作,因此经常需要到各自的网格巡视,看看是否有异常情况发生。"胡娅男说。

这些工作虽然繁杂,却也不算困难;真正让居委会工作人员觉得"难"的,是一些办事的手续流程。工作站成立时大家梳理办事流程时发现,原来居委会的办事职能竟包含着6大类、57小项,比如说"代办低保、低收入、生活困难补助家庭采暖补贴""代办职工清洁能源补贴核对证明""代办北京市特别扶助家庭公园年票"等。"有些事情办理的人多,居委会办理起来轻车熟路;有些业务可能涉及的人很少,一年也未必能办几次,万一居民来了,我们也得现查资料才知道怎么办理。"

这还得是居委会分管这项工作的人员没在别的事务上忙着。"以前也常常遇到这种情况,这天居委会组织居民活动,负责的同志在现场分不开身,结果办事居民来了,我们只能告诉人家明天再来,弄得老街坊挺不高兴的。"若是办理不太熟悉的业务,"人家跑了半天把手续都拿来了,结果我们发现因为我们对手续的了解不细致,少了一个证明材料,就得让人家再跑一趟"。

服务站的站长杨宝成也曾在社区工作,提起办事人员班子的专业化颇有感触:"这些年很多办事流程手续要求越来越正规,很多政策如低保办理、各种补贴办理,每年数据都随着居民生活水平在变化,如果不是专门负责,很难记住所有的事项。一旦跟居民们少叮嘱一项,或是解释政策不准确,没准人家对居委会的印象就会变差。其实不是咱不负责啊,实在是忙不过来、学不过来。"

专业的服务站成立之后,这些问题迎刃而解。以这里为例,永安服务站共有16位工作人员,平均每个大项都能有两三位工作人员负责。日常大家分成AB两个组,一人负责前台接待,另一人负责数据录入等后续工作,定期轮换,相互学习。事务办理时的"日清、周转、月结、年存",已在逐步形成制度。

三、让居委会回归"自治"功能

"我们都是来自社区。"工作人员王涛说,"这些事情以前也给居民们办过,但是居委会工作太忙了,没机会像现在一样专门为一摊事务静下心来,学习手续、政策。"

少了这么多事情，居委会是不是闲下来了？很多年轻人之前与居委会接触较少，用杨宝成的话说："居委会的工作未必和每个人直接相关，但一定与每个家庭都有重要的关系，尤其是孩子、老人。专业的服务站要给居委会减负，让居委会回归到居民自治这个功能上。居委会本来也不该是'办事处'，它应该把更多精力放在组织居民活动、帮居民们建设好小区环境等功能上。"而且最初的居委会本来也没有这些功能，只是发展过程中社会服务逐渐完善，很多功能堆给了居委会这一基层组织，让居委会的负担较重。而人员有限、时间有限，只能挤占其他社区工作的资源。

顺应时代的发展，这些功能在专业服务站接手后，"居委会可以组织一些与居民们共同利益相关的小区建设工作会，比如物业问题、环境卫生问题等，在这些民生问题上拿出更多精力"。

四、未来目标是一个窗口全受理

经过半年时间的工作，杨宝成也发现了一些服务站工作的窍门。"办事人员年轻化曾经是一个趋势，他们学习能力强，掌握政策快；不过涉及居民生活的事情，无论是在居委会还是服务站，我认为还是要老中青三结合。"不久前曾有居民来办事，因不符合政策被工作人员告知无法办理，这位居民站在院子里就骂了起来。曾在天桥一带居住多年的杨宝成出门一看，原来是个老街坊，"大哥，怎么啦？有什么事情咱都能说通，您要办事儿我们一定尽力，但是不符合政策，我们肯定不能给您办啊"。几句话拉近了和老街坊的关系，事情也就迎刃而解。"办事儿不仅是看规定，也是看面子、看态度，这些小技巧有时候能帮上大忙，这是中老年社区工作者的强项。"

他也发现了工作中的一些不足，比如有些窗口定期会有特别多的居民来办事，而有些窗口可能部分时段闲置。"现在工作人员们各自负责一摊，还不能掌握所有的办事事项。今后我们也定期组织工作人员学习、轮岗，争取让每个人都能多掌握一些办事手续，这样很多事务都可以'一窗办理'啦。如果居民行动不便有需求，我们任何一位工作人员都能上门服务，给居民们提供最大的方便。"

相比以前的居委会办事，服务站无疑是新兴机构，天桥街道所属的东经路、永安这两家,定期组织沟通会,研究政策、改进办事方式。"也希望有更多的机会,让我们和各区各地的服务站工作人员交流经验。"

"说起服务站最忙碌的时候,那就是去年年底。"杨宝成说,"去年年底有一段时间,居民们办理自采暖补助,每天咱这站里都来好几百人。这个没忙完,低保调整标准工作开始,又有不少居民来仔细询问。"那段时间,中午、下午工作人员们都得加班应对。"但是看着那么多居民来咱这儿,说明这种形式已经被大家接受,我们也备受鼓励。"杨宝成说。

问题1 社区工作站发挥了哪些职责与功能?与社区居委会有何不同?

问题2 "一站多居"模式的实践在推动社区治理发展方面发挥了哪些作用?

案例2 苏州市姑苏区全科社工模式建设[1]

近日,2019年姑苏区"领军社工""深耕社工"评选名单出炉。"能够获得这项荣誉,不仅是对我过去服务工作的肯定,也是对我今后工作的鞭策。"沧浪街道新沧社区工作者马晓云获评"深耕社工"后这样说。据悉,姑苏区日前正式出台《关于加强姑苏区社区工作者职业体系建设的实施意见》,将进一步完善社工职业化体系建设,到2020年年底,辖区社工职业资格持证率将达60%以上,全科社工覆盖率将达100%。

"姑苏区有社工1 700余名,他们是基层建设和基层治理的骨干力量。开展'领军社工''深耕社工'的推荐选拔,是姑苏区进一步加强

---

[1] 案例来源:胡毓菁,刘志昊. 年内全科社工覆盖率达100%:姑苏区推动社工职业化体系建设,打造"硬核"社工队伍[N].苏州日报,2020-01-06.

社区工作人才队伍建设的一项重要举措。"姑苏区民政和卫生健康局基层政权与社区建设处处长王钧卿介绍，目前，姑苏区正积极探索推动社工职业化体系建设，着力打造一支讲政治、守规矩、敢担当、会服务、善治理的社区工作者队伍，满足姑苏"硬核"发展需要和百姓美好生活需求，加快推进基层治理现代化进程。

据悉，社工职业化体系涵盖岗位职责、职数管理、人员招录、教育培训、管理考核、发展保障等方面，强化社区工作者职业生涯全周期管理。该体系以规范管理为导向，明确社工的进入渠道、管理方向和"出口"机制，建立从招录、管理、培训、考核、激励五个维度的全过程职业规范；以提升能力为导向，通过建立"区—街—居"三级分类培训体系、针对不同社工群体开展针对性培训、社区工作者与社会组织人才"双向挂职"、深化联合高校办学等模式，做好"全科社工"的全流程培养；以职业成长为导向，明确社工的职业资质、薪酬、职务等提升机制、荣誉激励机制和身份转变渠道；以强化保障为导向，建立并在全市率先执行三岗十八级薪酬体系，落实社区工作者应休未休公休假补贴，建立健全社区工作者薪酬待遇年增长机制。

王钧卿表示，通过构建社工职业化体系，社区工作者的职业发展全过程和职业晋升路径将会更加明晰，"上岗前，可在苏州技师学院进行岗前培训，并接受区、街道、社区三级轮训；上岗后，可通过专业技术、职务晋升、荣誉激励等途径获得提升与发展。表现特别优秀的社区工作者还可通过定向招考公务员、事业单位人员改变身份"。据悉，根据《关于加强姑苏区社区工作者职业体系建设的实施意见》，在社工职业化体系的运行下，姑苏区社区工作者队伍的文化程度将进一步优化，力争到2020年全区具有大专以上学历的社工达95%，三年内达97%。社工专业能力也将进一步提升，力争到2020年年底，辖区社工职业资格持证率达60%以上，全科社工覆盖率达到100%。

问题　全科社工模式的发展有何创新之处？这些创新发展有何意义？

案例3 "政社互动"创新实践：江苏省太仓市政府[1]

一、基本情况

"政社互动"是政府行政管理与基层群众自治有效衔接和良性互动的简称，太仓市自2008年起，在全国率先启动了旨在提升村（居）自治能力、扩大基层民主、规范行政行为的"政社互动"创新实践，经过全市上下多年的持续重视和共同努力，"政社互动"实践有序规范了政府与基层群众自治组织关系，激发了基层群众自治活力，有效形成了基层社会管理合力。

二、主要特色及优势

一是变领导为指导。改变过去政府行政命令干涉自治组织自治权力的情况，行政命令转变为行政指导，体现政府与自治组织主体之间的相互尊重和平等。二是变单项为双向。通过双向履约评估机制，政府与自治组织相互评估监督，实现村民与自治组织、自治组织与政府的互动。三是变直接为间接。签订协助管理协议，自治组织摆脱行政依赖，政府改变直接干预自治组织权力。村（居）干部逐步改变价值朝向，变对上负责为对下负责，真正成为民意的代言人，而不是政府的代言人。

三、效果（推荐理由与评析）

两份清单的公布、行政责任书的废除等措施，有效保障了基层自治组织的法律地位和自治权利，基层群众对政府的行政管理积极配合，政府管理的"长臂效应"得到矫正、自治组织的"软肩现状"得以改变，社会管理呈现衔接互动的良好局面。城厢镇中区社区积极发挥驻区单位、志愿者队伍作用，努力提升群众服务水平，连续多年居民满意度调查为100%，有效促进了社会的和谐稳定。

问题1 太仓的政社互动实践有何创新之处？

---

[1] 案例来源：人民论坛网."政社互动"创新实践：江苏省太仓市政府[EB/OL].(2014-03-21)[2021-07-20].http://theory.rmlt.com.cn/2014/0321/247693.shtml.

问题2　政社互动模式的实践发展有哪些不同模式？

问题3　政社互动模式在社区治理发展中发挥了什么作用？有何不足之处？

案例4　重庆"三社联动"打造多元化社区功能　满足市民需求[1]

7月1日，重庆市政府召开2020年全市城乡社区治理工作推进现场会。记者从会上获悉，重庆市民政局已印发《城乡社区综合服务设施建设三年行动计划》（以下简称《计划》）。《计划》显示，力争到2022年，全市80%的城乡社区达到"每百户居民拥有综合服务设施面积不低于30平方米"的标准。

其中，2020年，每百户居民拥有综合服务设施面积不低于30平方米的城乡社区力争达60%；2021年，每百户居民拥有综合服务设施面积不低于30平方米的城乡社区力争达70%；2022年，每百户居民拥有综合服务设施面积不低于30平方米的城乡社区力争达80%。

《计划》中对于未建成的区域，要落实布点规划，确保建设。对于已建成区域，要建立工作台账，推进社区综合服务设施达标。重庆市民政局相关负责人介绍，对未达标的城乡社区，按照"缺什么、补什么"的原则和"每百户居民拥有综合服务设施面积不低于30平方米"的标准，制订"一社区一方案"，通过新建、改造、购买、项目配套和整合共享等形式，补足面积，完善功能，限期达标。

同时，为满足市民多元化的社区功能需求，重庆市以江北区"三社联动"的实践经验为基础，持续不断推进全市"三三制"社区治理的新模式。

什么是"三社联动"？所谓"三社联动"，是在社区党组织领导下，

---

[1] 胡虹.重庆"三社联动"打造多元化社区功能　满足市民需求[EB/OL].（2020-07-02）[2021-07-25].http://cq.people.com.cn/n2/2020/0702/c365401-34126734.html.

社区居委会、社会组织和社会工作等三种不同社区治理主体，基于平等、协商、互助的原则进行合作治理，以回应社区居民多样化需求，最终实现社区善治。

在大石坝街道东原社区，记者看到，有一个建筑面积800平方米的"原聚场"市民活动中心，由日本设计师青山周平以生活方式复合店的形式主导打造。"原聚场"内包含了咖啡吧台、共享书塔、烘焙室、周末影院、阅读梯、小剧场等。作为"有温度的邻里阵地"，"原聚场"已成为居民的拓展活动场所，实现了与社区的资源共享、场地共用、活动共办。目前，"原聚场"已举办亲子、颐养等文化活动3 000余场，开展社区家政培训300余场，参与居民10余万人次。离"原聚场"不远，还有一个社工人才成长摇篮——北汇社会组织孵化培育基地·社会工作创新创业基地。基地由江北区民政局和大石坝街道联合开办，委托暖洋洋社会工作服务中心运营管理。截至目前，基地已孵化培育社会组织35家，培育社会工作人才382名，注册各类志愿者5 612人；实施各类专业服务项目107个，涉及资金1 284万元，直接受益群众23 000余人次。

重庆市民政局党组书记、局长唐步新表示，2020年重庆市着力推广江北区的"三社联动"机制，使当地社区治理模式不断深化。以江北区打造的样本为例，江北区聚焦居民需求，把满足居民需求作为推进"三社联动"的根本出发点，通过线上线下收集需求、发布需求，根据市民需求实现服务项目，是全市社区治理将学习推进的实践经验。

接下来，重庆市将积极推广江北区"三联"工作法，让社区、社会组织、社会工作者"三社联动"真正联起来、动起来。全面推进政府公共服务、便民利民服务、社工专业服务和志愿服务下沉到城乡社区。在坚持党建统揽全局的前提下，聚焦居民需求，有效整合资源，从搭建资源汇聚统一平台入手，以统筹、链接、开发等方式，将社区行政资源、社会资源、专业资源整合进来，并致力服务提升。最终，把社区居民是否满意作为根本评价标准，通过细化考核评价标准，增强"三社联动"的推进动力，引领发展方向。

问题 1　三社联动与以往政社互动模式有何区别?

问题 2　随着社会工作站（室）的建设发展，各地基层政府不断探索将"三社联动"发展为"五社联动"，这一探索实践在推动社区治理发展方面起到什么作用?

第五章 "指尖上的微生活"："互联网+"智慧社区建设

第一节 智慧社区建设的时代背景："互联网+"的兴起

一、互联网的发展阶段

互联网发展到现在，主要经历了三大阶段，大致可以分为传统起步时代、WAP（Wireless Application Protocol，无线应用协议）时代、"Web 2.0"时代，并即将经历第四个阶段，即"互联网+"时代。

（一）传统起步时代

传统起步时代主要依靠传统网站，各种传统的互联网网站以"内容为主、服务为辅"为主要形态。其内容的提供主要依据信息块及部分信息流，特点是通过静态网站来实现对内容的展示。这个阶段的内容发现机制，是通过搜索引擎做内容聚合来实现的。用户通过搜索引擎寻找内容，使得搜索引擎成为事实上的互联网入口，并成为用户与内容的中间商。2000年11月10日，中国移动推出"移动梦网"计划，2002年5月17日，中国电信在广州启动"互联星空"计划，2002年5月，中国移动率先在全国范围内正式推出GPRS业务，这个阶段的主要产品是文字信息、图案、铃声。

（二）WAP时代

进入WAP时代，用户主要在移动互联网上看新闻、读小说、听音乐。这是一个内容为王的移动互联网时代，移动互联网产品经理、WAP产品经理开始出现。在 2006 年之后，一些功能性的应用开始产生，比如 QQ、手机搜索、手机流媒体、手机单机游戏、手机网游。移动互联网开始占据用户大量的碎片化时间。

（三）"Web 2.0"时代

随着 3G 的运用，各种互联网网站与内容流型社交网络（微博等）并存，这一阶段可被称为"Web 2.0"时代。此时的互联网形态，仍然是以内容为主，服务为辅。而其内容与服务提供方式则主要是多种信息块与信息流。其中，信息流以内容流为主，消息流为辅。这个阶段的内容发现机制，是内容与服务终于通过社交网络的统一账号，得以直面用户，而搜索引擎不再是唯一信息获取的渠道。

二、"互联网+"时代的兴起

（一）"互联网+"时代的到来

2020 年 5 月 22 日，国务院总理李克强在 2020 年国务院政府工作报告中提出，全面推进"互联网+"，打造数字经济新优势。"互联网+"是指在"知识社会创新 2.0"推动下由互联网形态演进、催生的经济社会发展新形态。"互联网+"简单地说就是"互联网+传统行业"，随着科学技术的发展，信息和互联网平台使得互联网与传统行业进行融合，传统行业利用互联网具备的优势特点，创造新的发展机会。

（二）"互联网+"时代的特征

"互联网+"时代有六大特征。一是跨界融合。"+"就是跨界，就是变革，就是开放，就是重塑融合。敢于跨界了，创新的基础就更坚实；勇于融合了，群体智能才会实现，从研发到产业化的路径才会更垂直。二是创新驱动。粗放的资源驱动型增长方式早就难以为继，必须转变到创新驱动发展这条正确的道路上来。创新正是互联网的特质，用所谓的互联网思维来求变、自我革命，也更能发挥创新的力量。三是重塑结构。信息革命、全球化、互联网业已打破了原有的社会结构、经济结构、地缘结构、文化结构。权力、议事规则、话语权不断在发生变化。

"互联网+"社会治理、虚拟社会治理会与传统及社会治理相比，将有很大的不同。四是尊重人性。人性的光辉是推动科技进步、经济增长、社会进步、文化繁荣的最根本的力量，互联网的力量之强大最根本地来源于对人性的最大限度地尊重、对人体验的敬畏、对人的创造性发挥的重视。五是开放生态。关于"互联网+"，生态是非常重要的特征，而生态的本身就是开放的。我们推进"互联网+"，其中一个重要的方向就是要把过去制约创新的环节化解掉，把孤岛式的创新连接起来，实现研发由人性决定的市场驱动。六是连接一切。连接是有层次的，也是有差异的，连接一切是"互联网+"的目标。

第二节　智慧社区的基本概念

一、智慧社区的概念和内涵

（一）智慧社区的起源

智慧社区的概念可以追溯到"智慧城市"的建设，2012年12月5日，住房和城乡建设部正式发布了关于开展国家智慧城市试点工作的通知，并印发了《国家智慧城市试点暂行管理办法》和《国家智慧城市（区、镇）试点指标体系（试行）》两个文件，首批国家智慧城市试点共90个，其中地级市37个，区（县）50个，镇3个，由此我国智慧城市建设的探索拉开了序幕。智慧城市是利用信息和通信技术手段感测、分析、整合城市运行核心系统的关键信息，对民生等需求做出智能的响应，为人类创造更美好的城市生活。发展智慧城市，是中国促进城市高度信息化、网络化的重大举措和综合性措施。将智慧城市的建设思路引入到社区建设，"智慧社区"的概念由此产生。

（二）智慧社区的概念

智慧社区是社区管理的一种新理念，是新形势下社会管理创新的一种新模式。智慧社区是指充分利用物联网、云计算、移动互联网等新一代信息技术的集成应用，为社区居民提供一个安全、舒适、便利的现代化、智慧化生活环境，从而形成基于信息化、智能化社会管理与服务的一种新的管理形态的社区。总的来说，智慧社区是以提升居民的幸福感、为社区老百姓提供便利为出发点，利用物联网、云计算、移动互联网、信息智能终端等新一代信息技术，通过对各类与社区居民生活密切相关信息的自动感知、及时传送、及时发布和信息资源的整合共享，实现对社区居民"吃、住、行、游、购、娱、健"生活七大要素的数字化、网络化、智能化、互动化和协同化。

（三）智慧社区的技术运用

在智慧社区建设的技术支撑上，涵盖了ICT基础设施，认证、安全等平台和示范工程也不断进行产业关键技术攻关，并构建社区的智慧发展环境。基于大数据信息系统和智能化的新生态，充分发挥ICT产业、相关电信业务及基础设施等信息化新优势，协同推广"5G+"，以及"5G+AICDE"（将5G作为接入方式，与人工智能、物联网、云计算、大数据、边缘计算等新兴信息技术深度融合，打造以5G为中心的泛智能基础设施），在发展智慧社区上依靠5G技术，并与人工智能、物联网、云计算、边缘计算等新兴信息技术结合，为智慧城市和智慧社区建设提供强大的技术支持。总的来说，所有技术支撑的面向，就是让社区居民，只操纵手机，就可以通过智慧社区的平台得到自己需要的服务，节约时间、高效快捷，真正享受"指尖上的微生活"。

二、智慧社区的基本构成

智慧社区建设不是孤立的点，而是对智慧城市建设理念的继承、发展和实施，因此智慧社区建设的技术路线在满足社区建设特点和需求的同时，应与智慧城市建设的技术路线相协调。智慧社区建设以网络、智能设施、存储设备等硬件为基础，以数据为驱动，以数字化平台为支撑，综合利用5G、物联网、人工智能、大数据等新一代信息技术，构筑智慧社区技术底座，支撑社区智慧应用。智慧社区的总体架构主要包括基础设施层、数据层、平台层、应用层四个部分，智慧社区的设施、数据、系统、平台与智慧城市的对应组件相连接，智慧社区的技术实现由相关制度、技术、运维、安全等标准体系进行保障。（图5-1）

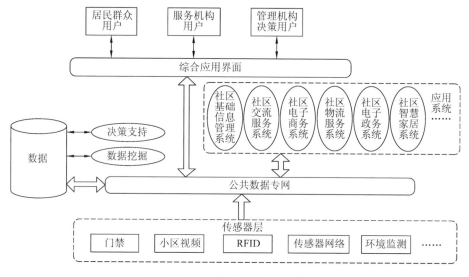

图 5-1　智慧社区的基本构成[1]

（一）基础设施层

基础设施层是智慧社区的数据来源，通过对于社区各个系统所产生的各类数据的收集、存储，形成智慧社区的基础数据；智慧社区的各个子系统均通过数据专网进行互联，无论是数据的获取查询发布还是应用系统的处理结果均通过专网实现。

（二）数据层

数据库是智慧社区数据的存储中心和交换中心，智慧社区各个系统的数据均在数据库中储存并进行相互之间的交换，同时通过数据挖掘和决策支持等技术手段，实现对于海量数据的及时处理和知识挖掘，根据相关规则进行决策支持，从而得到各个模块的处理结果。[2]

（三）平台层

平台层用于数据的存储与分析，其中数据联通平台用于社区人、

---

[1] 王喜富. 智慧社区：物联网时代的未来家园［M］. 北京：电子工业出版社，2015：3.
[2] 王喜富. 智慧社区：物联网时代的未来家园［M］. 北京：电子工业出版社，2015：3.

事、物采集信息的联通；社区中脑管理消防、安防、社区商业等核心数据，供智慧社区运营使用。

（四）应用层

应用系统是智慧社区的关键，智慧社区的应用价值全部体现于此，综合应用界面是智慧社区的门户，智慧社区各个系统均通过统一的应用界面与各类使用者交互。开展居民端、物业端（含商业）、政府端的应用，扩大应用层的辐射范围，实现智慧社区的全面推广。

三、智慧社区的服务功能

"智慧社区"不仅基于生活应用场景，还结合了政府公共服务、公共管理、社区基础设施、物联网和互联网技术。这是一种全新的生活和管理模式。总的来说，智慧社区的服务功能应涵盖以下面向。

（一）"互联网+政务"：探索建设移动"微政务"

在全面推行"互联网+政务"及社会治理网格化的过程中，积极探索现代科技与社区治理深度融合的新路径，构建党建引领下的新型社区治理和服务体系，为社区资源的整合与共享、社区事务的协商与管理提供技术平台支撑。依托信息通信网络基础设施、高效共享的公共信息平台、精细智能的城市管理与服务应用体系、人工智能技术等新兴科技，发挥科技创新推动社区发展的技术优势，建立统一的电子政务系统，包括管理、行政、信息、决策、设施等内容，集合了信息采集、传输、办公、决策等环节。一方面为居民提供全方位、规范、透明的服务；另一方面提供包括驻区单位、街道机关、学校的详细信息，优化各方工作流程，提高公共服务建设水平。建立起为社区居民提供安全、高效、便捷的智慧化服务的智慧社区创新服务体系。增强街道政府职能转变的全面性与主动性，加快服务意识和需求导向的创新性改革，突破传统职能和条块分割，优化基层政府流程，结合各类行政审批制度改革和电子政务建设，打破时空限制和部门壁垒，积极推进"不见面"审批服务，探索建设移动"微政务"。

（二）"全时、全域、全能"：构建"家门口"服务体系

"全时"指通过线上与线下相结合，延时与错时相结合，实现全年365天办公，全天24小时在线服务，12小时线下服务，周末正常办公。可以较好地解决居民工作日、没时间办理窗口业务的矛盾，极大地方便群众。

"全域"指根据街道实际，投入建设4~5个综合性的"一站式"党群驿站，打造"15分钟便民利民生活圈"，实现街道范围内服务全覆盖。居民只须提前网上申请，即可到就近驿站办理，一般业务"只进一扇门，最多跑一次"。

"全能"指探索推行"全能社工"制度，打破"条线"界限，培育并打造具备社区治理基本技能的办事能手，推动驿站社工"一专多能、全岗都通""一人在岗、事项通办"。在任一窗口，都可办理驿站开通的所有业务。

（三）七项基本服务

1. 党群服务

以党建为引领，进一步创新社会治理，整合资源，深化社区党建功能，引导社区党群服务中心工作深入小区一线，为党员群众提供更为专业、多元的服务，推动党员教育服务、党员志愿公益服务和群团服务进小区。

2. 政务服务

从服务群众、便利百姓角度出发，通过线上和线下两种服务，将政务服务延伸至社区，为各个年龄段的居民群众提供服务，畅通服务群众的"最后一公里"。

3. 生活服务

以日常、就近、便利为原则，对接市场服务，满足社区居民对养老、家政、日常用具租借等日常生活服务需求，打造便捷社区生活圈。

4. 治安防控和法律服务

以民主法治为抓手，着力提升社区治安防控能力，深化社区法律服务、人民调解规范化建设，不断提升居民安全感和满意度。

5. 健康服务

将公共医疗服务延伸至社区，建设社区卫生服务站，全面推进全科医生进居民区项目，完善社区医护志愿者服务、慢性病防治、妇幼计生等工作。

6. 文化服务

依托社区文化中心、社区学校、社区图书馆、党群驿站等平台，大力推进文化服务进社区，开展电影展播等活动，满足社区群众的精神文化需求。

7. 社区管理服务

全面提升网格化综合管理水平，将网格管理与应急服务相结合，将网格化管理与网格化党建、网格化服务整合，不断提升居民群众办理社区事务和满足生活需求的便捷性。

智慧社区要发挥高科技业态的优势，推动"互联网+生活"的社区生活新格局。智慧社区的基本构成包括社区物业及监管系统、社区内教育信息系统、社区内医疗卫生信息管理系统、社区智慧养老系统等，是一个人本化、生态化和数字化的新型城市功能单元。

四、智慧社区的系统建设

（一）居民服务平台

以居民对政务和公共事业服务的需求为核心，全面聚合各类服务资源，通过统一融合、多样化的渠道，主动推送个性化服务，为居民提供全方位的服务内容和资源。并通过持续的业务运营，将其打造成政府宣传服务的阵地、居民虚拟的生活家园和社区电子商务的平台。

（二）综合信息发布系统

为了加强政府与民众沟通、宣传招商信息、普及法律法规及医疗常识，打造智慧社区的综合信息发布系统。综合信息发布系统具有日常事务安排通知功能；提供社会舆情舆论引导服务；同时可满足其他业务系统需要，完成任务工单派发提醒、突发事件提醒、预警报警提醒等消息的推送。

（三）社区管理系统

从硬件设备到系统平台，与业主、物业、商业、街道、公安等形成完整的社区管理系统，包括城市运行监测系统、全景视频智能控制系统、执法管理系统，对社区流动人口、特殊人群、常住人口进行常态化、规范化、精准化管理。

（四）社区物业及监管系统整合

基于云计算的人脸识别门禁、车牌识别、楼宇对讲、智慧停车、电梯控制、家庭智能安防、消防等系列智能产品，提高社区安全性，提升居民生活体验。管理将对建筑物共有部分及硬件设施和场所进行数据化掌控，对社区内的建筑、住户、设备和业主人员的综合管理，实现各项物业费用、公共服务的全程信息化管理，包括安保管理、绿化保洁、车位租买等。

（五）社区内基础信息管理

社区信息管理系统包括人口、住房、物业、社保等多个模块。社区内基础信息管理把社区各项信息进行整合，将线上内容整合到线下实践，同时方便数据管理和调取。丰富社区内资源种类，拓宽信息资源共享渠道，提高资源使用率，实现"数据一次采集，资源多方共享"。

（六）社区智慧养老系统建设

首先建立居家养老智慧平台，平台上有基础数据库、养老服务需求数据库、生活照料与管理数据库、社区文娱活动数据库、一对一重点帮扶对象数据库；其次建立评价与考核系统，包括养老服务监督与评价系统、平台管理系统、社区医生信息资料库、志愿者信息资料库、养老资源管理资料库；最后完成对社区智慧养老系统的建设。

（七）社区内医疗卫生信息管理系统建设

基于医疗资源不均衡、医患关系紧张等问题，在"科技+"、物联网、云计算的基础上，建造一个智能远程医疗数据库，利用便携式监测设备和多重传感器实现交互，并由无线网通过传输功能将数据发至数据库，从大数据中利用人工智能对生命体征数据进行分析，给出治疗建议供医护工作者参考。

(八) 社区内教育信息系统建设

教育信息系统建设可分为几个大方向,包括提供教育信息,信息资源整合及身份认证,教育信息软件资源和硬件资源,学校、学生、家长三者之间的互动,等等。把教育体系中的人和物通过"科技+"进行互联互通。

第三节 智慧社区的建设与运营

一、智慧社区的运营模式

随着互联网和物联网技术在我国的成熟和普及,人们对社区生活的期望越来越高,这无形中推动了智慧社区建设的快速发展。这种新的商业模式正在改变传统社区管理和物业管理服务的发展,给社区业主带来更加便捷和智能化的生活。在以往的智慧城市和智慧社区建设中,政府占据主导地位,企业作为建设主力,而社区居民和公众参与度较低、使用意愿不高,导致群众获得感不强、持续运营能力薄弱。未来智慧社区需要加强基于物联网、大数据、人工智能等新技术手段的建设运营模式创新,探索建立基于多元参与、数据融合的"共建、共治、共享"社区治理和服务新模式。

(一) 物业管理切入模式

物业管理是维系社区生态良好运行的关键。智慧化的物业管理使得社区作为家居生活的外延,提供更加周到、完善和智能的服务。物业作为社区中最接近消费者的主要运营商,物业服务企业自然会参与到智慧社区的竞争中,并将从传统的物业服务行业转变为以社区消费为主导的新型服务行业。建立在"互联网"基础上的全方位智能物业管理服务平台,以业主为中心,充分满足社区居民的生活服务需求。除了满足传统的收费功能外,还建立了安全系统、客户服务中心、信息发布模块等与周边业务进行配合的平台,实现自助支付和查询、网上物业维修报告、投诉建议等信息的实时反馈和交流。它还提供邻里互助、二手交易、居住分享、房屋租赁等服务，以丰富业主的业余生活。它真正实现了从"大众跑腿"到"信息跑腿"的发展。由于传统物业的管理模式落后，公司在管理上缺乏统一性，导致业主和物业事务纠纷不断，业主对物业提供的服务不满，进而拒绝缴纳各种费用，而物业因收费困难使得物业服务质量下降，长此以往形成恶性循环。改善传统管理模式，进行智能信息化建设，是提高物业管理水平的有效途径。以大房产物业为主的彩生活、万科等，通过物业管理切入模式，针对自身的楼盘进行社区智慧化改造。从大房地产商转型的它们具有专业的物业管理能力，但仍缺乏智能硬件、平台研发和平台运营的能力。这种智慧社区在每个城市整体上有规模，但在具体到每个城市其实并没有规模优势。在快速获取、活跃、粘住小区业主用户的能力方面，通过补贴、免物业费等活动获取用户的能力强。

（二）以政府为门户的管理模式

随着现代城市的发展，不完善的监管体系与居民快速增长的各种生活服务需求、政府服务型职能的转变及与群众沟通渠道的缺乏不相适应。以政府的管理切断入口，即开放过去各部门的线路管理，并作横向连接，方便社区业主。建设智慧社区综合信息服务平台，建设社区应用专题数据库，实现以地理空间信息为载体的深度信息资源整合，增强社区自治和服务能力。例如，公开政府信息、工作动态；发布社区活动和便捷信息；打开维权之窗，建立全面、系统、便捷的信息服务体系。让社区居民提前在网上了解服务指南，提前预约服务时间和需要办理的事项等。

（三）垂直业务切入模式

以小区无忧和社区001等为主要代表的业务模式是以垂直业务切入的模式，它在某项专业的业务上具有专业的运营能力，但缺乏智能硬件和物业管理能力，吸引用户的成本比较高，黏度主要靠活动和补贴来维持，缺乏运营和真正的内容。目前社区无忧、社区001、叮咚小区等基本"苟延残喘"，事实证明了这种"在天上飞"的模式，无法真正满足智慧社区的服务需求。

（四）企业转型切入模式

以安居宝、捷顺为主的由传统大硬件厂商转型而来的企业，具备研发智能硬件的能力，但未能同时打通几个硬件并将其智能化、智慧化，当然这类公司缺乏物业能力，在对小区资源的争夺上停留在产品竞争的层面，还缺乏对后续运营的深度思考。在获取、粘住小区用户的能力方面，也缺乏系统的运营和内容，App 的打开率低，活跃用户少。

（五）综合第三方运营商模式

综合第三方运营商模式将社区物联网平台、智慧物业管理、电子政务平台、生活服务平台等四种平台叠加整合在一起，为业主、物业和地产的整合提供了平台，为构建全生态智慧社区提供了整体性的解决方案。这一模式将整个的社区安防硬件和智能家居打通，用统一的物业管理平台进行串联，且安防硬件全面覆盖小区，获取用户能力极强，且用户黏性极高。它同时对获得的用户精准投放社区广告、社区电商，提供各类生活服务等。这种模式催生了许多为社区生活提供各种服务的社区O2O 平台，提供基于当地生活环境的公共生活消费服务。

二、社区治理现代化引领智慧社区发展

（一）智慧社区建设的宏观意义

国家对智慧社区政策支持力度较高，近些年出台了《智慧社区建设指南（试行）》《关于推进社区公共服务综合信息平台建设的指导意见》等政策文件，推动智慧社区建设不断深入。推进社区治理现代化和智慧社区建设，是我国信息化和新型城镇化发展的内在要求，可以提升基层社会治理和城市管理服务水平，事关全面深化改革总目标、推进国家治理体系和治理能力现代化的顺利实现。智慧社区的建设发展能够平衡社会、商业和环境需求，同时优化可用资源，通过应用信息技术规划、设计、建造和运营社区基础设施，提高居民生活质量和社会经济福利，从而促进社区和谐，推动社会进步。当前，需要通过坚持问题导向，综合运用经济、行政、法律、科技、文化等手段，构建权责明确、

服务为先、管理优化、执法规范、安全有序的社区治理体制，打造共建共治共享的社区治理格局，从而解决人民日益增长的美好生活需要和不平衡不充分的发展之间的矛盾。做好顶层的统一规划，构建系统架构，建立合适的服务模式和实施机制，逐步构建出完善的智慧社区系统，为居民提供一个和谐、便捷、高效、智能的生活环境。

（二）智慧社区建设的价值定位

1. 满足人民对美好生活向往的科技手段

近年来，习近平总书记在多个重要场合提及人民群众对美好生活的愿景不断提升及要顺应人民群众对美好生活向往的新时代要求，并在党的十九大报告中进一步要求全党"永远把人民对美好生活的向往作为奋斗目标"。新时代背景下，人民对美好生活的追求不仅仅体现在物质层面，还体现在对生活品质的追求、对生活"小确幸"的感受，比如友爱的邻里关系、互助的社区氛围等。智慧社区建设坚持以社区居民的需求为导向，通过科技手段的支撑覆盖社区居民"吃、住、行、游、购、娱、健"七个基本领域，推动物业、医疗、养老、安防、环卫、家居等方面问题的解决，改变居民的居住空间和生活方式，保障社区公共安全，提高社区居民生活水平，不仅仅是满足居民的基本需求，更重要的是提升居民满意度和幸福感。科技手段通过智慧社区引入微观角落，为居民实现"零等待、零障碍、零距离"的社区生活圈，创造平安、便利、和谐社区生活环境，让居民生活更舒适、更安全、更幸福，顺应了人们对美好生活的需要。

2. 提升公共服务和社会治理水平的有效路径

2017年6月，中共中央、国务院明确强调，要加大"互联网+社区"行动计划的推进力度，促进互联网与社区治理和服务体系的融合发展，充分利用社区BBS、微博、贴吧、短视频等新兴媒体平台，引领社区居民参与公共事务、组织协商活动，关爱邻里、友爱互助，不断创新网络化社区治理服务新模式。可以这样说，智慧城市的建造是通过互联网与城市中各行各业的结合来缓解"大城市病"，而智慧社区建设则是依托新一代信息技术对"互联网+社区"治理模式进行精进与完善，有效科学地应对我国社区治理方面的"社区病",提升社区的公共服务质量和社会治理水平。社区是社会治理的最前线,在社会风险来临时,社区应对风险的应急能力不仅直接关系到社会治理的效能,更是与每个人、每个家庭紧密联系。此次新冠肺炎疫情给城市社会治理体系的应急反应和应急能力带来了一场严峻考验,而智慧社区作为城市社会治理的"最后一公里",为高效赋能疫情防控提供了强有力的支撑。智慧社区进一步完善了与物业、业委会及党员志愿者的联防联控机制,建立了信息快速反馈机制,将"道路交通卡口个人信息自助登记系统""居民小区进出人员自助登记系统""流动人口信息登记系统"中采集的数据及上级部门推送的数据进行梳理、核查、研判,并及时推送疫情防控指挥部,切实做到数据筛查结果有效共享。通过科技手段精准管控来自重点地区、关注地区的各类人员,确保追踪到位,做到无缝衔接,并逐步将数据信息纳入城市日常动态管理信息库,使社区治理效能大大提升。

3. 加快和谐社会建设、提升政府执政形象

依托智慧社区的建设,电子政务向社区不断延伸,一方面,智慧社区借助数字化、信息化的手段迅速传递中央精神、政府政策;另一方面,结合各类行政审批制度改革,打破时空限制和部门壁垒,积极推进"不见面"审批服务,进一步推进简政放权、放管结合,促进基层政府力量与治理重心下沉。提高政府的办事效率和服务能力,充分体现以人为本,对建立公共服务型政府、激活社会资源,打造信息畅通、管理有序、服务完善、人际关系和谐的现代化社区,实现社区善治具有重要意义。

(三)社区治理现代化何以引领智慧社区发展

为落实十九届三中全会强调的推进国家治理体系和治理能力现代化的总体目标,将总体目标细化为推进地方治理与社区治理体系和治理能力现代化,国家治理体系和治理能力现代化最终要在地方治理的区域背景中呈现出来,实现地方治理现代化是顺利推进国家治理现代化的有力保障。作为现代社会最小的治理单元,社区治理现代化是国家治理体系和治理能力现代化的重要缩影,新时代智慧社区以和睦共治、绿色集

约、智慧共享为主要内容,以生态低碳化、服务人文化、产业智能化、管理高效化为目标,充分利用智能化手段统筹社区各类服务资源,构建邻里和谐、绿色环保、出行便利、服务高效等应用场景,打造具有归属感、舒适感和未来感的新型现代化城乡社区[1],作为社会治理的"最后一公里",是国家治理现代化的重要抓手,利用信息化手段建设智慧社区对于社区治理至关重要。具体而言,聚焦"组织、安防、服务"三个领域,挖掘构建社区党建、社区自治、社区发展、社会治理、社区文化、社区健康、志愿服务、社区营造、政务服务、社会服务等九大示范应用场景,推进社区与街区治理一体化,社区自治与社会治理一体化,城市治理与基层治理一体化建设。

1. 聚焦组织发动,打造"熟人社区"共同体

实现"党建引领、服务治理、促进发展";构建以网格全科化、群团枢纽化、社会组织专业化等为一体的社区微治理矩阵体系,实现社区发展治理和社会治理"双线融合";打造网上议事厅,构建线上线下融合协商共治矩阵体系的议事空间,实现居民事、居民找、居民听、居民议、居民办、居民晓和社区事务线上议、线下商共决策。

2. 聚焦共治共管,打造"平安社区"共同体

激活系统(智能)终端,智能设施一线链接。构建街道、社区、院落、家庭四级安全体系,实现公共设施在线监管、安全隐患在线预警、特殊信息在线分析;通过整合社区物联网、视联网、党政外网等资源,实现人防、物防、技防一网融通;整合街道智慧治理分中心、社区综治中心、社区警务室等专业力量,实现自治和综治融合、管理和服务融合。

3. 聚焦多元互动,打造"宜居社区"共同体

延伸各类政务服务,打造社区家门口服务站,"多让数据网上跑,少让群众路上跑";开源开放的数据端口,实现放大志愿服务、链接商业服务;整合民政、人社、卫健、群团等各单位服务资源,丰富社区服

---

[1] 岳德亮. 浙江全面启动未来社区建设试点[EB/OL]. (2019-03-31)[2020-10-15]. http://www.xinhuanet.com/politics/2019-03/31/c_1124307338.htm.

务内容，加强社区养老、医养结合、社区文化、社区教育、社区就业、志愿服务等全息生命周期服务，实现烦心事、困难事"一呼百应"，形成业务部门、社区、社会组织、志愿者、家庭等"五位一体"服务格局。

三、智慧社区建设的未来进路

（一）强化顶层设计，健全共建共治共享社会治理机制

十九届四中全会进一步提出："打造共建共治共享的社会治理格局。加强社会治理制度建设，完善党委领导、政府负责、民主协商、社会协同、公众参与、法治保障、科技支撑的社会治理体制。"社区治理是社会治理的神经末梢，打造社区以党建为核心的共建共治共享机制，意味着要进一步促进社区治理诸多主体形成合力，充分利用物业管理公司的专业化服务资源，探索市场价值调节机制；要发挥社区居民参与自治的作用；增强社区、社会组织、社会工作专业人员的互动，尤其重视各类民间组织、社会组织在基层治理中公益志愿工作的承接，在社区内根据当地资源条件，建立各类社会组织的孵化平台和枢纽，壮大社会组织力量，使之成为联系社区与党政组织的桥梁和吸纳专业社工的载体；推动全能社区社工队伍建设，提升社区服务质量。

（二）构建社区治理网格化体系，实现多渠道基层数据共享

结合社区治理网格化体系，构建延伸到社区的治理网格化的"同心圆"联动体系，通过新型组织化生活，有效整合区域中党员力量，推动基层支部党建工作高效开展，逐步实现由条线管理向协同治理的转变，坚持开放灵活架构，实现快速接入外部资源与系统，实现业务上下联动，数据横向融通。进一步整合汇聚各居民区一户一表基础数据、街道条线部门业务数据、社区事务受理服务中心居民办事数据等多维度数据资源，深入准确地挖掘数据价值，基于社区基层大数据高效生成业务信息线索，满足多元新场景需求，对社区进行预判性、前瞻性、精准性的治理，推动线上服务与线下社区空间有机结合。鼓励社区居民利用民情管理平台实时反馈想法与意见，及时对个人数据进行更新，社区居民成

为数据的更新者与使用者。

（三）有序推进社区设施"微更新"，助力社区治理能力现代化

与老旧小区改造、城市微更新相结合，寻找可供激活的空间，集约化、节约化地利用现有资源，有序推进社区设施"微更新"。推进5G、物联传感终端、人脸识别、智能康养驿站等社区基础设施建设，兼容多种设施互联互通，建设居民区综合文化活动室，结合全区内的各类文化空间，利用基层服务点构筑起广覆盖、多维度、立体式的公共文化服务网络，在社区层面应该进行整合统一，达到"多网合一"的动态化管理，不断提高网格责任人的素质和能力，定期开展政策法规、业务知识、职业道德的培训，未来网格化的社区治理手段使基于信息技术的演进和机制的完善得到进一步的提升。

（四）融合新技术、新模式，加速智慧社区公共管理升级

利用大数据、区块链、数字孪生等技术和模式赋能智慧城市、智慧社区建设，未来数字孪生的治理方式将引领城市发展，政府在资金、人才等方面大力支持社区智慧化升级，社区是落实数字孪生理念的最佳试金石。加快推进数字孪生社区建设，最大化发挥辖区各主体数据价值，将社区的物理空间及辖区业态等转为数字化，实现精准映射，以数字孪生为手段实现社区治理弯道超车。创新社区建设运营模式，积极引入社会资源，结合数据运营、保险配套、智能服务等多种方式创新营利模式，建设居民可负担的、多方有收益的未来智慧社区。

（五）加强政社关系互动，激活多元主体角色参与

首先，政府和社会组织要在承认双方法律地位平等的基础上，通过签订合作契约的形式来实现两者间的相互制衡。与此同时，为避免政社关系的不断紧张而引发的"权力寻租"现象的出现，应将第三方监管机制嵌入其中以确定政府与社会组织的权利边界，并通过建立合理的考核标准进行定期评估。其次，政府要警惕社区建设的过度市场化和资本化，通过统筹兼顾、协调沟通等方式增强政府监管、企业自律、社会协同、公众参与的社会信任体系建设，促进各相关利益主体达成共识，助力多元主体的新型合作互动网状模式的构建。最后，充分发挥三社联动

机制性作用,实现社区、社区社会组织和社工专业人才三者间的高效联动和互促发展。一方面,应降低或消弭社区社会组织等级注册的"软门槛",通过政府购买公共服务等方式加强社区社会组织孵化培育,建立完善社会组织管理机制,赋予社区社会组织更多的权利和责任,推动智慧社区落地。另一方面,要利用先进的信息技术促进居委会自治职能回归,脱离纷繁复杂的行政事务,真正回归"居民自治"的本色,变"替居民办事"为"让居民办事"。[1]

思 考

一、简答题

1. 互联网的发展历经了哪几个阶段?
2. 简述"互联网+"时代的含义。
3. 简述智慧社区建设的意义。
4. 就社区治理现代化如何引领智慧社区发展,谈谈你的理解。

二、案例分析题

案例1 浙江社会治理智能化水平不断提升大数据,驱动走上"智治"之路[2]

城市管理怎么像绣花一样精细?这个答案在浙江已经越来越清晰。信息化浪潮带来前所未有的社会变革,大数据、云计算、人工智能等先进科技融入百姓生活的方方面面,也成为推进社会治理现代化的重要引擎。

一网联通千万家、千家万事网上解。从在线矛盾纠纷多元化解平台的全省上线,到"雪亮工程"建设的深度应用,再到"一体化办案"

---

[1] 曹海军,侯甜甜. 新时代背景下智慧社区建设:价值、逻辑与路径[J]. 广西社会科学,2021(2):1-7.
[2] 案例来源:钱祎,李攀. 大数据驱动走上"智治"之路[EB/OL].(2019-10-20)[2021-9-25].https://zjnews.zjol.com.cn/zjnews/zjxw/201910/t20191020_1218440.shtml.

系统的推广，在日新月异的互联网发展进程中，浙江正用"互联网+"丰富着新时代"枫桥经验"的内涵，为平安建设提供无限空间和广阔前景。这条"智治"之路已经开启。

走进杭州试点的首个"智安小区"萧山闻堰街道相墅花园，"科技感"如影随形：入口，人脸识别和车牌抓拍系统"雁过留痕"；上空，200多个高清摄像头织起"天网"；内部，消防水压监控、充电桩电力监测、火灾烟雾探测器等物联互通……这里的全部数据信息，都上传到萧山公安的"智安小区"平台进行实时监测。2019年小区里没发生一起刑事案件和火灾事故。相墅花园居民说，人员混杂、盗窃多发、电线乱搭等乱象都不见了。

小区是社会最小的单元，也是构建大平安的基石。从治安到"智安"，不只是称呼的改变，更是浙江依托互联网构建起的社会治理新模式。15年前，浙江省委、省人民政府做出建设平安浙江的决定，不仅要治安好、犯罪少，还要涵盖经济、政治、文化和社会各方面宽领域、大范围、多层面。万物互联的时代，智慧科技如何提供更专业的现实指导，使社会治理更有针对性？紧跟"云上浙江"、数据强省的步伐，浙江在很多专业领域积极探索创新，打出了社会治理的浙江品牌。

杭州钱潮路22号，2017年8月落户了全国首家互联网法院。与之隔江相望的，是G20杭州峰会会址。这片聚焦了世界无数目光的土地，依靠互联网和大数据，孕育互联网司法改革。在传统审判模式下，送达难是法院工作的一大难题。杭州互联网法院上线了全国首个大数据深度运用电子送达平台，能快速获取和定位当事人的活跃联系方式，就像有了"千里眼""顺风耳"。

不久前，作家陈某发现他的原创作品被一个公众号非法转载，便向杭州互联网法院提起诉讼。根据陈某提供的被告手机号码，法院电子送达平台首次送达失败，随后平台立即对被告进行深度检索，发现对方名下注册过3个手机号，其中一个绑定了家庭宽带，由此成功送达了电子法律文书，最终被告对侵权行为做出赔偿。"智慧和专业程度令人折服。"陈某赞叹。

为促进一体化协同办案，浙江深入实施政法数字化协同工程，流转于公检法司各部门的案件信息实现"网上来、网上办、网上走"，为业务深度分析应用提供依据。为进一步释放便民红利，浙江把"最多跑一次"改革延伸到社会治理领域，全面建设县级社会治理综合服务中心，整合发挥诉讼服务、信访接待、社会帮扶、心理服务等专业职能，努力让群众信访和纠纷化解"最多跑一地"。

在浙江，热门景区"忙而不乱"的背后，是强大的数据研判系统的运行；案件审理专业化的支撑，是深度的大数据运用平台；网络服务优化提升的来源，是先进的移动互联网技术……我们欣喜地看到，这里的社会治理"很潮很智能"。

问题 1 简述浙江社会治理智能化对人民生活产生的影响。

问题 2 简述"互联网+"对于社区治理从治安到"智安"的积极作用。

案例 2 数智移动|探索基层治理密码，社区装上了"智慧大脑"[1]

社区工作复杂而重要，当它有了"智慧大脑"，却又呈现出了另外一幅景象。10月14日，湖南移动举行"数智移动 实事为民"主题宣传活动，记者来到长沙市跃进湖社区，探索这里的"智慧密码"。"现在我们各小区出入口都安装了人脸识别及自动测温系统，并配置口罩佩戴识别提醒。"长沙市芙蓉区湘湖街道跃进湖社区党总支书记、居委会主任仲文亮介绍，疫情防控，一度是各个社区的重点工作，这些设备"上岗"后，很好地节省了人力，很多烦琐的工作变得简单了。在辖区内的道路旁，一体化5G灯杆也发挥了作用。一体化5G灯杆集成环境数据采集模块、光照模块、多媒体发布模块，多媒体模块分为LED显示屏幕和

---

[1] 案例来源：王敦果. 数智移动|探索基层治理密码 社区装上了"智慧大脑"[EB/OL]. (2021-10-14)[2021-10-25].https://www.hunantoday.cn/article/202110/202110142128.html.

音柱播音设备。在平时,它可以实时或定期播发各类民生服务应急管理等政策通知。疫情防控时候,便能及时发布疫情动态,确保将重要通知及时传达给社区居民。在征得住户同意的情况下,跃进湖社区还为居民安装入户门"技防"装置——智能门磁。通过门磁系统,社区工作人员可对居家隔离人员进行24小时远程"云监督",住户一旦开门,工作人员会在手机上接收到短信和电话提示,对隔离人员进行"云监督"。这既提高了管控效率和精准度,也减少了社区人员交叉感染的风险。其实,不仅仅是疫情防控,日常生活中也可以用"智慧"解决很多身边事。在"跃进未来"小程序中,居民可以通过小程序管理自己和家人的数字凭据,用于小区门禁通行,随时随地地了解和分享社区、小区及家庭的动态,通过共建场地预约、活动报名、调查参与、业主投票等方式参与社区共治。

社区也可通过有关模块,准确与全面地掌握社区的情况,记录各个工作环节的信息。小程序配合消息推送、微信群朋友圈等社交传播途径,使各类信息和服务实现社区服务在时间上向上班族延伸、服务方式向数字化延伸、服务模式向主动上门延伸的"三延伸"。此外,智慧社区信息化平台将各个子系统打通,系统间通过接口交互数据,实现大屏应用系统与各个子系统间的互动,平台集成人脸门禁系统、安全充电系统、应急广播系统和一体化路灯信息发布和环境参数采集等系统,可以全面掌握社区智慧要素和运行数据。该平台运用人脸门禁、AI摄像头采集的大数据,对社区内空巢老人、失独家庭、防拐幼儿等重点关注人员信息即时更新,结合公共区域采集到的出现频次及轨迹等信息判断异常情况,助力工作人员及时识别、快速响应,提升社区特殊人群的关注、管控和服务效率。

"跃进湖社区是长沙首个基于湖南移动智慧5G产品应用、互联网+智慧党建的智慧社区项目。"湖南移动长沙分公司项目经理皖浩介绍,湖南移动依托物联网、5G技术、人工智能图像识别等新兴技术,打造了智慧社区信息化平台,后期将逐步在全市重点社区进行复制推广和建设。

问题1　长沙市跃进湖社区的"智慧密码"是什么？

问题2　长沙市跃进湖社区已经取得了哪些成果？请结合案例，分两个方面进行简要论述。

第六章 城市新型社区的协同治理：居委会、业委会与物业服务

居委会、业委会及物业服务机构是城市新型社区当中的三大治理主体，要想实现三大主体的协同治理，实现社区的良序和善治，前提是厘清三大主体的发展历程、基本概念、性质、功能、运作模式等，并明确主体之间的关系。在本章中，我们通过对三大主体的深度剖析，精准把握居委会、业委会、物业服务机构在城市新型社区中的角色定位，以及探索对三大主体"排兵布阵"、序列重组的方式以期构建社区协同治理格局。

第一节 城市新型社区治理的主体

一、居委会

（一）发展历程

1949年，中华人民共和国的成立标志着一切旧的组织形式走向了终结，居民委员会作为新的基层群众性自治组织自此登上了历史舞台。在2008年6月28日，民政部宣布，成立于1949年10月23日的浙江省杭州市上城区上羊市街居委会为中华人民共和国第一个居民委员会。1949年以前，国家通过推行保甲制实现对基层的控制，保甲一词出自北宋的王安石变法，通过在基层社会编制以"保甲为经、宗族为纬"的上达州府、下至乡邻的紧密统治网，将中央的权力渗透在基层，达到控制社会的目的。保甲制经历了萌芽、发展、废除和恢复四个阶段，直至中华人

民共和国成立,彻底消亡。中华人民共和国成立之初,国家政权还不够稳定,各种敌对势力不断挑衅,伺机破坏新政权以取而代之,保甲制的废弃断开了国家与社会之间联系的纽带,值此之际,居委会应运而生,作为组织载体团结全国上下,整合民众力量,镇压敌对势力,稳固新政权。居委会诞生之初,是为了配合国家各项运动的展开,将城市中的主体人员从街道里弄整合到新的组织形式当中,最大化地发挥群众力量,使其共同参与国家建设,同时为群众自身带来社会福利。居民的利益需求能够被满足是居委会顺利运转的内在动力,而这种动力又驱动着政治动员与政治任务的落实,国家政治动员与居民利益需求的有机结合使得居委会快速发展起来[1]。

1954年,中央人民政府颁布了《城市居民委员会组织条例》,对居委会的性质、任务、组织架构做出了明确规定,居委会迎来了发展的黄金时期。中国共产党通过对居委会的全面整顿与改造,实现了居委会在人员构成、经费保障、工作内容、绩效考核等方面的规范,使其成了国家在城市基层社会的代理人。但随着社会主义改造的完成,我国由于缺乏建设社会的经验,加之赶超英美的求急心态,"大跃进""文化大革命"等时代因素阻滞了居委会的常规运行,扭曲了居委会的角色定位。革命逻辑占据了居委会的日常事务工作,挤压了居委会办理居民自治事务的空间,"居民委员会"成为"革命居民委员会"。

1978年,改革开放的到来让居委会迎来了生存的曙光,国家的经济、政治建设重新步入正轨,居委会组织逐渐恢复。中央取消城市中的人民公社、街道革命委员会与革命居民委员会,恢复了居民委员会的组织架构,居委会作为基层的群众性自治组织,继续履行1954年颁布的《城市居民委员会组织条例》中的五项职责,即办理有关居民的公共福利事项、向当地人民委员会或者它的派出机关反映居民的意见和要求、动员居民响应政府号召并遵守法律、领导群众性的治安保卫工作、调解居民间的纠纷。相关法律条例的完善促使居委会的发展趋向成熟,1980

---

[1] 侯利文. 国家政权建设与居委会行政化的历史变迁:基于"国家与社会"视角的考察[J]. 浙江工商大学学报, 2019(1):120-133.

年国家重新颁布了有关居委会的四个法律文件，分别为《治安保卫委员会暂行组织条例》《城市居民委员会组织条例》《城市街道办事处组织条例》《人民调解委员会暂行组织通则》。从1979年到1990年，居委会的组织建设、功能定位、法律规定日臻完善，居委会不断朝法制化、规范化、制度化方向发展，在基层社会治理空间中承担起越来越重要的作用。基层社会治理格局呈现单位制与街居制并存的样貌。随着经济体制改革的不断深入，市场经济体制逐步建立，单位之外的非单位人不断涌入城市当中，社会流动性增强，单位制解体，"单位人"向"社会人"过渡。1990年之后兴起的城市社区建设，标志着社会管理重心的不断下移。

从街居制到单位制，再从单位制到社区制，国家对于社会的管理从高度一体化操控转变为国家与社会的合作，居委会也经历了从萌芽、发展、创伤到恢复四个阶段，在新时期，随着国家治理体系和治理能力现代化的建设逐步推进，居委会在城市基层社会治理中被赋予了越来越多的职责，居委会作为城市基层组织单位，在国家与社会关系的调和、基层治理结构的调整中发挥越来越重要的作用。例如，以自治为定位，依照人民主权的价值观念，从群众中来，到群众中去；以提供公共服务、维护社会稳定、调解居民纠纷、维护居民利益为任务纲领，将居民、居民自治事务与居民共同生活区域相统一，将自治权利与自治权力相结合，居民个人利益与居民公共利益相平衡；以居民对居委会身份的认同感为立身基础，实现"三个自我"的目标。

（二）基本职能

对居委会的职责功能在《中华人民共和国居委会组织法》中有着明确规定，包括以下内容：宣传宪法、法律、法规和国家的政策，维护居民的合法权益，教育居民履行依法应尽的义务，爱护公共财产，开展多种形式的社会主义精神文明建设活动；办理本居住地区居民的公共事务和公益事业；调解民间纠纷；协助维护社会治安；协助人民政府或者它的派出机关做好与居民利益有关的公共卫生、计划生育、优抚救济、青少年教育等项工作；向人民政府或者它的派出机关反映居民的意见、要求和提出建议。宪法将居委会定性为基层群众自治性组织，以自我管理、自我服务、自我教育为目标，居民委员会内设人民调解、治安保卫、公共卫生等委员会，负责办理居住区域的公共事务，发展公共福利，调解民间纠纷，维持社会稳定，维护社会治安，并且向人民政府反映群众心声，平衡居民利益诉求，并在此基础之上，满足居民对美好生活的追求，引领社区自治，发展社区精神文明的建设。但现实层面，居委会在履行职责的过程中，行政化与自治性相悖、社区治理被边缘化、组织架构空心化等困境逐渐显露出来。宪法一方面规定了居委会是自治组织；另一方面又规定城市居委会的设立、撤销、规模调整、工作经费和来源都由政府决定和拨付，导致居委会在实践层面承接了大量来自各级党委、政府等条线职能部门下达的行政任务，有违群众自治性组织的定位。基于居委会的发展现状，本书本着让居委会回归本质的宗旨，对居委会的基本职能重新做出划分，以消除居委会行政化色彩，落实居委会的自治功能。

1. 政府与居民的中介

居委会要摘掉政府"代理人"的帽子，承接起居民"代言人"的职责。通过上情下传、下情上传，平衡和协调政府和社区居民的关系，在上级政府与社区民众之间建立起沟通与交流的桥梁。一方面，传达上级政府的文件精神，能够让政府的相关政策在基层得到落实；另一方面，居委会始终秉持"以人为本"的主旨，向上级反映民情，反馈基层民众的意见、需求，维护居民的公共利益，居委会在政府与居民之间承担"中介"的作用，建立起两者的良性互动。居委会的存在某种程度上充当着"类行政组织"[1]的角色，向上级政府争取社区建设所需要的资源，为社区提供制度、政策、人力物力财力的支持，让社区建设获得充足的原料与良好的外部环境。上级政府的部分权力通过居委会下沉到基层，让社区建设掌握一定的主动权，政府对社区的管理也逐渐从直接变为间接，微观转向宏观，完成基层社会治理结构的调整。

---

[1] 陈伟东，马涛. 居委会角色与功能再造：社区治理能力的生成路径与价值取向研究[J]. 吉首大学学报（社会科学版），2017（3）：78-84.

2. 居民自治的领头羊

要想让居委会发挥出自治的功能，人才的培养是一大重点，居委会应承担起对居民增强赋能的职责，深化居民自治意识，强化居民自治能力，充当好居民自治的"领头羊"。现代社会高速发展，新型城市社区中的人们每天都保持着高节奏的运作，大家虽同住在一片居住区域，但彼此之间却保持着距离。居民由于缺乏社区归属感，对于社区事务的参与大多保持着"事不关己、高高挂起"的冷漠态度，自治意识淡薄。热心参与社区公共事务的大多数是退休职工和老人，他们往往因为自身知识结构老化和更新知识能力的欠缺，而无法实行有效自治。居委会引领社区自治，一是加强居民对社区的认同感，消除居民彼此之间的陌生感，让社区民众自愿加入社区建设队伍当中来，壮大社区自治的队伍，俗话说"人多力量大，人多好办事"，通过整合分散的社区力量，以民众的向心力、凝聚力推动社区自治走向正轨。二是培养居民自治能力，居民只有具备了自治能力，才能真正成为社区自治的主体。居委会掌握社区自治的决定权与行动权，将居民组织起来，解决社区民众共同关心的问题，切实对社区进行有效治理。

3. 居民矛盾的调解员

当前，我国正处在社会转型期，各类矛盾接踵而至，城市居民在公共安全、房屋拆迁、环境污染、物业管理、贫富差距、社会治安等方面的利益诉求越来越多，邻里之间有点矛盾纠纷在所难免，更有甚者发生一些群体性、突发性事件，居民委员会要在社区中承担起调解居民纠纷、维护社会稳定与治安的角色，协商居民的利益诉求，在一线岗位上做好群众思想工作，尽力将矛盾扼杀在萌芽阶段。同时健全矛盾化解机制，让矛盾纠纷的调解机制常态化运转，促进社区秩序稳定。

4. 文明建设的先行者

居委会绝不能仅仅止步在满足民众基本需求这一方面，开展社区精神文明建设的活动、引领社区新风气、满足人民对美好生活的向往是居委会职责中重要的一条。针对社区内老人、儿童、妇女等不同人群，开展多层次、多样态的精神文明建设活动，保障民众的精神福利，在社区内营造良性的文化氛围。

二、业委会

20世纪80年代以来,我国进行了一场深刻的住房分配制度改革,极大地推动了住房私有化的进程,由此衍生出一大新的社会类别,即业主及其自治组织业主委员会。在本章中,我们将走进业委会,了解它的源起,并厘清其基本职能与功能定位。

(一)发展历程

起初,业主委员会被称为"物业管理委员会",是20世纪90年代从香港传来的,并且只零星存在于北京、上海、广州、深圳等一线城市。在20世纪90年代以前,上海住房建设的投资主体依然是政府,住房制度改革后,住房建设的投资主体中开始有了个人的参与,拉开了住房商品化、私有化的序幕。1994年,上海市颁布了《关于出售公有住房的暂行办法》,该方法适用于成套独用的公房,遵循购买自愿、产权归己、维修自理的出售原则,上海市通过对公有住房进行一定的价格设计,将公有住房转变为职工的私人房产,但此类公房与商品房在物业管理收费标准上存在差别,这也为日后的管理埋下了隐患。1995年以后,上海售后房与商品房的数量迅猛增加,物业管理的弊端同时被暴露出来,物业管理体制亟须规范,由此上海市颁布了《上海市居住物业管理条例》,实行业主自治管理、物业服务企业专业化管理、房管办行政管理及街道条块的社区协调管理"四结合"的新型物业管理体制。不同权属的住宅物业建立不同的物业管理模式,对于物业管理模式的选择权应该在房屋所有者的手中,由此业委会应运而生,它的出现代表了房屋所有者意愿的集结,业主开始行使物业管理的自主权[1]。上海业委会的成立与发展是我国业委会历史演变的典型和缩影。我国业委会是源于20世纪80年代的住房分配制度改革,90年代单位制的解体更是促进了改革的进程,城市社会中住房方式由"单位分房"向"自主购房"转变,商品房迅速发展,住房私有化的进程大大加快,业主委员会便是这一时代背景孕育出来的衍生物。2003年《物业管理条例》的颁布,"业主委员会"(简称"业委会")

---

[1] 顾玫. 上海城区业委会发展历程[J]. 社会,2001(8):27–28.

在法律层面得到了授名与组织制度形式的认可。自此，业委会作为物业管理区域内代表全体业主实施自治管理的组织，代表了该物业的全体业主，对该物业有关的一切重大事项拥有决定权。在业委会成立之前，社区公共事务被开发商和物业公司所包揽和控制，业主作为社区主人却成了被物业"专制统治"的对象，业委会的成立为业主自己当家作主提供了机会，推动了基层群众自治的进程。业主委员会的成员一般是经过业主或者业主大会会议选举产生，业主大会是指物业所在地的区、县人民政府房地产行政主管部门的指导下，由同物业管理区域内所有业主组成，对关系到整体业主利益的事情进行决议，经过严格的选举程序，业主委员会最终由5~11人（单数）组成，再经过政府的批准，最终成立。

知识点链接：

业主大会和业主委员会指导规则（选摘）

第九条　符合成立业主大会条件的，区、县房地产行政主管部门或者街道办事处、乡镇人民政府应当在收到业主提出筹备业主大会书面申请后60日内，负责组织、指导成立首次业主大会会议筹备组。

第十条　首次业主大会会议筹备组由业主代表、建设单位代表、街道办事处、乡镇人民政府代表和居民委员会代表组成。筹备组成员应为单数，其中业主代表人数不低于筹备组总人数的一半，筹备组组长由街道办事处、乡镇人民政府代表担任。

第十一条　筹备组中业主代表的产生，由街道办事处、乡镇人民政府或者居民委员会组织业主推荐。

第十四条　业主委员会委员候选人由业主推荐或者自荐。筹备组应当核查参选人的资格，根据物业规模、物权份额、委员的代表性和广泛性等因素，确定业主委员会委员候选人名单。

第十五条　筹备组应当自组成之日起90日内完成筹备工作，组织召开首次业主大会会议。

业主大会自首次业主大会会议表决通过管理规约、业主大会议事规则，并选举产生业主委员会之日起成立。

(二)基本职能

根据《物业管理条例》的规定,业委会的职能包括了以下五项:召集业主大会会议,报告物业管理的实施情况;代表业主与业主大会选聘的物业服务企业签订物业服务合同;及时了解业主、物业使用人的意见和建议,监督和协助物业服务企业履行物业服务合同;监督管理规约的实施;业主大会赋予的其他职责。基于条例等相关规定,业委会的基本职能被概括为如下几点。

1. 监督物业管理、调解业主纠纷

业委会与物业服务主体之间的法律关系与经济关系赋予了业委会监督物业管理的职责。业委会要监督和协助物业管理企业履行物业服务合同,通过召开业主大会会议掌握及报告物业管理的实施情况。同时,业委会要将物业管理情况反映给所有业主,协调处理物业管理活动中的相关问题,从而调解好物业管理过程中引发的纠纷与矛盾。

2. 了解业主诉求、维护业主权益

业委会成立的本意便是能够代表业主履行自治职责,所以在履行职责的过程当中,要始终以业主诉求作为工作方向,建立与业主的沟通渠道,有规律地召开业主大会会议,及时了解与回应业主的需求,将业主关于社区物业的意见反馈给物业服务主体,落实业主权益,保障社区中的道路、停车场、绿化、公共活动区域等业主所共有的财产不被侵害。

3. 配合政府部门工作、落实相关职能

业委会作为社区治理中主要的主体之一,需要承担起来自街道办事处、人民政府、公安机关等的社区建设、社会秩序、公益宣传等方面的工作。需要指出的是,业委会配合政府职能部门的工作,并非为了将行政力量引入社区治理场域,而是通过嵌入公共空间,完善自身的规范化发展,进一步促进业委会在社区中的名实融合。

三、物业服务主体

(一)发展历程

物业是指以土地及土地上的建筑物形式存在的单元性的房地产,可以根据区域空间作相对分割，整个住宅小区中的某住宅单位可作为一物业，办公大楼、商业大厦、酒店、厂房仓库也可以被称为物业。一般而言，物业主要包含以下要素：已建成并具有使用功能；相配套的设备和市政、公用设施；建筑（包含内部的多项设施）和相邻的场地、庭院、停车场、小区内非主干交通道路。物业管理是指业主通过选聘物业服务企业，由业主和物业服务企业按照物业服务合同约定，对房屋及配套的设施设备和相关场地进行维修、养护、管理，维护物业管理区域内的环境卫生和相关秩序活动。

现代物业管理的发展历史起源于19世纪末，西方资本主义科学技术的不断进步引发人们对于高层建筑进行专业化、市场化管理的服务需求。美国、德国、英国等西方资本主义国家逐渐确立起物业管理制度，物业管理走进人们的视野并且日臻完善。

我国物业管理起步于香港地区，深圳在1981年率先从香港地区引入房地产开发及物业管理模式，诞生了全国第一个商品房住宅小区——"深圳东湖丽苑"，以及第一个物业管理企业——深圳市物业管理有限公司。物业管理公司的引入较好地解决了商品房住户面临的诸多管理问题，提高了小区管理的社会化、专业化程度，但这一时期的物业管理还没有从房地产开发中完全独立出来，业主群体普遍缺乏权利意识和对物业服务的消费意识。随后，物业管理市场在深圳、广州、上海确立起来，并逐步走向全国各地。中央出台了相关法律条例规范物业管理的发展。2003年，国务院颁布了《物业管理条例》，确立了物业管理法治建设的基本原则和制度设计。2007年，第十届全国人大第五次会议审议通过《中华人民共和国物权法》，为物业管理制度提供了法律依据。2020年，第十三届全国人大第三次会议通过了《中华人民共和国民法典》，确认和巩固了物业管理的发展成果并对未来物业管理改革提供了制度空间。[1]

我国物业管理经历了起步、发展、市场化、法制化发展四大阶段，

---

[1] 王必丰. 从历史、现实和未来三个维度看《民法典》对物业管理的影响[J]. 城乡建设，2020（13）：28-31.

物业管理模式多样化，各地小区不断尝试自主选择物业管理模式，大致形成了政府托底、业主选聘、业主自管三类模式。

政府托底型物业是指在市场失灵的状况下，由政府出面，向社区提供最基本的物业保障、垃圾清运等服务的物业模式，社区治安、住房及公共基础设施维修等问题，只能由居民向社区居委会反映，由居委会出面争取资源解决。这类主要由政府进行托底保障的物业管理方式，被称为保障型物业或者政府托底型物业。[1]

业主选聘是指物业服务主体由业委会选定。业委会选择物业管理公司对小区内物业进行管理，通过签订物业管理合同与物业管理公司建立契约关系将物业管理业务委托给企业。全体业主共同分担物业管理费用，同时对于满意度不达标的物业公司，业主有权不续用并重新选择别的物业公司。业主选聘模式下，小区银行账户单列，业委会指定代表与物业公司法定代表人共同用印；小区财务独立核算，实行年度审计；物业服务费实行部分包干、部分按实结算的收费模式，逐步实行全面按实结算的酬金制；实行履约保证金制度；实行第三方参与监管制度；通过市场竞争方式产生物业服务企业；业主大会、业主委员会组织机构完善，职责分明。

业主自管模式下，根据《上海市住宅物业管理规定》第五十三条，经物业管理区域内专有部分面积占比三分之二以上的业主且人数占比三分之二以上的业主参与表决，并经参与表决专有部分面积过半数的业主且参与表决人数过半数的业主同意，业主可以自行管理物业。依据上海市业主自行管理物业的规定，业主自管方案包括了四大条件，分别是自行管理的执行机构及负责人；自行管理的内容、标准、费用和期限；聘请专业机构的方案；其他有关自行管理的内容。此外，电梯、消防、技防等涉及人身、财产安全及其他有特定要求的设施设备管理，应当委托专业机构进行维修和养护。业主大会聘请单位或者自然人提供保洁、保安、绿化养护、设施设备保养等服务的，应当与其签订服务合同；聘请

---

[1] 刘成良. 城市社区物业管理类型与基层治理困境：基于社区类型分化的视角[J]. 云南行政学院学报, 2017（2）：29-36.

自然人的，被聘用人员可以根据约定自行购买意外伤害等保险，费用由业主大会承担。业主大会可以委托具有资质的中介机构对管理费用、专项维修资金、公共收益等进行财务管理，根据委托财务管理合同开通专项维修资金账户，并应每季度向业主公布一次账目。

在我国物业管理领域，随着市场机制的完善、业主自治意识的觉醒，物业服务主体趋向多元化发展，物业管理行业逐渐法制化，整体呈现稳定格局。

（二）基本职能

简而言之，物业服务主体在社区管理中承担的便是管理"物"的职能，对小区内的建筑物、公共设施、场地、绿化等进行日常的维护与保养，以确保其能够正常使用，为社区内的居民创造舒适、整洁、安全、方便的生活环境，从而为社区管理的开展奠定物质基础，让居民可以有更多的精力参与社区事务。

第二节　城市新型社区治理主体间的关系

一、居委会与业委会的关系

（一）两者区别

1. 服务对象不同

居委会以社区为单位设立，业委会产生于城市驻区，通俗来讲就是小区。社区是社会共同体，由一个个的自然人组成，小区是物理空间概念。若干个小区构成社区，一个社区的居委会管理范围覆盖若干个小区，作为自然人的居民是社区居委会的服务对象。

小区业委会对业主负责，即以辖区内拥有房屋产权的所有者为服务对象，既可以是自然人，也可以是法人，法人即法律拟制为"人"的组织。因此，业主包括了个人、单位或者组织等。举例来说，某家企业为员工在小区购置房屋作为员工宿舍，那么这里的业主就是企业，即法人。

2. 权力基础不同

居民委员会是居民授权的权威组织机构,代表了广大居民,并对居民负责。作为居民会议的执行机构,居委会进行自治的基础是法定的公民权利,其权力基础来自居民对居委会管理和服务功能的认同感,只有所行所想是从居民的意愿出发,才能得到居民的信赖,当居委会背离了广大群众的公共利益,便得不到居民的支持,失去在社区自治的公信力。在事实层面,居委会书记是由街道党工委或者乡镇党委委派,这种任命方式使得居委会从设立、规模调整到撤销都处于政府的掌控之下,所以居委会背后的权力运作有一部分是来自政府。

业主委员会由业主共同选举产生,作为业主大会的执行机构,业委会在本质上是受业主委托而形成的代理组织,业主与业委会之间这种"委托—代理"的亲密合作关系依靠业委会代表、体现、维护业主权益而维系。业委会得以运行的基础是业主拥有的物业所有权,业委会代表业主对物业工作进行监督与管理,保证业主权益不受侵害。

3. 性质不同

根据《中华人民共和国宪法》和《中华人民共和国居民委员会组织法》的规定,居民委员会是基层群众自治性组织,它不是带有行政性的政府下属机构,也不是营利性组织,而是围绕群众利益开展自治活动的自治性组织。居委会的设立让居民成为参与社区治理的主体,始终以维护和增进居民的社会福利,保障居民住房、就业、教育、医疗、文化娱乐等社会权益作为组织目标,通过自我管理、自我教育、自我服务的形式成长于社区并造福于社区,是居民的自治能力、自治热情得以凸显和发挥的载体。从机关性质上来看,社区是社团法人(社团法人是具有民事权利能力和民事行为能力,依法独立享有民事权利和承担民事义务的社会组织),社区居委会便是社区的法人机关,更精确地说,是法人机关的执行机关。

业主委员会代表了小区中维权与自治的社会力量,是业主为了对物业管理进行监督,保障自身权益不受侵害而自发形成的组织。业委会在法律上有着明确的定位,无论是业主大会,还是业主委员会都已经具备独立的诉讼主体资格,但目前还无法登记为社团法人。当业主自治管理能力能够达到登记部门的条件时，业主委员会即可成为社团法人。

4. 经费来源不同

居民委员会日常运作的经费来源于不设区的市、市辖区的人民政府的拨款，办公场所由政府统筹安排。在组织居住地区公益事业时，所需费用可根据自愿原则在征得居民同意的前提条件下向居民筹集。

业主委员会的经费、办公场所取决于业主大会的决定，完全依靠小区业主的支持。业主委员会的运转费用实际上属于物业管理的必要支出，应将其纳入物业服务费范畴，并在物业服务合同和招标文件中标明物业服务费成本的测算包括了业主大会、业委会的活动经费。

5. 工作的侧重点不同

居委会本着以人为本的服务宗旨，侧重于通过自身的自治功能管理、协调社区内部矛盾，解决社区纠纷；调动居民参与社区公共事务的积极性，赋予居民为创造美好生活环境而努力的自主权，促进社区共同体的发展；并通过提供公共服务、开展公益事业等保障居民社会福利，提升居民对社区的认同感与归属感，满足民众日益增长的精神世界的需求。

业委会的成立是为了改变业主与物业之间地位不对等的关系，业主作为物业的主人，本该对物业管理有着绝对的管理权，但现实中"强"物业却扼住了业主为自身权益发声的喉咙，业委会侧重于维护业主权益，尤其是业主的物权经济利益，最大限度地保障社区中的公共绿化、公用设施、停车场、电梯、公共活动区域等业主所共有的共同财产不被侵害，监督物业对小区公共秩序、公共卫生、公用设备、居住环境等方面的管理。

6. 对组织成员的要求不同

居委会的组成人员大多数是专职人员，通过签订劳动合同，进行社区服务工作，对居民负责，但随着新时代社区协同治理发展的新要求，居委会人员逐渐趋向兼职化，这在一定程度上可以鼓励到更多人参与到社区公共事务的治理当中来，壮大社区管理与服务的队伍。

业委会目前的成员大部分是由兼职人员构成，对业主负责。但随着业主观念的转变，业主委员会的定位意欲朝专业化、社会化、职业化方向发展，要求业委会成员也要具备专业的从业知识与素质，成员趋向专职化。上海市在2018年印发的《上海市住宅小区建设"美丽家园"三年行动计划（2018—2020）》已经明确提出要求，建立业委会成员任前和任期内培训制度。

（二）两者联系

1. 居委会和业委会都属于社区管理的范畴，都是基层的自治组织

在社区组织中，居委会和业委会都是社区治理的主体，他们是社区中的核心组织，是社区自治的推进者。居委会在社区治理体系中依靠群众对它的依赖及自我管理、自我服务的功能，平衡、协调政府、居民与社会组织之间的关系，向上争取政府资源在社区的落地，同时改变了以往政府直接管理社区的方式，通过对社区与居民赋权增能，渗透行政力量，推动社区治理的发展；业委会凭借业主维护公共权益的自发性，凝聚了社会力量，建立起整合公民共同利益、促进公民合作的公共空间，培养社区共同体的公共精神，发挥公共自治功能，在基层治理体系中占据着重要地位。

2. 大多数居民同时也是业主，而业主多数也是居民

虽然居委会与业委会的服务对象不同，居委会对居民负责，业委会对业主负责，但居民与业主这两种人群是存在交叉的，大多数居民同时也是业主，而业主大多数也是居民。另外，虽然居委会和业委会的工作各有侧重，但工作内容也存在重叠的部分，在很多领域有着共同的合作空间，可以开展广泛的合作。

3. 居委会和业委会在民事关系上是一种平等的关系

居委会和业委会都是依法组建的基层群众性自治组织，具有平等的民事主体关系。两者应该相辅相成，相互支持对方的工作。居委会应在业委会开展维护业主权益的工作时予以支持和帮助，同样地，业委会也要积极配合居委会开展自治工作。

4. 居委会对业委会有指导和监督的义务

居委会对业委会有指导和监督的义务，业委会在讨论小区重大事务及组织召开业主大会时应该通知居委会参加，认真听取居委会的意见，结合居委会的指导做出决定。

5. 居委会在业委会工作中的职责

居民委员会承担着业主大会筹备和业委会换届选举的工作，参与协调和调解业主、业委会和物业服务企业之间的物业管理纠纷，具体如下：① 居民委员会或村民委员会参加业主大会筹备组和换届改选小组；② 居民委员会应该应邀参加业主委员会、业主大会会议，并提出意见、建议；③ 参加住宅小区综合管理联席会议，指导监督业主大会、业委会日常运作；④ 督促业主委员会、物业管理企业做好安全防范、清洁卫生、秩序管理工作，并提出指导、监督意见；⑤ 依法调解业主、业委会和物业服务企业之间的物业管理纠纷；⑥ 敦促业主委员会、物业管理企业做好外来人员、房屋租赁管理的协助工作；⑦ 参与协调业主大会与物业服务企业关于物业服务收费的相关事宜。

二、业委会与物业公司的关系

（一）法律关系

业主委员会与物业管理公司通过签订《物业服务合同》构成平等的民事法律关系。业主委员会聘请物业管理公司，建立"委托与被委托"的契约关系，将物业管理事务交由企业进行管理。物业管理公司应该站在业主的角度，对社区内公共设施、公共秩序、业主公共财产等进行维护与管理，保障业主居住环境的安全、舒适、整洁。同时，根据《中华人民共和国民法典》相关规定，业主委员会对物业管理公司具备解聘、续聘的决定权。如果物业管理公司存在违法行为，业主委员会有权利依照法定程序作出解聘物业管理公司的决定；在合同期满之后，业主委员会根据物业管理公司基于合同的义务履行情况，决定是否与物业管理公司续签物业服务合同。

（二）经济关系

物业管理公司基于营利性的组织定位对小区进行物业管理，由此产生的费用由业主承担，物业管理公司与业委会之间遵循市场交换原则，业委会有偿聘请物业管理公司，物业管理公司代理业委会对社区进行物业管理从而获得相应的报酬，双方的经济关系通过物业管理委托合同确认和保证,业主委员会负有向物业管理公司支付物业费的合同义务,根据物业管理合同规定的各项费用按时缴费,物业管理公司履行合同要求,进行商业化、专业化的社区服务活动。

三、居委会与物业服务主体的关系

居民委员会实际上与物业服务主体之间并不存在直接的关系,物业服务主体是受聘于业委会的,去或者留由业委会决定,对业委会、业主负责。但事实上,两者的工作内容会存在重叠的部分,居委会负责协调社区中居民与居民之间的关系,提供公共服务,保障居民利益,承担管理"人权"的职能;物业服务主体负责维护小区中的公共设备、公共场地、公共秩序等,承担管理"物权"的职责,人与物密不可分,因此居委会与物业服务主体在社区服务中的工作虽然双轨进行,但不可避免地有交叉部分。另外,在物业服务主体依照物业服务合同向业主提供服务的过程中,居委会对物业服务主体具有协调权,可为物业服务主体提供行政资源以支持物业服务主体工作的顺利开展,物业服务主体应该接受来自居委会的指导与监督,以让社区管理体系中各主体的力量得到最大化发挥,促进社区服务工作的和谐进行,让社区管理落到实处。

第三节　城市新型社区治理三方主体间的协同与互动

社区主要的管理主体有:政府、居委会、业委会、物业管理公司、社会中介组织、驻区企事业单位和居民。政府是社区建设和管理的推动者和主导者;居委会具有法律授予的自治权,是社区建设和管理的主要执行者和协调者;业主委员更多的是承担与物业有关的经济上的职能;物业管理公司则是根据《中华人民共和国民法典》和委托合同提供物业服务的企业,或者其他管理人员根据业主的委托管理建筑区划内的建筑物及其附属的设施,并接受业主的监督。[1] 有效的社区治理需要发挥

---

[1] 罗红霞,崔运武.悖论、因果与对策:关于社区居委会职责的调查思考[J].理论月刊,2015(7):146-151.

政府、社会组织、市场等多元主体各自的优势和作用，围绕治理目标和价值共识，塑造有效的沟通和信任机制，构建平等合作的联动伙伴关系，形成多元主体间资源共享、优势互补、无缝联动的社区治理新格局。

一、统一治理目标和价值理念

党的十九届四中全会以来，打造共建共治共享的新格局成为社区治理体制机制创新的方向。居委会、业委会、物业管理公司作为社区治理的三大主体，对于构建社区治理新格局有着重要影响。但在现实生活中，三大主体在社区中还未能统一战线，社区治理主体各自为政，工作人员的组织目标淡化，工作态度散漫、懈怠，业主、居民以个人利益为上，忽视群体利益。社区的善治与社区中各大主体息息相关，居委会、业委会、物业管理公司代表了国家、社会、市场三方力量，所以必须确立三大主体在社区中协同治理的目标共识，以共建共治共享的价值理念为磁铁，以基层党组织的凝聚力吸引社区中多方治理力量聚集，让居委会、业委会及物业管理公司在面对社区需求与服务时能够站在同一平台上，社区利益优先、居民利益在前，带动居民以社区主人公姿态主动参与社区治理，使得国家与社会良性互动，形成社区共同体。

二、厘清三大主体职能边界、发挥和巩固各类主体独特优势

一直以来，"强"国家和"弱"社会的治理局面让政府在社区治理中占据主导地位，而居民对于参与社区公共事务的主动性还未被激发出来，因此社区治理面临着居委会错位、业委会缺位、物业管理公司越位，三者职能混淆不清的困境。厘清三大治理主体的职能边界，不但能够避免责任主体互相推诿，而且有助于发挥各类主体的独特优势。居委会从理论上被确立为基层群众自治性组织，但由于它从属于街道，在日常工作中承接了大量行政性事务，政府透过居委会，将行政力量渗透到基层，居委会作为基层行政力量末梢的角色几乎取代其自治性组织的定位。居委会要回归其角色定位，做政府与居民的中介，而不是政府的代言人，要将行政事务交由社区工作站承接，以带领居民进行社区自治

作为工作重心。居委会应该利用好政府与居民中间人这一身份,向政府表达居民诉求,让政府能够及时了解民情,同时将从政府处汲取的资源,贴合社区居民需求地、有针对性地分配到社区建设事业上,让政府能够积极回应居民,增强双方的良性互动,在居民心中增强政府的公信力以建立居民对政府和居委会的信任。居民对居委会的认同感是居委会工作顺利开展的关键,同时,居委会要与居民保持沟通,挖掘社区骨干,深入社区,动员居民主动参与社区治理,扩大居民自治的辐射面,发挥"引导者"作用。业委会是业主自行成立的自治组织,它代表了社区中社会力量的觉醒,但现实层面,业委会未能将维护业主权益作为组织目标,本应该全方位地对物业服务主体进行监督,却处于缺位状态。业委会的"真空"加剧了物业管理公司和开发商的越位——企图凭借其所拥有的物质资本将业委会的自治权占为己有。业委会在社区治理中要落实维护业主权益的职责,培育业主群体的自治精神,巩固业委会的群众基础,对物业服务主体形成制约,监督物业服务主体按时履行与业委会之间的契约。物业服务主体受聘于业委会,虽然行动准则是以商业利益为基础,但物业管理与社区中群众的生活最是息息相关,物业管理是否到位,人们可以直观地感受到。然而在现实的社区生活中,很多矛盾纠纷都是物业服务主体服务不到位引起的,物业服务公司并未能按照物业服务合同等规章条例履行自身的职责。

三、促进协作互动、建立互动机制与平台

国家遵循等级权力的逻辑,市场遵循盈亏的逻辑,社会则遵循自愿主义的逻辑。对于商品房社区而言,业主和业主组织等代表社会的力量,房地产商和物业公司等代表市场的力量,街道办、居委会等代表国家的力量。政府治理的主要机制是科层结构、命令系统及法律规章,市场治理的主要机制是价格机制和合约,自治组织治理的主要机制是信任关系与协商。[1] 对于新型社区而言,居委会、业委会及物业服务主体

---

[1] 陈鹏. 国家—市场—社会三维视野下的业委会研究: 以B市商品房社区为例[J]. 公共管理学报, 2013 (3): 75-89, 140-141.

是国家、社会和市场三方力量在社区中的缩影，三大主体要协同治理，三种治理机制要互相结合并互为补充，社区治理绩效才能达到帕累托最优。上文厘清了三大主体的职能边界，各个主体据此保持运行的自主性，只有在此基础之上互动协同，才能够相得益彰。协同治理区别于传统的自上而下以政府为主导的行政化治理，治理主体之间合作互助，相互依赖与信任，治理主体与被治理主体间保持平等互动，基于共享价值，塑造社区共同体，推动社区治理。

治理主体间要相互嵌入。一是居委会与业委会。通过业主自治与居民自治的有效衔接，促进居委会与业委会的协同。业主自治重在财产管理，具有排他性内部治理的特征；居民自治属于公共治理，治理是它的重心，具体特征表现在非排他性区域治理上。业主自治与居民自治的衔接，可以弥补居委会与业委会治理空间的空白，扩大治理的群众基础，让彼此优势互补。遵循协商、互助、互相尊重的原则，共享物质资源与智力资源，共建和谐社区。二是居委会与物业服务主体。居委嵌入到物业管理中，通过承担指导监督、参与建议、帮助沟通等职能，促进物业公共服务的高质供给，维护公众利益。具体而言有以下几点。

（一）指导监督

居委会通过发挥行政方面的协调作用对物业服务主体进行指导，在应急预案的制定与实施上，居委会要向物业服务主体提出参考性意见。居委会发挥监督作用主要表现在为物业服务主体与业主委员会之间的契约关系进行法律准备，监督物业服务主体在社区中提供公共服务的时效性。

（二）参与建议

居委会参与到业委会事务当中，主要包括三种形式：作为自治组织参与到业主活动中；作为政策衔接机构提出政策性建议；作为优先组织共享自治资源、收集反馈意见、提出合理建议。但居委会在参与到业委会当中时，必须是非权力参与的，与业委会保持责权均等的地位。

（三）帮助沟通

居委会利用自身组织优势，可与行政部门及社区各种机构进行常态化的沟通，将行政资源与物业服务主体共享，同时，起到协调各个组织不同意见的作用；居委会利用人民调解，缓和乃至解决物业冲突；再者，居委会依托社区党委的支持，将党的精神贯彻落实到基层，以党组织的力量凝聚民众，增强群众间的互信互谅，从而协助物业服务主体为社区提供公共服务。

协同治理模式本质上就是多中心治理，居委会、业委会、物业服务主体在多中心的框架下，根据所面对的社区事务决定哪一类主体发挥主导作用，根据实际情况灵活调整主体在协同治理时的角色定位，保证主体间的有效互动，达成社区治理的良好绩效。治理主体与被治理主体之间没有明确的界限，即居民要把自己当作是社区的主人，而不是将自我定义为被管制的对象。社区居民在享受居委会、业委会及物业服务主体带来的服务时，要给予反馈，让自身参与到社区治理当中。社区三大主体对居民的需求有回应，在提供服务之后能够接收到回音，这才形成了解决社区事务的闭环。

通过构建联动机制与协商平台等创新模式实现居委会、业委会及物业服务主体之间的协同互动。一方面，居委会、业委会及物业服务主体之间的协同互动最终要以结构化的形式引导治理模式走向规范化、正式化与制度化。联动机制包括了多方治理主体之间的关系、互动规则、资源分配原则等，确保社区治理主体在没有来自公共部门干预的情况下，建立并实施正式的规则和程序，对公共资源的使用和分配进行有效的治理。同时，互动机制让社区治理兼具正式性与非正式性，合理运用社区的自治力量与公共部门的行政力量，民间社会力量会为社区带来自主性与创造性，而公共部门可以为社区治理场域注入合法性，让不同的治理主体基于社区公共事务进行不同的组合搭配，创造"1+1>2"的效应。另一方面，平台化的构建是整合社区多方治理力量并进行协商沟通的社区治理创新模式。协商平台作为社区治理的枢纽，起到汇聚力量、发散力量的作用。平台通过将社区居民的需求与所负责的主体进行对接，有针对性地解决居民需求问题。平台还是联结社会资本的载体，多样态的社会力量借助平台得以盘活，资源的共享与流通得以促进，协同治理的社区格局得以实现。协同治理是社区治理体制机制创新的新方向。只有居委会、业委会、物业服务主体通过紧密、频繁、制度化的互动,以社区公共利益为共同目标,凝聚共享的价值观,建构共同遵守的行为规范和制度,最终才能达成良好的治理。

思 考

一、简答题

1. 试述居委会、业委会、物业服务主体的基本职能。
2. 试述居委会、业委会、物业服务主体之间的区别与联系。
3. 试述居民委员会的发展演变历程。
4. 试述业主委员会的起源与发展。
5. 居委会、业委会与物业服务主体是如何协同治理社区的?

二、案例分析题

案例 1　老城厢"三驾马车"如此赋能社区治理[1]

近年来,豫园街道党工委、办事处对于社区治理十分重视,积极探索出一系列的新举措:巧用社区党组织利用红色业委会破解社区治理难题,启动"业委会规范化运作评价"工作,并以社区党组织、居委会、业委会组成"三驾马车",为社区的综合治理赋能增效。

一、调动居民积极性共参与社区美化

"设施改善情况好,小区旧貌换新颜,居民看在眼里,记在心里,对业委会的评价也水涨船高。"获得2021年豫园街道的优秀业委会主任荣誉的太阳都市花园一期业委会主任杨振保笑着表示,如今太阳都市花园居民区正在"三驾马车"的指引下逐渐实现环境美化和居民生活理念升级,其中业委会规范化建设更是十分关键。太阳都市花园居民区2021年通过结合"悦美太都"和"绿美太都"两个自治项目,开展了多场

---

[1] 案例来源:严佳婧. 老城厢"三驾马车"如此赋能社区治理[EB/OL].(2020-12-24)[2021-10-25]. https://sghexport.shobserver.com/html/baijiahao/2020/12/24/320599.html.

别开生面的环保活动,其中"环保欢乐嘉年华,为绿色 we 来"太阳都市居民区大型环保亲子活动更是吸引了小居民一同参与小区美化建设。通过闲置物品集市和亲子运动嘉年华相结合的形式,既宣传了绿色环保理念,又让居民们体验了温馨愉悦的亲子时光,增强了社区居民的归属感和小区凝聚力。不少社区居民表示:"现在小区环境跟上时代了,绿色的生活口号也要喊起来。我们太阳都市花园的社区工作者用心为我们居民设计了这样精彩的自治活动,未来,大家一定会更加积极参与此类项目。"

二、"规范化运作评价"增效治理能力

2021年,豫园街道在提出"精治豫业"的口号同时,启动了"豫园街道业委会规范化运作评价"工作,从业委会日常工作的规范化入手,有效形成对业委会的监督管理机制。由街道自治办、房管办、各居民区以及德同宜居组成的评价小组共考核了业委会12家(太阳都市花园二期因换届未参与考核),实现了住宅小区的全覆盖。考核发现,豫园街道业委会总体规范程度较高,其中有太阳都市花园一期、佳成大厦、豫园小区、露香园四家业委会得分均超过90分,被评为优秀。其余8家业委会规范率也达到了100%。如今的业委会,在业务的熟练程度以及对于程序的规范程度相较于之前均有提高。如何进一步改善和提高各业委会的日常工作能力呢?"七个一"系统工作的逐步开展,发挥了显而易见的成效。"七个一"即"一套对于业委会工作指导监督的体系、一轮业委会规范化运作的绩效评价、一本豫园街道业委会工作指导手册、一系列业委会规范化运作培训课、一次针对性的业委会沙龙、一轮点对点的个别辅导以及一次外出参观学习活动"。同时,向各家业委会颁发了由豫园街道自主汇编的《豫园街道业主委员会工作手册》。

三、"红色业委会"破解基层治理难题

在老城厢豫园,商居环境复杂。如今,豫园街道通过党建引领推进业委会规范化运作、破局业委会换届矛盾。在太阳都市花园二期,居民区党总支通过公开透明的广泛座谈、走访、宣传,引导居民精准定位矛盾症结、搁置争议协商议事。2021年12月4日,豫园街道举行2020年度业委会规范化运作评价表彰大会,并同时成立太阳都市社区业委会党

的工作小组,为豫园街道的该项工作打开了新的思路,也为创建有豫园特色的红色业委会文化奠定了扎实的基础。有了党员作领头羊,居民们参与社区治理也更有干劲,太阳都市居民区党总支、居委会还通过发挥"零距离家园"理事会的作用,组织整合街道各方资源携手服务社区,围绕社区治理中的热点、难点问题,群策群力搭建起沟通的平台。而随着社区管理中综合性事务增多,矛盾和纠纷涉及法律法规等多方面专业知识,社区党组织成员要加强学习培训,提升能力和水平,共同推进业委会规范化运作。随着政策法规的修订和逐渐完善,对业委会的监督职责也将更好落实到居民区。

问题1 老城厢的三驾马车分别是指什么?

问题2 老城厢的三驾马车在社区治理中各自发挥着什么作用?

问题3 三驾马车是如何共同赋能社区治理的?

案例2 幸福基业物业抗疫在前:市政+园区+社区物业,一个都不能少[1]

幸福基业物业服务有限公司(简称"幸福基业物业")是产业新城运营商华夏幸福的全资子公司,服务华夏幸福所运营的59个产业新城,涉及13省40市72区域,覆盖107个市政项目、120余家产业园区、1 100余家入园企业和138个住宅项目。为了坚决抗击新冠肺炎疫情,自2021年1月23日起,幸福基业物业便全面进入防疫状态,集团、各分公司、项目联动开展防控工作,多措并举,守护一方平安。

---

[1] 案例来源:幸福基业物业抗疫在前:市政+园区+社区物业,一个都不能少[EB/OL]. (2020-02-20)[2021-10-25].http://www.xinhuanet.com/info/2020-02-20/c_138802128.htm.

一、践行联防共治：市政物业战疫无死角

幸福基业物业积极与政府配合签订联防共治制度，为疫情防控提供支持。根据要求对重点交通路口进行封闭管控，测温点全天候"在线"，对每辆进出车辆驾乘人员进行测温登记，筑牢抗疫防线；在市政道路、公园、规划馆悬挂宣传条幅，提高群众防范疫情意识；在人流密集的区域设置口罩集中处理点，定时消毒，集中处理，将病毒扼杀在摇篮；每天至少2次对垃圾桶、雨水箅子、扶手栏杆、卫生间等区域进行消毒，做到无盲区、无死角防护；同时，针对病毒粪便传播的风险，幸福基业物业市政运营方面加大对生活污水的处理力度，新增粪大肠菌群检测服务，确保污水出水安全。

二、保障办公安全：产业园防疫在行动

自2021年2月10日起，随着返程复工高峰来临，幸福基业物业加大对产业园区、写字楼等的疫情防控力度，为客户营造一个健康、安心的办公空间。每日对大堂、电梯厅、卫生间、走廊等公共区域进行两次全面消毒，其中电梯按键、电梯轿厢、道闸等重点部位每两小时消毒一次，并及时张贴消毒提示；前台员工24小时轮班值岗，每日对物业员工及所有进出大楼的客户进行测温登记；逐一核实车辆来访信息，对车辆进行现场消毒，对驾乘人员一律测温筛查，防止无来访目的的车辆、无关人员进入管理区域成为潜在感染源。此外，幸福基业物业在疫情期间持续做好楼宇空气系统清洁及消毒工作，完善中央空调、新风系统的消毒保障措施，加强通风换气功能，有效减少病毒传染风险。

三、守护业主平安：住宅物业做贴心管家

幸福基业物业实行严格的管控制度，严密把控每个住宅小区出入口，为业主保驾护航。增加人员、车辆出入检查程序，体温测量、车辆消毒率达100%；在小区门岗设立外卖和快递代收点，最大限度防止业主同陌生人员接触；提高对走廊、电梯、地下车库等公共区域的消毒频次，从往常的每周1次，升级为每天至少3次，同时对电梯按钮、扶手栏杆等重点区域覆盖消毒膜；此外，管家积极配合政府做好防疫宣传工作，利用朋友圈以及微信公众号发布疫情防控贴士。为了减少业主外出风险，幸福基业物业新增"代购"服务，解决了业主们的生活难题。管

家们提前收集业主的采购需求,列成清单——不管需求多么庞杂,幸福管家都积极响应。物品采购后,管家做好消毒工作,即刻送货到家,通过微信或电话对接需求,避免当面接触,使业主安心。

问题1　幸福基业物业在疫情防控过程当中是如何与政府有关部门进行联动的?

问题2　幸福基业物业在防疫过程中为业主提供了哪些服务?

问题3　幸福基业物业防疫取得显著成果的关键是什么?

第七章 社区社会组织的培育与运营

第一节 社区社会组织概述

一、社区社会组织的内涵

（一）社区社会组织的定义

社会组织是指在政府、市场之间发挥服务、沟通、协调、公证、监督等作用的非政府、非营利的社团、行业组织、社会中介组织及志愿者团体等。而社区社会组织也称"草根组织"，特指扎根在社区或者街道的社会组织，由街道办事处或居委会辖区内的自然人、法人和其他社会力量自愿组成，在社区或者街道备案和注册，在街道或居委会辖内开展活动，为本地区居民提供不同服务的非营利性、公益性社会团体和民办非企业单位。

社区社会组织作为扎根在社区或者街道的社会组织，有着其独特属性。

1. 地域性

一个社区的社会组织，首要的服务对象就是这个社区。例如，留守儿童大多存在于农村社区，在城市社区成立面向留守儿童的社会组织，可能会产生服务对象不匹配的问题，也就缺乏可持续的动力机制。因此，对于每一个社区而言，要培育自己的社会组织，必须要明确其服务对象是本社区的，其目标是帮助本社区解决自身治理和服务所面临的问题。

2. 小规模性

社区社会组织总体规模较小，主要构成人群为社区居民。集体行动理论的提出者、美国著名的经济学家曼瑟尔·奥尔森认为，一个集体规模越大，人越多，凝聚力就越差，想要行动就越难；而规模越小的集体，就越有行动能力。因此，社区社会组织规模虽小，但作用不小。社区文化娱乐活动的开展、社区公共事务的集体协商决策、空间的共同规划、社区生活的共同塑造，社区特色的营造与社区认同的培育等，都需要社区居民从原来钢筋混凝土的物理空间中走出来，从原子化的状态中自组织起来，通过逐步的、频繁的互动和治理行为，形成一定的社会认同和情感联结，开始走向社会空间，走向十九届五中全会所说的"社会治理共同体"。

3. 松散性

不同于政府和企业有较严格的约束体系，社区社会组织尤其是文化娱乐类的社会组织，其松散性明显。当前的社区治理已超越了自上而下的政府基层政权管理，更涉及社区居民由上而下的自组织。所谓自组织，指的是一群人基于关系和信任而自愿地结合，产生集体行动的需要，并为了管理集体行动而自定规则、自我管理。因此，社区社会组织作为自组织的一种形式，拥有一定的松散性。

社区社会组织主要分为以下几类：① 公益类社区社会组织，主要包括义工协会、志愿者协会、互帮互助协会等；② 慈善类社区社会组织，主要包括慈善超市、爱心组织等；③ 服务类社区社会组织，主要包括老年人服务中心、儿童关爱协会等；④ 文体类社区社会组织，主要包括艺术团、表演队等；⑤ 治理类社区社会组织，主要包括业委会、社区建设理事会等。

需要指出的是，当前我国正处于在"十四五"规划时期，培育社会组织应侧重于引导治理类和服务类社区社会组织的发展。此类社会组织的发育，能够分担基层社区治理的责任，同时在此基础上，形成三社联动的城乡社区治理新模式。

培育社区社会组织的必要性主要源自两方面。

1. 社会转型

中国本土文化是没有社会组织及类似概念的，基层社会的治理更多是依赖家族关系来支撑。在中国的封建社会，基层治理格局为"民间社会"，靠宗族制来维持社会秩序，由于没有财力和组织动员能力，皇帝的权力并不能够延伸到基层，即所谓的"皇权不及县"。中华人民共和国成立后，国家权力一直延伸到乡镇，这是一个重大突破。政府大包大揽，形成了如知名管理学大师彼得·德鲁克所言的保姆式的万能政府，而这种自上而下的层级治理模式，已经无法适应信息时代的复杂社会。从计划经济时代到市场经济时代，我国进入了社会转型期，其中一个重要特征就是后工业化。人开始从单位剥离出来，进入社会，更加自由，完成了由单位人向社会人的转变。国家、社会的空间越来越大，需要社会成员自己管自己，然而却没有相应的纽带把人与社区连接起来。当党和政府的权力逐步退出私人的领域，必须有一种新的力量来填补这种空间，而这就是由人们自己组织起来的社会组织。因此社会组织，特别是社区社会组织，最显著的特征就是自组织性。能自己管好自己，让自己生存下去，让自己运转下去，这三条就是衡量培育社会组织成功的基本标准。

2. 国家治理

随着社会转型的发展，尤其是2003年的非典让我们意识到，社会管理如果仅仅靠国家和党，是百密一疏的，所谓的"全能政府"并非全能的，很多地方仍需要社会自组织的力量，需要社会组织成长起来，去承担更大、更多的责任。在这种情况下，社会组织有了发展空间。对于党和国家来说，积极培育社会组织，实现社会治理的创新，是推动国家治理体系和治理能力现代化的有力举措。

（二）社区社会组织的功能

社区社会组织的功能可以归纳为九个字：为党和政府分忧解难。具体而言有以下几个方面。

1. 协助政府提供公共和公益服务

社区社会组织以社区居民实际需求为取向，发挥自身的人才、资源等优势来满足社区居民多样化的公共服务需求；以"老、残、孤、困、优抚"社会救助对象为重点，逐步拓展到共享福利性、公益性、社会性，多层次地服务全体居民。

2. 协助居民表达和维护自身权益

社区社会组织在社会管理、社会服务中寻找定位，为社区居民提供更多沟通和理解的机会，促进邻里和睦，能够在政府与社区、政府与家庭、政府与群众之间发挥桥梁作用，成为构建和谐社区的重要力量。

3. 动员和组织居民参与社区治理

社区社会组织帮助居民搭建协商议事的平台，让大家来一起解决民生问题。需要指出的是，此类协商的议题往往与社区居民的生活息息相关，都是群众最关心、最希望解决的问题。如公共事务的集体协商决策、社区空间的共同规划、社区文化的共同塑造、社区特色的充分挖掘等。社区社会组织通过组织居民参与社区治理，可以帮助政府解决在促进经济发展和构建和谐社会过程中遇到的种种问题。

4. 增强社区凝聚力和社区归属感

社区建设的一个首要任务是推进社区精神文明建设。如老年协会、群众文化娱乐团队、志愿者协会等以共同的兴趣爱好为纽带的社区社会组织，把社区居民凝聚在一起，通过逐步的、频繁的互动，使居民形成一定的社会认同和情感联结，找到在社区中的认同感和归属感。

二、社区社会组织发展现状

（一）当前社区社会组织培育的成效

1. 雨后春笋，方兴未艾

2013年，国务院办公厅发布的《关于政府向社会力量购买服务的指导意见》中明确提出了社会组织是社会服务的承接主体，社会组织的主体地位不断提升，影响力也不断增强，逐渐成为推动社会建设、创新社会治理、促进社会和谐稳定的重要力量。社会组织迎来了发展的"春天"。[1]

---

[1] 李晓悦. 公益创投视角下成都市初创期社会组织的发展研究[D]. 呼和浩特：内蒙古大学，2020.

党的十九大报告强调打造新型社会治理格局，社会组织作为多元主体之一，促进社会治理格局呈现"专业化"和"社会化"的发展趋势。在新的历史时期，随着党和政府自上而下的政策宣传及基层社会治理层面的创新实践，社会组织登记注册的门槛逐渐降低，政府购买社会组织服务的力度逐步提升。同时，社区社会组织也在社区党组织服务群众专项经费和社区公共服务资金等的支持下活跃起来，迎来发展的"黄金时期"。当然，需要指出的是，数量快速增长的背后，一部分社区社会组织是为了完成地方政府的政策指标而产生的。

2. 政府支持，政策配套

近年来，党和政府不断鼓励社区社会组织的发展，为社区社会组织的发展提供了前所未有的机遇。例如，2013年党的十八届三中全会提出，要"创新社会治理体制""改进社会治理方式，激发社会组织活力"，重点培育和优先发展城乡社区服务类等四类社会组织，[1] 鼓励社区社会组织的发展与社区协商。2016年，中共中央办公厅、国务院办公室印发的《关于改革社会组织管理制度促进社会组织健康有序发展的意见》指出，要"鼓励社区社会组织开展邻里互助、居民融入、纠纷调解、平安创建等社区活动""支持社区社会组织承接社区公共服务和基层政府委托事项，开展社区志愿服务"。2017年，党的十九大报告明确指出，打造共建共治共享的社会治理格局。加强社区治理体系建设，推动社会治理重心向基层下移，发挥社会组织作用，实现政府治理和社会调节、居民自治良性互动。2021年4月，《中共中央 国务院关于加强基层治理体系和治理能力现代化建设的意见》指出，"培育扶持基层公益性、服务性、互助性社会组织。支持党组织健全、管理规范的社会组织优先承接政府转移职能和服务项目"。基于中央政府的政策精神，地方上也相应出台政策推动社区社会组织的发展。例如，在2013年，苏州市委、市政府联合下发《关于加快推进全市社会组织健康发展的若干意见》，降低了社区社会组织的登记门槛，提供给社区社会组织更多的发展空间。

[1] 向静林. 结构分化：当代中国社区治理中的社会组[J]. 浙江社会科学, 2018 (7)：99.

3. 能人辈出，热情高涨

社区能人又称乡贤，他们可能是基层党政执行人、专业人士、意见权威、致富能手、文艺达人……各形各色，共同之处在于都具备号召力、影响力、发动力，是各治理场域的"领头羊"，[1] 他们通过专业知识和技能、丰富的社会资源、大胆的担当意识及无私的奉献精神形成个人影响力并吸引追随者，进而将社区原子化的居民有序地组织起来。特别是刚退休的能人，一下子无法适应新的生活方式，而社会组织的兴起，激发他们积极主动地加入社区社会组织。

4. 项目运作，专业导向

在国家政策的影响与推动下，全国各地纷纷进行了探索与实践，通过公益创投、社区服务社会化及党建为民项目等方式，尽力支持公益性的社会组织发展，重视草根组织、初创期的社区社会组织的孵化等。我国政府通过引入市场机制及社会力量参与到公共服务的提供中，以竞争性的方式确定公共服务的最终承接社会组织，并由第三方独立机构对后期公共服务效果进行评估，促进承接主体自觉发挥自身的潜能，为公民提供更优质的服务。同时竞争机制、评估机制的存在，也会确保有限的公共资源得到最大化的利用，从而提高服务的质量和效率。[2] 社区社会组织通过承接项目，逐步走上规范化、专业化的道路。

（二）当前社区社会组织发展存在的问题

当前，我国社区社会组织正迎来发展的"黄金时期"，然而数量的快速增长，与其参与社区治理的有限效果之间仍然存在着较大的落差，主要体现在以下几点。

1. 发展目标定位模糊，使命缺乏

当前一些社区社会组织缺乏助人自助的公益心和社会治理的使命感。社会组织的首要特点就是其动力和运行主要是建立在公益性基础之上的，助人自助的价值观是社会组织产生与发展的根本驱动力。但由于

---

[1] 王燕玲，蒋小杰. 城市社区治理中"能人效应"的治理格局分析[J]. 山东农业工程学院学报，2020（1）：77-81.

[2] 徐明婕. 公益创投：政府培育社区社会组织的模式创新[D]. 泰安：山东农业大学，2018.

社区社会组织的使命定位模糊，工作人员缺乏明确的公益心与强烈的使命感，反而把谋取私人利益放在首位，导致很多社会组织无法吸纳、凝聚和利用组织内外的资源去做好社会服务和基层治理该做的事。此外，部分社区社会组织在决策环节上看"政府脸色"，甚至提供什么样的服务、组织什么样的活动都习惯于向相关政府部门请示。与政府部门保持联系、处好关系成为部分社区社会组织的重要工作。

2. 发展态势良莠不齐，鱼龙混杂

一是社区内社会组织同质化发展严重，定位为民服务的多，反映诉求、规范社区居民行为的少；文体服务、便民服务多，维稳、维权服务少。二是社区社会组织内部成员的服务能力和水平普遍不高，其专业能力与专业知识的局限使社区社会组织参与社区治理受限，有的社会组织甚至成了"僵尸组织"，在应付检查时才会举办活动。[1]

3. 服务对象定位不准

在社区里存在着一些"特殊人群"，如"来自星星的孩子"，即自闭症儿童，还有智障儿童、残疾人士及罹患重疾群体等，他们都需要关爱，然而这些群体，往往并不是社区社会组织的主要服务对象。换而言之，不应由社区社会组织来为其服务。原因在于这些群体在社区群体中所占比例极小，社区社会组织完全服务于这些"小众群体"，将会导致服务经费利用率不高及服务人员专业性不足等问题凸显。因此社区社会组织在确定服务对象时，务必专门面向广大社区居民，去解决大众问题，小众（弱势、特殊群体）的问题交由专业的社工机构和专业人士来解决。

4. 服务内容轻重倒置

社区社会组织一开始多半是以文体娱乐团体的形式存在的，并且在绝大多数类型的社区中，文体型社会组织明显过剩，但它们对社区治理的实际作用非常有限，主要体现为这类社区社会组织缺乏自主性，倾向于组织活动而非参与治理，难以深入社区，以及解决问题能力不足、活动覆盖面狭小、持续性弱等。国家治理现代化是我国进入全面深化改革

---

[1] 朱丽荣. 社区社会组织的发展与完善[EB/OL].（2019-08-13）[2021-07-31]. http://www.rmlt.com.cn/2019/0813/5543005.shtml.

阶段的新目标，社会参与和社会组织发展成为影响治理现代化发展的重要因素。就社区社会组织而言，其战略地位应由其在治理中扮演的角色、与政府职能转变和转移的关联及对社会和谐秩序的促进等决定。[1]在"十三五"规划以后，简政放权和促进参与成为党和政府推进社会组织发展工作的改革重点。社区社会组织的服务内容应由组织文体类活动向进行社区治理和提供服务转型，要有自治理机制、有自我发展能力、有可持续性，并积极参与到社区协商之中。

5. 组织人员能力不足

许多社区社会组织的成员大部分是非专业人才，并且社区社会组织对引进专业人才不够重视，这就导致很多社区社会组织在实施项目时专业水平不高，实践能力不强。例如，团队建设和工作人员整合出现问题、项目招标书不会写、台账整理不清、财务混乱等，使得社区社会组织在管理、活动策划、沟通、资源整合等方面有所欠缺。加上人员配置本来就少，很多机构就会出现临时邀请社会志愿者参与服务项目的现象。虽然这些社会志愿者热衷于社区公益事业，但是由于大多数志愿者自身专业性的缺乏，也就使得很多服务项目的提供仅仅停留在项目的表层，并不能达到一定的深度。

第二节　社区社会组织的培育

一、培育社区社会组织的前提

（一）明确社区服务基本需求

1. 社区类型

目前我国社区类型众多，每种类型社区情况不同，治理的需求也有差别，对社区社会组织的要求也不相同。比如新型商品房社区的特点是人际关系冷漠与社会资本不足，应当培育志愿型组织；混合社区的特点

---

[1] 马庆钰. 十三五期间我国社会组织发展思路？[EB/OL].(2015-05-11)[2021-07-31]. http://theory.people.com.cn/n/2015/0511/c40531-26980444.html.

则是社会问题众多,培育治理型组织尤显紧迫。

2. 需求调查与功能定位

社区社会组织根植于社区,且大多由居民自发组织而成,两者存在天然联系和亲密感,因而社会组织能进行广泛动员,使居民更好地参与社区治理、表达利益诉求,同时合理统筹和协调各类社区资源,培育社会资本。在社区层面,居民需求内容与层次差异较大,因此培育社区社会组织,首先务必紧紧抓住社区居民"三最"问题,即最关心、最直接、最现实的问题,以居民需求为导向,加强调查研究,使提供的服务与居民需求实现精准对接。从居民最关切的事项和领域入手,以服务居民、提供便利、互帮互助为重点,逐步扩展到培养居民民主意识、化解矛盾纠纷、为政府提供决策咨询、承接政府转移的职能等。只有以点为突破口,以点带面,才能真正推动整个社区社会组织的壮大与发展,使其真正有效进行社区治理。其次,找准发展定位是推动社区社会组织壮大与发展的核心要义。社区社会组织必须定位为联系政府、社区与居民的组织,推动社区内社会组织发展既要从全局上予以把握,又要坚持以问题为导向,抓住重点,以部分带动全局。[1] 最后,只有社会治理重心进一步下沉,社区服务、社区建设、居民和社会力量有序参与的制度化建设才能真正落实,才能把事情办到老百姓心坎上。

(二)挖掘社区骨干

社区骨干,顾名思义指的是社区中的骨干居民,是社区居民活动中的积极分子。社区骨干在社区中有着举足轻重的作用。社区居民普遍存在较为严重的"等、靠、要"思想,没有社区骨干的发动和组织,处于社会原子化时代的居民们将很难建立社会联结,开展集体行动。因此,社区骨干的最大作用,就是将一盘散沙状的居民凝聚起来,在有序的共同行动中参与社区治理,增进社区福祉。一个社区社会组织发展是否良好,关键要看社区社会组织的负责人。社区社会组织中的"能人现象"特别明显,没有能人领导的社区社会组织,多半内部管理混乱、成员流

---

[1] 朱丽荣. 社区社会组织的发展与完善[EB/OL]. (2019-08-13)[2021-07-31]. http://www.rmlt.com.cn/2019/0813/554305.shtml.

动性大，甚至几近瘫痪；而有能人领导的社区社会组织，则管理较为有序、内部凝聚力强、作用发挥明显。[1] 因此，挖掘社区骨干是社区社会组织培育的关键。社区骨干必须具备以下"5 有"：有时间、有思路、有意愿、有人脉、有能力。"有时间"是成为社区骨干的首要条件。当社区居民有公益心和意愿，但平日繁忙，就无法开展一系列的社区社会组织活动。"有思路"意味着社区骨干能看到平日里社区的问题所在，要有一定的想法。"有意愿"指的是社区骨干一定要有公益心，有时间有思路但没有公共意识，注定没有可持续发展的动力。"有人脉、有能力"指的是社区骨干们有一定的组织能力和社会资源。例如退休后的村（居）委员会的负责人、企业领导、高校教师等，他们热心于社区工作，开展工作更多的是依靠个人的社会威信和个人魅力，而非行政权力。主要是通过个人关系网络建立人际联系的纽带，将广大居民连接在一起，进而建立行动的共同体。

二、培育社区社会组织的基本原则

（一）两"结合"

1. 公益化与市场化相结合，公益为主，市场为辅

培育社区社会组织要坚持公益化与市场化相结合的基本原则，公益为主，市场为辅。街道和社区在培育社区社会组织时，要允许资本市场的进入，即不应该一刀切，直接把社会企业拒绝掉，但也不能使其成为主流。必须要秉持公益性，规范和制约社会企业，使其有一定的营利空间，但不可以为其作嫁衣。例如可以设置限价规定：社会企业以公益性质进入社区和街道，提供服务的报价应低于一般市场价格。

2. 专业性与志愿性相结合，专业为主，志愿为辅

培育社区社会组织要坚持专业性与志愿性相结合的基本原则，专业为主，志愿为辅。一些社区领导干部和基层工作人员往往会陷入一个误区，认为社区社会组织开展公益活动和社区协商工作是让志愿者来组织和执行的。然而一般的志愿服务活动，是缺乏一定的专业性和可持续性

---

[1] 高扬. 略论社区社会组织的发展条件与培育策略 [J]. 学会，2019（2）：41-46.

的。社区社会组织的未来，应当是专业化和规范化的。因此，从业人员需要具备相应的从业资格，但目前的社区社会组织在这方面还有所欠缺，需要来自街道和社区层面的逐步培育和引导。

（二）三"不"

培育社区社会组织要遵循"不强迫、不限制、不放任"的三"不"总原则。首先，社区社会组织要依托其志愿性，深度发掘社区现有潜力，整合资源，实现资源共享；要依托辖区现有资源向外延伸拓展，拓宽社区社会组织的服务容量和服务能力。其次，培育和发展社区社会组织应充分发挥街道和居委会作用。原因在于：一是社区社会组织具有广泛性、群众性和渐进性等特点，必须有效规划、管理、引导和监督；二是街道对服务供求双方有完全信息，具有前瞻性；三是街道对辖区内可利用资源比较了解，能合理实现资源配置。最后，要实现社区社会组织的自我发展和良性运转，必须以社区党建为主轴，社区党建牵头对社区社会组织加以规范和引导，使其兼顾经济效益和社会效益，以有偿养无偿，以服务促经营，以经营促发展，综合盈亏平衡，自我持续发展。

（三）街道掌舵，居委划桨，社工枢纽

在培育社区社会组织的过程中，需要多方合力，共同推进，才能有效发展。多方包括街道办事处、社区两委一站以及枢纽型社会组织等。"街道掌舵"指的是街道基层党组织要发挥领导核心作用，要掌握社会发展的大方向，要敢于担当，成为社区工作的"舵手"，引导利益相关方沿着满足群众意愿与要求、形成集体共识的方向航行。"居委划桨"指的是社区居委会通过委托项目、购买服务，让街道把项目资金拨到居委会，由居委会开展招标工作，社区社会组织来投标获取项目资金，承接相应的社会服务。"社工枢纽"指的是在街道层面，以枢纽型社区社会组织为平台，建立社区资源、居民需求与社区社会组织的常态化对接机制，为社区社会组织提供政策指导、项目协调、场所设备等支持，发挥平台枢纽作用。

三、培育社区社会组织的基本策略

社区社会组织的培育工作不是一蹴而就的，2016年8月印发的《关

于改革社会组织管理制度促进社会组织健康有序发展的意见》中提道："有条件的地方可探索建立社区社会组织孵化机制，设立孵化培育资金，建设孵化基地。鼓励社会力量支持社区社会组织发展。"旨在健全政府支持架构，使社区社会组织培育与发展的工作得到长期支撑。

（一）制度建设

培育社区社会组织要加强制度建设，一是完善规程，即规章制度体系要配套；二是搭建不同层次的平台（公益坊、孵化基地、各类社区社会组织联盟等），提供共享资源。具体而言，应继续推进并完善审批制度改革，按照"分类管理、重点培育"的原则，简化社区社会组织的登记环节，完善备案服务，做到既对社区内的社会组织的数量及服务项目做到心中有数，又实施必要的管理与引导。此外，应加大培育扶持力度，尽快完善社区内社会组织发展制度规范，要协调有关部门搭建平台，多渠道增加社会组织的资金投入，同时要扩大政府对社区社会组织服务的购买范围。

（二）技术支持

在科学技术飞速发展的 21 世纪，技术可以有效助推社区社会组织的高质量发展。社区基层工作人员和社区社会组织人员应当充分运用现代网络媒体通信平台，设立公众号、微信群、微博、QQ、网站、App 等自媒体运营渠道来定期发布相关信息，增强存在感，提高知名度，进一步提高社会公信力，实现社会组织的可持续发展。例如，一个地方的公益坊孵化基地可以设立网站，给大家提供信息交流和成果展示的平台。对于做公益的社区社会组织而言，赚钱并不是主要目的，自己的服务能够被大众知晓和认可更为重要。此外，不同的现代网络媒体通信平台也可以综合起来，变成一个联动的系统，在各司其职的同时共同协作，发挥出更好的创新效果。

（三）资源供给

社区社会组织的资源供给包括场地、人力和资金。

培育社区社会组织需要场地。在社区地域范围内，街道和社区居委会掌控着诸多可利用的资源，可以依托街道（乡镇）、城乡社区综合服务设施和社区社会工作服务站点等,为社区社会组织开展活动提供办公场所、活动场地和配套服务等基本支持。鼓励将闲置的办公用房、福利设施等国有或集体所有资产,以优惠的方式提供给社区社会组织开展公益活动。有条件的地方可以扶持建设社区社会组织孵化基地,社区社会组织入驻辖区街道社会组织孵化园,组织"出壳"后仍可留在孵化园进行办公。

在人力方面,要注重社区骨干挖掘,寻找社区能人。社区能人一般可分为:社会能人,也就是在社区中与居民关系良好,地位崇高,可以有效动员社区居民的人;经济能人,也就是经济实力较雄厚、往往是具有经营企业经验的人,如具有社会责任意识的企业家;政治能人,也就是拥有政治权力的人,如社区书记和主任、退休的老干部等。[1] 只要是愿意关注当地公共事务,愿意带动百姓一起做活动的人,都是社区社会组织所需要的。

在资金方面,社区社会组织可以通过公益创投、承接项目、政府购买公共服务、社会企业的进入及与企业的对接等方式,获取资金。需要指出的是,社会组织完全依靠政府资助的方式发展,短期看来的确较为稳定,但这并非长久之计。社会组织迎合政府政策偏好做项目,发展动力单一,局限了自己的发展领域,这种发展模式只能带来短期的集聚效应,不能成为社会组织长期依赖的发展途径。当前,中国经济进入了由高速增长转为中高速增长的"新常态",意味着财政收入的增速也放缓,因此培育社会组织掌握自己获取资金的能力,显得格外重要。社会组织要转变发展方式,综合利用政府和社会资源,增强自身造血能力,逐渐摆脱对政府资助的依赖。目光要放长远,制定明确的、适合的战略发展目标,走可持续发展之路。在今后的发展中,社区社会组织要增强自身能力水平,将公益创投项目的优秀模式和理念转变为社区社会组织的长效化机制,将以往的工作经验转化为持续性拥有的能力,落实在组织的日常工作当中,稳步成长。[2] 例如,对于做外来务工人员社区融入项

---

[1] 罗家德,梁肖月.社区营造的理论、流程与案例[M].北京:社会科学文献出版社,2017.

[2] 李晓悦.公益创投视角下成都市初创期社会组织的发展研究[D].呼和浩特:内蒙古大学,2020:59.

目的社区社会组织，可以尽可能与企业对接，承接企业对员工的培训（职业生涯规划、劳动关系及心理健康等），获得政府补贴以外的资金来源。

（四）机制配套

1. 能力培训

实施培训制度是社区社会组织队伍建设的基础。对志愿者而言，为了更好地开展工作，克服"志愿失灵"现象，防止"外行帮忙、越帮越忙"，必须加强对志愿者的培训，使其熟练掌握志愿服务相关政策、相关服务技能和相关交流沟通技巧。应由政府牵头，健全志愿者初次培训、阶段性培训和临时性技能培训机制，使三者有机结合起来，通过定期的培训，不断提高志愿者的服务技能和服务水平。对社区骨干而言，政府应邀请相关专家，定期举办社区骨干专题讲座。一方面，对社区社会组织领袖进行意识层面上的启发教育；另一方面，培养他们所需的多种能力，包括科学决策能力、组织指挥能力、协调控制能力、识人用人能力、沟通交流能力、资源整合能力等。此外，政府及相关部门可组织相关力量，针对组织架构建设、财务管理，以及活动开展等方面的难题，邀请专业人士对社区社会组织进行"面对面"指导，帮助社区社会组织建立健全理事会制度、监督制度、财务制度及内部管理制度，完善治理结构；并帮助社区社会组织完善相关工作制度，如例会制度、活动运作制度、档案制度、志愿者工作会制度等。[1]

2. 外联引智

对于社区社会组织来说，经验学习非常重要。一些社会组织无论是在基础条件、人力资源管理和财务管理方面，还是在业务活动、诚信建设等方面，都实现了规范运作，起到了示范、带头作用，为社区社会组织树立了"标杆"，成为广大社区社会组织学习的榜样。还有一些社会组织虽然还不完善，但其极具特色的活动或项目给人留下深刻印象，也给众多社区社会组织以启迪。"他山之石、可以攻玉"，所谓"外联"，

---

[1] 宋言奇，杨婷婷. 社区社会组织孵化的四个环节[J]. 唯实（现代管理），2016（7）：7-8.

指的是在有条件的情况下，相关部门可组织社区社会组织负责人（或者代表）去上海、广东、成都等培育社会组织工作做得好的地方学习，深入这两类组织学习取经，以更好地推动社区社会组织的发展。社区社会组织也要积极"引智"：与相关企业、驻区单位和专家学者交流合作、共建共营。比如，可以利用周围高校的优势资源，通过与高校建立合作关系，一方面，充分利用智库资源，邀请高校教师来社区内开展相关的培训或者举办讲座，推广社工知识，激发成员们对社工专业的兴趣，提高其学习专业技能的积极性，从而推动社区社会组织在社区治理创新、承接政府职能转移等方面取得成效。另一方面，可以为高校大学生提供实习平台，并鼓励高校相关专业的毕业生积极参与社区治理，实现自身的价值。在实践期间也可以促进高校大学生就其所学习的专业知识和技能与社区社会组织成员进行交流，以更好地探索出一条适合本社区社会组织发展的道路。

（五）监督评估

社区社会组织的培育与可持续发展能力的养成，需要被给予充分的耐心与时间。在完善支持架构的同时，也要知道社会组织的发展是一个"大浪淘沙"的过程，会有很多社会组织出现，也会有很多持续不下去，还会有一些停滞不前，结果是只有少数能发展壮大。在此过程中，对社会组织的监督评估十分重要。评估评级和年检审计，有利于及时发现社会组织运行管理中存在的问题，以评促建，推动社会组织健康有序发展。

1. 评估评级

民政部《社会组织评估管理办法》（民政部令第39号）指出：社会组织评估评级，是指各级人民政府民政部门为依法实施社会组织监督管理职责，促进社会组织健康发展，依照规范的方法和程序，由评估机构根据评估标准，对社会组织进行客观、全面的评估，并作出评估等级结论。社会组织评估结果分为5个等级，由高至低依次为5A（AAAAA）级、4A（AAAA）级、3A（AAA）级、2A（AA）级、1A（A）级。获得评估等级的社会组织在开展对外活动和宣传时，可以将评估等级证书作为信誉证明出示。

社会组织实行规范化建设评估，评估内容包括基础条件、内部治理、业务活动、诚信建设、社会评价。

民政部《社会组织评估管理办法》规定，申请参加评估的社会组织应当符合下列条件之一：① 取得社会团体、基金会或者民办非企业单位登记证书满两个年度，未参加过社会组织评估的；② 获得的评估等级满5年有效期的。

社会组织有下列情形之一的，评估机构不予评估：① 未参加上年度年度检查；② 上年度年度检查不合格或者连续2年基本合格；③ 上年度受到有关政府部门行政处罚或者行政处罚尚未执行完毕；④ 正在被有关政府部门或者司法机关立案调查；⑤ 其他不符合评估条件的。

各级人民政府民政部门设立相应的社会组织评估委员会和社会组织评估复核委员会，并负责对本级评估委员会和复核委员会的组织协调和监督管理。评估委员会负责社会组织评估工作，负责制订评估实施方案、组建评估专家组、组织实施评估工作、得出评估等级结论并公示结果。复核委员会负责社会组织评估的复核和对举报的裁定工作。

目前，社会组织取得评估结果后，可以获得以下资格：①《关于公益性捐赠税前扣除有关事项的公告》明确，取得公益性捐赠税前扣除资格，需"社会组织评估等级为3A以上（含3A）且该评估结果在确认公益性捐赠税前扣除资格时仍在有效期内"；②《慈善组织公开募捐管理办法》规定，依法登记或者认定为慈善组织满两年的社会组织，申请公开募捐资格，需"按照规定参加社会组织评估，评估结果为3A及以上"。

需要指出的是，评估等级获得后并非一直有效，根据民政部《社会组织评估管理办法》，社会组织评估等级有效期为5年。且评估等级实行动态管理，如有下列情形之一的，由民政部门做出降低评估等级的处理，情节严重的，做出取消评估等级的处理：① 评估中提供虚假情况和资料，或者与评估人员串通作弊，致使评估情况失实的；② 涂改、伪造、出租、出借评估等级证书，或者伪造、出租、出借评估等级牌匾的；③ 连续2年年度检查基本合格的；④ 上年度年度检查不合格或者上年度未参加年度检查的；⑤ 受相关政府部门警告、罚款、没收非法所得、限期停止活动等行政处罚的；⑥ 其他违反法律法规规定情形的。

2. 年检审计

社会组织年度检查，简称年检，是指登记管理机关、业务主管单位依法按年度对除认定为慈善组织之外的社会组织遵守法律、法规、规章和章程开展活动的情况实施监督管理的制度。

社会组织在开展年检工作时，业务主管单位应承担以下两种职责。

（1）初审年度工作报告

对年检相关材料审核把关，对所属社会组织年度活动情况做出具体评价，指出存在问题，提出整改完善建议意见，重点关注年度工作报告中的思想政治工作、党的建设、财务和人事管理、研讨活动、对外交往、接收境外捐赠资助、按章程开展活动等事项。

（2）督促社会组织按时参加年检

对于未参加年检的社会组织，视情节约谈并责令整改；情节严重者，协助省民政厅依据相关法律法规予以行政处罚。

社会组织年度检查结论分为合格、基本合格与不合格三个等次。参检社会组织自觉遵守国家宪法、法律法规和政策规定，严格按照章程开展活动，内部管理规范，党组织建设和党的工作实现覆盖，年检结论确定为合格。参检社会组织存在违法违规情形，情节较轻的，年检结论确定为基本合格；情节严重的，年检结论确定为不合格。

社会组织存在以下情形，会给予年检基本合格或不合格的结论：① 违反国家法律、法规和有关政策规定的；② 违反规定使用登记证书、印章或者财务凭证的；③ 应建未建党组织的；④ 本年度未开展业务活动，或者不按照章程的规定进行活动的；⑤ 无固定住所或必要的活动场所的；⑥ 内部管理混乱，不能正常开展活动的；⑦ 拒不接受或者不按照规定接受登记管理机关监督检查或年检的；⑧ 不按照规定办理变更登记，修改章程未按规定核准备案的；⑨ 设立分支机构的；⑩ 财务制度不健全，资金来源和使用违反有关规定的；⑪ 现有净资产低于国家有关行业主管部门规定的最低标准的；⑫ 侵占、私分、挪用民办非企业单位的资产或者其所接受的捐赠、资助的；⑬ 违反国家有关规定收取费用、筹集资金或者接受使用捐赠、资助的；⑭ 年检中隐瞒真实情况，弄虚作假的；⑮ 已不具备法律法规规定的成立条件的；⑯ 未按要求报送年检材料，或逾期不参加年度检查的。

第三节　社区社会组织的运营

一、社区社会组织自身能力建设

（一）基础条件

根据我国《民办非企业单位登记管理暂行条例》，申请办理民办非企业单位登记应具备以下条件：① 经业务主管单位审查同意；② 有规范的名称、必要的组织机构；③ 有与其业务活动相适应的从业人员；④ 有与其业务活动相适应的合法财产；⑤ 有必要的场所。

民办非企业单位的名称应当符合国务院民政部门的规定，不得冠以"中国""全国""中华"等字样。

（二）组织建设

1. 组成机构

社区社会组织的内部治理机构分为四个主体：会员大会、理事会、监事会和秘书处。

（1）会员大会

会员大会由全体会员组成；是社会组织最高的权力机构。会员较多时，可以选举出会员代表参加会员代表大会，代为行使职权。

（2）理事会

理事会由会员大会推选，是会员大会的执行机构，并向会员大会负责。理事会是社会组织治理结构中的核心组成部分，掌握组织宗旨、发展方向、重要活动等重大问题的实际决策权。

（3）监事会

监事会由会员大会或会员代表大会选举产生，会员较少的社会组织可以不设监事会，只设监事。监事会或监事主要对理事会的决策、秘书处的活动、协会的财务管理及会员遵守行规行约的情况进行监督、批评和建议，需要保持相对独立性。

（4）秘书处

秘书处是社会组织常设办事机构，由秘书长及相应机构组成，负责处理行业协会的日常事务。秘书处除了要设置各种办公部门外，还要根据行业细分标准设立相应的专业委员会。秘书长一般为行业协会聘任的专职人员，列席理事会或常务理事会会议。

2. 内部管理

社区社会组织的内部管理分为三个方面：人力资源管理、档案印章管理和财务管理。

（1）人力资源管理

首先，招聘前进行人力资源需求预测与规划。社会组织管理者在招聘前要进行人力资源的规划和预测，确定需要招聘人员的知识、技能、特征及数量。同时，要建立起员工胜任素质模型，坚持人岗匹配原则，以便有效地、有针对性地招聘到合适的人才。这也可以使得社会组织招聘活动更加科学化、专业化，为组织录用更加合适的优秀人才。[1]

其次，招聘时更加注重人员价值观。社会组织成员相比营利性组织成员通常更具利他性，较少受金钱驱动。在招聘时，招聘者一方面要寻找具备社会组织工作所强调的个人素质和专业能力的员工；另一方面，招聘者应对应聘人员的品质重点考察，寻找拥有与社会组织价值观一致或接近的员工，避免出现员工观念与组织文化不符的情况，从而降低员工的流失率，促进组织的长久健康发展。此外，社会组织从业者往往代表着社会组织的外部形象，招聘者应当重视应聘者的兴趣、品德等因素，并综合多个因素确定最终录用人员。

再次，运用多种方式加强员工培训。教育培训和晋升机会是组织增强人才吸引力的重要因素。一方面，由于当前社会组织的人才培养需求比较大且十分必要，必须提升组织培训的效率与效果。另一方面，网络技术的快速发展使得传统的培训方式和内容发生了一定程度改变。社会

---

[1] 陈诗璇. 社会组织人力资源管理的困境及对策研究[J]. 学理论，2020（9）：63-64.

组织可以加大对"互联网"的运用，建立 App 平台和培训数据库，广泛开展网上培训。这在一定程度上有利于节省培训成本，也有利于为员工提供了更为方便快捷的优质培训。需要注意的是，在培训开发上，应使社会组织成员清晰了解社会组织的核心价值观，树立社会组织员工接受、认同的社会组织价值观并使其内化成员工个体的价值观。

最后，完善员工激励保障机制。我国社会组织的专业化和规模化程度还不够高，而社会组织尤其注重公益与奉献精神，这导致忽视员工薪酬福利的现象普遍存在。因此，社会组织必须加强薪酬管理与基本保障设置，从而减少优秀员工流失。第一，社会组织可以从有形的薪酬福利与无形的奖励两方面加强员工福利和保障，即在努力提升员工薪酬的同时，还要设计非货币激励以满足员工多样化的职业需求，以便更好地吸引和留住优秀人才；第二，社会使命和献身精神是社会组织存在与员工工作的主要价值。因此，社会组织中应多采用内在激励的方式鼓励员工积极完成任务。

（2）档案印章管理

档案管理在社会组织管理中扮演着重要角色，采取有效措施加强档案管理尤为关键。社会组织需全面考量自身条件，明确归档范围和保管期限，提高工作效率。在确定档案归档范围及保管期限的过程中，需充分结合部门的工作要求，将档案分为机构行政档案和服务项目档案，机构行政档案主要由基础类和日常运营类组成。服务项目档案主要由管理类、服务成效类、社会影响及评价类构成。机构行政类档案可永久保管，社会组织服务项目档案可长期保管。

在日常工作中，档案管理须充分展现社会组织的主要特点及工作内容，建立特色档案。如以老年人为目标人群的社会组织，应积极建立完善的居民健康档案，将其作为特色档案。在组织运行的过程中，也要做与服务相关的社会影响评价的收集及归档工作，以此作为特色档案。同时，组织部门要积极主动地完善档案，为相关人员提供档案信息查阅服务，提高服务水平。社会组织也可充分利用先进组织的经验，建立特色档案，以改进档案服务质量，促进档案管理体系的建设。此外，加强有关《中华人民共和国档案法》《社会组织登记档案管理办法》等相关业务档案管理工作的规定和要求的培训，积极建设数字档案管理系统，提升社会组织登记档案规范化、信息化管理水平，加强对档案业务人员应用新技术、新设备、新方法的培训，普及相关信息技术知识，提高档案业务人员掌握和运用现代化技术的技能。[1]

社会组织印章对社会组织来说非常重要。社会组织在开展对外合作、签订协议、年检年报、财务税收、银行业务等活动时，在相关法律文书上加盖印章，即代表社会组织对该法律关系的认可，享有权利，履行义务。根据《国务院关于国家行政机关和企业事业单位社会团体印章管理的规定》《民办非企业单位印章管理规定》，社会组织印章包括名称印章、办事机构印章和专用印章（钢印、财务专用章、合同专用章等）。通常来说，社会组织需要拿着刻章申请表、法人登记证书副本复印件、法人身份证复印件、经办人身份复印件、遗失声明（印章遗失补刻的话）、印章样式等向登记管理机关申请刻章的介绍信，社会组织拿着介绍信去公安机关指定的地点刻章。建立印章管理制度，做好日常保管和使用工作，同时做到：第一，社会组织印章采取分级保管的制度，各类印章由各岗位专人依职权需要领取并保管；第二，印章必须由专人妥善保管，并在其岗位职责中予以明确；第三，公章应妥善保管，注意安全，防止损毁、遗失和被盗，明确保管人责任；第四，印章如遗失，印章保管人应及时向社会组织负责人报告；第五，必须严格依照制度使用印章，未经规定的程序，不得擅自使用；第六，在使用中，保管人对文件和印章使用单签署情况予以审核；第七，检查印章使用是否与所盖章的文件内容相符；第八，在印章使用中违反规定，给社会组织造成损失的，由社会组织对违纪者予以处分，造成严重损失或情节严重的，移送有关机关处理。

（3）财务管理

依据《社会团体登记管理条例》《民间非营利组织会计制度》等有关规定，社会组织必须结合本组织实际情况，制定适合本单位的财务管理制度总则。按照这一制度科学合理地设置会计科目，建账进行核算，

---

[1] 马强. 社会组织档案管理体系构建研究［J］. 今日财富，2020（16）：72-73.

编制财务会计报表，做到会计资料真实、完整，凭证、账簿、报表齐全，数据准确，核算合规。此外为了科学地进行财务管理，社会组织要建立各项制度细则，如预算管理制度、资金管理制度、费用报销管理制度、财务档案管理制度、库房管理制度、固定资产管理制度、内部控制制度等，使各项财务活动有序进行。

社会组织的预算只涉及预算收入和预算支出两方面，没有生产和销售环节核算过程，因此相对简单。社会组织进行预算管理的目的在于体现预算收支政策的执行情况，不在于营利。社会组织预算管理按目标设定、预算编制、预算执行、预算考核四个程序执行。以某一社区社会组织为例，收入包括会费收入、捐赠收入、提供服务收入，收入预算以这三项为主编制，支出预算包括公益活动支出预算、零星费用支出预算、采购预算等。预算的编制方法采用定期预算法和固定预算法。在预算执行中，严格履行预算控制和预算调整，发现无理由偏离预算的情况则及时找出差异并分析原因，如果因特殊原因致使预算编制基础不成立，要及时调整预算。预算考评重点放在预算完成情况和成本控制上，做得好的，表扬有关人员，做得不好的，追究有关人员责任。

社会组织的成本包括公益项目支出、人员工资薪金支出，其余为维持正常运营发生的支出等。社会组织虽不以营利为目的，但也要加强成本管理，目的在于以最低的成本实现社会效用最大化。社会组织中成本管理也要按照事前、事中、事后管理程序进行。事前主要通过编制预算来预测未来的成本；事中主要对运营过程发生的成本进行监督和控制，并根据实际情况对预算进行必要的修正；事后则是在成本费用发生之后进行决算、分析、考核、评价。[1]

3. 组织文化

组织文化是对内的管理文化，组织文化是社会组织发展的指导思想，其工作重点是营造组织氛围，加强思想道德标准体系建设和进行理念体系、组织行为体系、形象识别体系的建设。组织文化建设是以机构

---

[1] 康兰. 加强社会组织财务管理对策研究 [J]. 管理观察，2019（11）：159-161.

使命、发展愿景，树立核心价值和塑造行为方式为核心来开展的。抓好社会组织文化建设，能够实现社会组织两大转变——内在和外在形象的转变，建立完整的提炼、固化、传播、落地实施的体系，从而能够将组织使命、核心价值观与员工的日常工作紧密结合。因此，抓好机构的组织文化建设是加强社会组织能力建设的基本任务。

优秀的组织文化建设，应该以组织成员为中心，摒弃"以物为中心"的传统人事管理观念，即更多地关注组织成员的内在需求。[1] 因此，在赋予成员更多职责的同时，更要尊重成员的诉求，平衡相关者的利益，倡导团队精神，促使工作人员转变个人的价值理念并自觉将之转化为行动，积极发挥主观能动性和创造性并鼓励成员创新，激发成员创造出最大的人生价值。同时，要注重机构内部组织文化的建设，促使组织文化行之有效，不是一句仅存于形式的口号，而是可以实实在在付诸行动的规则制度，从而促进机构内部的内涵式发展。[2]

（三）工作绩效

1. 提供社会服务

提供社会服务是社区社会组织参与社会管理的基本形式，它直接关系到社区社会组织的生存和发展。提供公益性、非营利性服务，是现代社会特别是转型期社会对社区社会组织的基本要求。社会组织应围绕服务功能，切实代表和维护好特定群体和会员的合法权益和共同利益。同时，可利用自身机制、资源、人才等方面优势，对政府、市场机制提供的公共服务进行补充，在政府和市场不能或不愿做的领域提供社会服务，参与目前市场解决不了、政府解决不好的一些社会问题的处理。在社会转型过程中，政府逐步向公共服务型转变，社会组织可通过接受委托、参与招标等方式，承接一些社会管理和公共服务职能。实践证明，社会组织在满足特殊群体、弱势群体需求，解决社会问题等方面具有独特优势，发挥其应有作用对完善公共服务、解决

---

[1] 于健慧. 社会组织文化建设的着力点[N]. 中国社会报，2013-12-18.
[2] 曾威. 组织文化在社会工作服务机构发展中的作用研究[J]. 中国社会工作，2018（7）：29.

社会问题、缓解政府压力、促进社会公平、构建和谐社会至关重要。此外，社会组织可通过践行志愿精神、非营利和公益性原则，引导、推动公众积极参与公益志愿服务，大力倡导合作、互惠、共赢、参与、诚信、守法的责任意识和职业道德，强化社会组织的社会责任，推动自助、互助和助人。

2. 维护公众利益

社区社会组织作为不同群体的利益代表，根植于公众，熟知所属成员的利益需求，能通过多种渠道以合法表达的方式把下层安危冷暖向上层反映，也能及时把党和政府方针政策宣传到群众之中，是传递沟通信息的"传声筒"，是党和政府与群众联系的桥梁和纽带。同时，社会组织能促成不同群体的利益协调和对话，成为避免社会震荡的"缓冲器"。在日常工作中，社会组织一方面，通过有组织、有目的地进行社会动员，整合和影响组织成员的价值观及利益表达方式，维护自身合法权益；另一方面，为人们利益表达提供多种渠道，畅通公民诉求表达渠道。

3. 保持信息公开

保持畅通的信息发布渠道，做到组织信息公开透明，建立形式多样的监督机制，是社会组织加强自身能力建设的重要任务，也是社会组织提高公信力的有效措施。在广大公众眼里，社会组织从事的是服务社会的善行和诚信的事业，它的"口袋"和行为应该是透明的，是让人放心的。加强社会组织信息公开是社会组织提升公信力的必然要求，它是社会组织实施多种形式监督的基础和载体。社会组织信息披露指的是社会组织向社会公众真实、准确、及时、完整地公开组织的基本情况、财务状况、重大活动事项、重大风险事项、社会责任等方面的信息。社会组织要完善信息公开，必须坚持五原则，即真实原则、长期原则、广泛原则、有效原则和多样原则。信息披露不能以偏概全，不能时有时无，不能面向少数，不能方法简单、形式单一。可以采取常规发布与专项发布相结合，主动发布与接受质询相结合，机构网站与新闻媒体相结合的方式。要做到三个保障，即有一个规范的信息发布制度做保障，一个常规的信息发布平台做保障，一支具有专业水平、热心公益的监督者队伍做保障。[1]

（四）社会评价

社会组织想要拥有良好的社会评价，必须加强公信力建设。公信力是社会组织自身所拥有的使他人信任的能力，是社会组织拥有的无形资产，它反映了社会组织对公众的影响力和号召力。公信力是社会组织重要的社会资本，它对于促进社会组织服务效能，促进社会组织获得更多资源，实现社会组织与公众良好的互动关系具有重要意义。[2] 社会组织的公信力意味着借助其公益绩效，在组织运作中通过透明、诚信和可预期行为，获得社会广泛信任和支持的能力。公信力提升首先要求社会组织清晰地阐述自己的使命、愿景和战略方向，快速树立公众形象，提升公众对组织的信任度。其次要招募和培训高素质的员工，通过供给高质量和高满意度的公共服务赢得社会公众的认可和支持，为后续承接更多的公共服务奠定基础。再次要培养社会组织工作人员的社会责任感，促进员工产生使命感，加深对所从事工作的理解、认同。最后要开展透明诚信的组织文化建设，使组织内部工作人员和外部的利益相关者都能够相信组织的资金使用良好且服务效能很高。[3]

二、社区社会组织的党建

根据中共中央办公厅印发《关于加强社会组织党的建设工作的意见（试行）》的通知，社会组织的党组织是党在社会组织中的战斗堡垒，发挥政治核心作用。着眼履行党的政治责任，紧紧围绕党章赋予基层党组织的基本任务开展工作，严肃组织生活，严明政治纪律、政治规矩和组织纪律，充分发挥党组织的政治功能和政治作用。按照建设基层服务

---

[1] 王耀．浅谈社会组织能力建设新思路[EB/OL]．(2019-10-30)[2021-08-05]．http://www.hnskedu.cn/zhuanti/art14.html.

[2] 黄艺红，刘海涌．我国社会组织公信力的困境与重塑：基于社会学的视角[J]．北华大学学报（社会科学版），2015（3）：119.

[3] 孙浩，龚承．社会组织承接公共服务效能的评价及提升研究[J]．湖北大学学报（哲学社会科学版），2016（5）：140.

型党组织的要求，创新服务方式，提高服务能力，提升服务水平，通过服务贴近群众、团结群众、引导群众、赢得群众。

（一）社会组织党组织的基本职责

1. 保证政治方向

宣传和执行党的路线、方针、政策，宣传和执行党中央、上级党组织和本组织的决议，组织党员群众认真学习中国特色社会主义理论体系，深入学习习近平总书记系列重要讲话精神，教育、引导党员群众遵守国家法律法规，引导、监督社会组织依法执业、诚信从业。

2. 团结凝聚群众

做好思想政治工作，教育引导职工群众增强政治认同，关心和维护职工群众的正当权利和利益，汇聚推进改革发展的正能量。

3. 推动事业发展

激发从业人员工作热情和主人翁意识，帮助社会组织健全章程和各项管理制度，引导和支持社会组织有序参与社会治理、提供公共服务、承担社会责任。

4. 建设先进文化

坚持用社会主义核心价值观引领文化建设，组织丰富多彩的文化活动，营造积极向上的文化氛围，教育党员群众自觉抵制不良倾向，坚决同各种违法犯罪行为做斗争。

5. 服务人才成长

关心关爱人才，主动帮助引导，不断提高从业人员的思想和业务素质，支持和保障各类人才干事创业。

6. 加强自身建设

创新组织设置，健全工作机制，严格执行组织生活各项制度，做好发展党员和党员教育管理服务工作。维护和执行党的纪律，监督党员切实履行义务，做好党风廉政建设工作。领导本单位工会、共青团、妇联等群团基层组织工作。

（二）社会组织党建的具体要求

凡有三名以上正式党员的社会组织，特别是组织结构紧密、党员人数较多的,要按单位组建,做到应建尽建。规模小、党员少的社会组织,要本着就近就便原则,通过行业、区域统筹等方式,联合建立党组织。行业特征明显、管理体系健全的,可依托行业协会商会建立行业党组织,对会员单位党建工作进行领导或指导。在社会组织相对集中的各类街区、创新园区、商务楼宇、社会组织培育孵化基地等区域,可以打破单位行业界限,统一建立党组织。新成立的社会组织,具备组建党组织条件的,登记和审批机关应督促推动其同步建立党组织。对没有党员的社会组织,要通过选派党建工作指导员、联络员和建立工会、共青团、妇联等途径,做好联系职工群众、培养推荐入党对象等工作,为建立党组织积极创造条件。

(三)选优配强党组织书记

社区社会组织按照守信念、讲奉献、有本领、重品行的要求,大力选拔政治上强、热爱党的工作、有一定群众工作能力的优秀党员担任书记。党组织书记一般从社会组织内部产生,提倡党员社会组织负责人担任党组织书记。负责人不是党员的,可从管理层中选拔党组织书记。社会组织内部没有合适人选的,可提请上级党组织选派,可以从退休或不担任现职的党员干部中选派,可以面向社会公开选聘,也可以从业务相关的党政机关党员中选任"第一书记",履行相关规定程序后,再按党内有关规定任职。

总之,在推动社区社会组织发展的过程中坚持党的领导是前提。坚持和加强党的全面领导,按照要求贯彻落实党的方针路线,是保证社区社会组织朝着正确方向发展,充分发挥其作用的前提。要加强基层党组织与社区社会组织党组织的联系,积极发展扩大社区内社会组织党员数量,扩大基层党组织的覆盖面。鼓励社区内的社会组织参与党组织活动,鼓励优秀党员干部积极加入社区社会组织,形成社区社会组织的优秀党员密切联系群众,贯彻宣传党的主张,二者良性互动的良好氛围。[1]

---

[1] 朱丽荣.社区社会组织的发展与完善[EB/OL].(2019-08-13)[2021-07-31].http://www.rmlt.com.cn/2019/0813/554305.shtml.

思 考

一、简答题

1. 什么是社区社会组织？试述社区社会组织的功能。
2. 如何挖掘社区骨干？
3. 试述培育社区社会组织的基本原则和策略。
4. 社区社会组织自身能力建设包括哪几个方面？
5. 如何进行社会组织人力资源管理？
6. 如何加强社会组织的公信力？
7. 试述社会组织党建的具体要求。

二、案例分析题

案例1　苏州工业园区×街道社会组织服务中心：如何孵化和培育社区社会组织？[1]

苏州工业园区×街道社会组织服务中心成立于2014年9月，由×街道委托苏州工业园区社会创新发展中心运营，是×街道首家集培育扶持、资源共享、能力建设、服务推广、成效评估等多功能于一体的综合性公共服务平台。自×街道社会组织服务中心成立以来，立足×街道社会服务需求，秉承"居民参与、平等交流、助力培育"的发展理念，按照"政府扶持、专业推动、社会协同、居民参与"的运作模式，通过专业的孵化培育服务，汇聚各方公益力量，倡导居民参与公益，促进街道社区社会组织的发展，从而提高居民自我管理，自我服务的能力，打造×街道社会组织孵化的摇篮，为探索社区建设新路径，推动基层社会管理体制创新贡献力量。

×街道社会组织服务中心兼具社会组织服务中心空间运营管理、社会组织孵化培育、公益项目指导、公益资源支持、公益资讯传播、社区

---

[1] 此案例由本书主编的课题组成员张馨怡提供。

服务展示五大功能，通过整合X街道社会组织资源，为街道社会组织提供场地支持、规范化建设、需求对接、咨询指导、注册指引、社区推广等专业服务。

一、社会组织服务中心空间运营管理

2018年，X街道社会组织服务中心接待X街道各社区工作人员及社会组织咨询共计1 000余次，咨询内容涵盖组织备案注册、组织报销、财务规范、相关法律法规、组织可持续发展、组织规范化建设等，在一定程度上促进了社会组织的规范化建设及可持续发展。此外，X街道社会组织服务中心还接待内蒙古自治区总工会、连云港社会工作管理人才培训班、南通狼山居干部培训班来此参观交流。

二、社会组织孵化培育

X街道社会组织服务中心通过"孵化动员会—团队创意项目优化—活动执行辅导—入壳评审—壳内孵化—出壳评估—出壳评优"（图7-1）等工作关键环节，引导社区工作人员积极挖掘社区居民骨干和领袖，形成团队雏形，并围绕社会组织的项目设计、项目执行、财务管理、机构定位以及参与社区服务能力等方面进行全方位辅导，从而提高居民自我服务、自我管理、社区自治和社区营造的氛围。

图7-1　街道社服中心培育社区社会组织的流程

在入孵期间，社会组织服务中心将围绕组织定位分析、注册指引、专题培训、咨询辅导、沙龙分享、月度例会、社创之旅、资源对接、宣传推广等关键服务（表7-1），全面促进组织的规范发展，提升项目执行能力，推动社会组织积极参与社区治理，为老百姓提供多元社会服务，从而打造X街道人人享受公益、人人参与公益的良好氛围。

表7-1　X街道社会组织服务中心孵化社区社会组织"壳内孵化"环节

服务	内容
定位分析	采用精益画布模式，围绕服务对象、社区问题、解决方案、团队资源和创始人初心，帮助组织梳理业务范围和服务项目，明确发展方向。

续表

服务	内容
注册指引	通过举办社区社会组织注册指引会、一对一咨询指导的方式，对组织注册登记事宜答疑解疑，为组织提供注册流程、资料准备、业务主管单位沟通等组织注册方面的帮助。
专题培训	通过邀请业界公益大咖，举办专题培训，提高组织综合能力，促进可持续发展。
咨询辅导	为满足在孵组织各自成长的需求，对在孵组织提供其所需要的团队建设、战略规划、项目运作、志愿者激励、财务报销等咨询。
沙龙分享	通过举办沙龙活动，促进组织相互学习交流，提升组织能力。
月度例会	通过每月与组织一起总结反思活动开展情况、讨论组织发展过程中的问题、共享最新公益资讯信息等，引导组织加强规范化建设。
社创之旅	带领社会组织参观社会组织发展较为优秀的地区进行访问学习，借鉴组织发展思路。
资源对接	协助组织对接各种社会资源，助力组织发展，使组织更好地落地社区开展服务。
宣传推广	通过微信公众平台推送、本地媒体合作、组织大型广场活动、公益服务社区行等活动形式，一方面给组织提供展示自我的平台，另一方面通过广泛宣传社会组织，普及公益理念。

三、公益项目实施

为×街道各社区社会组织及关注社会组织发展和社会服务的相关群体提供项目规范及指导，实现公益项目的有效实施和社会组织的规范化发展。据统计，2018年×街道17个社区共开展党组织为民服务项目75个，资金共计323万。

四、街道社会组织联盟

社会组织服务中心整合街道社会组织资源，通过社会组织联盟的形式，使组织间抱团取暖、彼此扶持，发挥联盟互补的优势，从组织规范化管理、服务能力、产品设计及项目运作等方面给予持续支持，帮助出壳组织提升竞争力和生存力。

五、街道社会组织规范化运营

2018年，×街道社会组织服务中心共接待社会组织注册咨询40余次，为咨询组织梳理注册流程，协助填写注册表格，跟进指导，实时支持。截至2018年11月30日，×街道共有注册社会组织62家，备案社会组织157家。同时，✕街道社会组织服务中心积极响应园区社会事业局及✕街道对社会组织的年检要求，通知街道需要年检的社会组织进行年检，实时协助、服务✕街道社会组织完成年检工作。2018年，共计接待社会组织年检咨询100余次。此外，✕街道社会组织服务中心积极鼓励、协助街道社会组织参加等级评估，2018年，苏州工业园区✕街道共有4家社会组织分别通过完成2A和3A评选。

六、街道特色增值服务

✕街道社会组织服务中心积极运营公众号。2018年，共计推文122篇，图文总阅读量超过8 000次。公众号通过对✕街道社会组织活动的报道及推送，为社会组织搭建了良好的宣传展示的平台，同时也积极宣传好人好事，弘扬社会正能量。

问题1　案例中的✕街道社会组织服务中心在培育社区社会组织的过程中体现了哪些基本原则和策略？

问题2　结合案例，简述社区社会组织孵化培育的流程。

案例2　北京城市副中心已建立5 041个社区社会组织，凝聚民生"大力量"[1]

在北京市通州区富力尚悦居社区，活跃着一支由社区党员、志愿者构成的"劝导小分队"，他们穿梭在社区，见到不合理、不和谐的现象就要上前"管一管，劝一劝"。随着北京城市副中心基层社会治理的精细化发展，像这样的社区社会组织在通州区已有5 041个，形成了社区治理全民能参与、愿参与、齐参与、真参与和常参与的良好形势，这些看似不起眼的社区"小组织"，凝聚成惠泽民生的"大力量"。

---

[1] 冯维静,鲁江宁.北京城市副中心已建立5 041个社区社会组织,凝聚民生大力量[EB/OL].(2021-1-20)[2021-11-18].https://baijiahao.baidu.com/s?id=16893764580420845 39&wfr=spider&for=pc.

为满足居民各类公共服务需求，近年来，通州区以增强社区服务能力、激发社区发展活力为目标，加大培育社区社会组织，引导社区社会组织积极参与社区治理，涌现了许多"贴心"的社区。

作为通州区最早成立的社区社会组织联合会之一，玉桥街道社区社会组织联合会经过七年多的实践，重点打造了100个社团，100个文化工作室，形成一格一品，一区多室，一室多能发展新治理格局，共有备案社区社会组织298支，成员11 000多人。

该街道积极探索创新社区社会组织发展新模式，为社区社会组织发展搭建了"培育发展"与"信息管理"双平台，由"街道党工委领导、街道办事处主导、社区居委会引导、专业社会组织指导、社区居民自导"五方联动，将社会组织引向成熟化、专业化的发展方向。

如今，一大批娱乐型组织结合街道重点工作和群众需求，转化成了自治类组织，实现新老结合，如，以情暖晚阳工作室、十姐妹工作室、"五老带六小"等为代表的老品牌，又有"指南针""小红帽""好邻居""便民帮"等为代表的新生力，丰富了社区居民的文化生活，改善了居民的生活质量，架起了政府与居民间的"连心桥"，初步实现了从"社区管治"向"社区善治"的转变。

专业力量的引入，也为社工"蓄能"焕活力。2020年，通州区梨园镇引入明峰社工事务所，为社区社会组织骨干成员量身定做了"蓄能充电"计划，带动提升社区社会组织服务水平，激活社区社会组织的内生力和创造性。在系列培训中，"项目设计与管理"培训教学员们弄懂项目设计与管理方法，帮助他们更好地设计居民活动；"沟通技巧培训"则从案例入手，深入浅出地讲解了如何处理居民间的矛盾、发动群众力量共商解决居民的"揪心事、烦心事"。

问题1　案例中的社区社会组织注重在哪几个方面加强自身能力建设？

问题2　除了案例中提到的外，还能在哪些方面加强社区社会组织自身能力建设？

第八章 城乡社区民主协商：机制与流程

伴随着国内协商民主理论和城乡基层民主实践的深化，有关协商民主的讨论，正在经历从学理到实践的转变。近十年来，包括浙江温岭、云南盐津、安徽南塘等地在内的协商民主的成功实践无不说明基层协商民主是有其成长空间的，关键的问题在于如何结合各地地方治理的现实，建构一套基层协商民主的运作机制和操作流程，从而使协商民主从理念走向基层治理的日常实践。城乡社区基层议事协商机制的建构是推进社会主义协商民主的重要环节，需要从机构设置、规则制定、技术应用、流程改善等几方面入手，充分借鉴和整合已有的开放空间技术、罗伯特议事规则、参与式预算、协商民意测验等协商民主技术和方法，从而推动都市社区治理中居民的有效参与，实现基层协商民主的有效运转。

第一节 城乡社区民主协商概述

一、城乡社区民主协商的政策背景

（一）完善城乡社区民主协商是党领导人民建设社会主义民主的重要基础

基层协商民主是社会主义协商民主的基础性环节，是重构国家与社会关系，实现"政府—市场—社会"关系良性化，推动国家治理体系和治理能力现代化的重要途径。近年来，国内学界对基层协商民主进行了广泛的讨论和深入的关注。中共中央先后出台一系列有关推进社会主义协商民主的文件，把协商民主从学术领域推向了政治生活的前沿。2012年，中共十八大立足于新的历史起点，旗帜鲜明地提出将健全社会主义协商民主制度作为国家治理现代化的重要内容，推进协商民主实践的深度发展。十八届三中全会则进一步强调，要开展形式多样的基层协商民主，推进基层协商制度化，建立健全居民、村民监督机制，促进群众在城乡社区治理、基层公共事务和公益事业中依法自我管理、自我服务、自我教育、自我监督。[1] 2015年2月9日，中共中央印发了《关于加强社会主义协商民主建设的意见》。明确了社会主义协商民主的本质属性和基本内涵，阐述了加强社会主义协商民主建设的重要意义、指导思想、基本原则和渠道程序。可以说，当前及今后相当长的一段时期，不断完善社会主义协商民主制度，积极推进社会主义协商民主制度的实践，已经成为我国在国家制度构建方面的重要维度。

2015年7月，中共中央办公厅、国务院办公厅印发了《关于加强城乡社区协商的意见》，进一步对开展城乡社区协商工作提出了具体要求，并指出"社区是社会的基本单元，加强城乡社区协商，有利于解决群众的实际困难和问题，化解矛盾纠纷，维护社会和谐稳定；有利于在基层群众中宣传党和政府的方针政策，努力形成共识，汇聚力量，推动各项政策落实；有利于找到群众意愿和要求的最大公约数，促进基层民主健康发展"[2]。

2019年10月31日，中国共产党第十九届中央委员会第四次全体会议通过的《中共中央关于坚持和完善中国特色社会主义制度推进国家治理体系和治理能力现代化若干重大问题的决定》更是将"民主协商"作为完善社会治理体系的重要一环，明确指出："坚持社会主义协商民主的独特优势，统筹推进政党协商、人大协商、政府协商、政协协商、人民团体协商、基层协商以及社会组织协商，构建程序合理、环节完整的协商民主体系，完善协商于决策之前和决策实施之中的落实机制，丰富

---

[1] 中共中央关于全面深化改革若干重大问题的决定[M]. 北京：人民出版社，2013.
[2] 新华社. 中共中央办公厅、国务院办公厅印发《关于加强城乡社区协商的意见》[EB/OL].(2015-07-22)[2021-09-25].http://www.gov.cn/zhengce/2015/07/22/content_2900883.htm.

有事好商量、众人的事情由众人商量的制度化实践。"[1]

（二）完善城乡社区民主协商是我国城乡基层社会治理实践的客观要求

从基层社会治理的实践来看，20世纪90年代以来，伴随着城镇化的快速推进和以分权为导向的市场化改革的深入，社会管理体制从"单位制"向"社区制"逐步转型，相应地，社会资源和权力分配逐步向基层社区倾斜，城乡社区建设获得了日益充分的资金保障和物质支撑，社区对人力资源、设施资源、社区社会资本方面有了更大的支配权。近十年来，全国各地进行的基层协商民主创新与实践，如浙江温岭的民主恳谈会、云南盐津的参与式预算、安徽阜阳的南塘实验等探索表明，能否建构起有效的制度化的协商机制和程序，是实现社区居民参与从"被动""动员"到"主动""自愿"的关键一环。在现有的政治框架下，协商民主作为一种嵌入性资源参与到城市治理中，将为实现社会更加有序地良性发展和提升现代城市治理水平提供持续动力。社区也借此契机不断完善参与体制，丰富居民的参与渠道，为营造社区共同体提供制度平台。但在当前的基层治理生态中，社区参与式民主进展相当缓慢。[2] 因此推进基层协商民主的过程中，应当建构起一套行之有效的议事协商机制，有效促进民众对政府信任度的提升，使基层协商民主不仅仅停留在对现存问题的临时协商上面。

综上，我们不难发现，不论在执政党和国家意志的宏观层面，还是在社区治理实践的微观层面，都迫切需要在理论和实践方面积极回应当前基层协商民主建设的诉求，特别是逐步建立和完善城乡社区基层协商的程序与机制，逐步培育城乡社区居民尊重契约和规则、学习协商和共赢的公民价值观，使社区基层民主的实践真正成为现代公民养成的"讲习所"，建构起国家治理体系和治理能力现代化的社会基础。

---

[1] 新华社. 中共中央关于坚持和完善中国特色社会主义制度 推进国家治理体系和治理能力现代化若干重大问题的决定[EB/OL].（2019-11-05）[2021-08-31].http://www.gov.cn/zhengce/2019-11/05/content_5449023.htm.

[2] 韩福国, 张开平. 社会治理的"协商"领域与"民主"机制：当下中国基层协商民主的制度特征、实践结构和理论批判[J]. 浙江社会科学, 2015（10）: 48-61, 156.

二、城乡社区民主协商的理论与实践

(一) 城乡社区民主协商的相关理论

城乡社区民主协商的理论基础来源于近三十年来国内外民主理论研究中对协商民主的讨论。总体而言,具有代表性的协商民主理论大致有以下几种。

第一种是将协商民主看成是一种决策体制,或者说决策形式。米勒提出,"当决策是通过公开讨论过程而达成,其中所有参与者都能自由发表意见并且愿意平等地听取和考虑不同的意见,这个民主体制就是协商性质的"[1]。

第二种是将协商民主看成是一种民主治理形式。瓦拉德兹认为,"作为一种具有巨大潜能的民主治理形式,协商民主能够有效回应文化间对话和多元文化社会认知的某些核心问题"[2]。这种观点认为协商民主的取向是公共利益,实现共识的渠道是对话,由此才能做出民主的决策。

除此以外,有些研究者认为协商是一种团体组织或政府形式。[3] 科恩认为协商民主意味着一种事务受其成员的公共协商所支配的社团。这种社团的价值将民主本身视为一种基本的政治理想,而不仅仅是可以根据某方面的平等或公正价值来解释的衍生性理想。[4] 与科恩持相同观点的还有库克,他认为如果用最简单的术语来表述的话,协商民主指的是为政治生活中的理性讨论提供基本空间的民主政府。[5] 从这一角度讲,科恩将协商民主的概念概括为五个特征,即① 协商民主是一个正在形成的、独立的社团;② 协商民主是一种多元联合;③ 成员们共

---

[1] 戴维·米勒. 协商民主不利于弱势群体?[M]//登特里维斯. 作为公共协商的民主:新的视角. 王英津,等译. 北京:中央编译出版社,2006:139.

[2] 乔治·M. 瓦拉德兹. 协商民主[J]. 何莉,编译. 马克思主义与现实,2004(3):35-43.

[3] 陈家刚. 协商民主引论[J]. 马克思主义与现实,2004(3):26-34.

[4] 乔舒亚·科恩. 协商与民主合法性[M]//雷吉. 协商民主:论理性与政治. 陈家刚,等译. 北京:中央编译出版社,2006.

[5] 卢瑾. 当代西方协商民主理论研究:现状与启示[J]. 政治学研究,2008(5):99-107.

享这样的观念；恰当的联合条件为他们的协商提供基本框架，同时，这些联合条款也是这种协商的结果；④成员将协商程序看成是合法性的来源；⑤社团成员承认其他人的协商能力。[1]

因此，协商民主可以理解成一种理性的决策形式，或者是一种组织形态，或者是一种治理形式。[2] 在自由主义和批判理论的基础上建立起来的协商民主理论经过几十年的发展，取得了丰硕的理论成果。协商民主的内涵、价值、困境和制度形式都有大量的学者在讨论。然而学界对作为民主技术的协商民主的讨论并不充分，即便西方协商民主的实践也有诸多困境。[3]

（二）城乡社区民主协商的相关实践

自20世纪90年代以来，基层协商民主的探索也在中国各地不断出现。主要的实践形式包括：①以浙江温岭市各乡镇为代表的民主恳谈会及参与式预算；②以各种议事会为代表的民主议事机构，如安徽桐城的党员代表议事会、吉林辉南的党群议事会、辽宁大连的政协社区议事会、四川邛崃的新村发展议事会等；③以各种论坛为代表的社区论坛、村民论坛和电视论坛，如南京的社区论坛、广州羊城论坛以及武汉的电视问政等；④听证会，如地方人大立法听证会、地方政府的各类行政决策听证会等；⑤工资集体协商制度；⑥互联网公共论坛，如苏州"寒山闻钟"论坛、"肝胆相照"论坛等。[4] 这些机制都给基层民主治理注入了新鲜的血液，扩大和保障了公民权利，促进了我国基层协商民主的蓬勃发展。然而，这些协商民主实践模式依然面临着协商制度供给不足、机制运行不健全、制度创新可持续性差等问题。当前基层协商民主建设所面临的主要矛盾就是城乡居民日常事务治理中日益增长的协商对话需求与基层协商平台和制度的供给不足之间的矛盾。即使在一些已经

---

[1] 乔舒亚·科恩. 协商与民主合法性[M]//雷吉. 协商民主：论理性与政治. 陈家刚，等译. 北京：中央编译出版社，2006.

[2] 陈家刚. 协商民主引论[J]. 马克思主义与现实，2004（3）：26-34.

[3] 埃米·古特曼，丹尼斯·汤普森. 审议民主意味着什么[M]//谈火生. 审议民主. 南京：江苏人民出版社，2007.

[4] 宁有才，王彩云. 推进基层协商民主的动力分析[J]. 山东社会科学，2013（10）：116-121.

进行基层协商民主实践活动的地区，相关的协商民主操作程序也不够明确严谨。协商机制没有切实解决基层社会治理所面临的核心问题，许多地方的协商民主实践形式化、过场化，制度化、规范化程度较低。

在各地多样化的协商实践中，基层议事协商机制在城市社区治理中的功效初步显现，然而不可否认的是，各地的探索还存在许多不足，我国的基层协商民主实践中理论与实践脱节，理论没有作为一种技术性资源嵌入基层协商民主中，而且相关技术流程欠缺。因而开发简便易行，符合地方实际的程序和技术，提升基层协商民主的制度供给水平，成为促进协商民主可持续发展的当务之急。[1] 而协商民主理论也有许多论争，有待进一步讨论与完善。

首先是关于决策与治理的争论。编者认为从协商民主理论层面来说，它是一种治理形式而不是决策机制。我国现阶段的协商民主存在着一定的政府形式，许多协商民主的实践表明，政府参与，甚或牵头的形式广泛存在于协商民主实践当中。缺乏政府参与的协商无法在制度层面得到承认。而社区理事会形成的决议并不能作为一个方案直接得到实施，必须提交业主委员会进行表决，通过之后方可实施。协商民主应当作为一种治理工具，这可能是政府推进这套机制的动力所在。

其次是补充和替代的争论。尤根·哈贝马斯认为，民主就像一个旋转的陀螺，重要的是旋转的过程。法治的观念使得法律的应用机制这个陀螺旋转起来。离开了这个旋转的过程，民主政治这个陀螺就会倒下，个人的权利就无从谈起。[2] 帕特曼和麦克弗森认为，对政治的直接参与，能够强化人们的政治责任感，减少人们对权力中心的疏远感，培养人们关注集体的公共问题习惯，这有助于形成积极的、对政治事务有着更敏锐的觉察的公民。程序化参与式民主的协商民主，是代议民主的补充而非替代。毫无疑问，协商民主在某种程度上完善了代议民主、多数民主及远程民主，但它无法替代代议民主。协商民主实施的前提条件中

---

[1] 张等文，杨才溢. 中国基层协商民主实践及其可持续性研究［J］. 东北师大学报（哲学社会科学版），2016（2）：83-88.

[2] HABERMAS. Between facts and norms: contributions to a discourse theory of law and democracy[M].Cambridge, Mass: The MIT press, 1996.

最重要的一条是参与协商的主体必须处在平等的地位,而代议民主能够提供这一前提条件。协商民主在不断发展的过程中,会逐渐遇到瓶颈,最大的问题就是制度空间的问题。代议民主与协商民主就相当于"皮"与"毛"的关系,"皮之不存,毛将焉附?"缺乏代议民主的平台,协商民主无法得到更好的发展。

最后是解决问题与技能训练的争论。协商民主目前在进行民主技能训练方面的作用更为直接。从功能角度来说,协商民主既要解决实际事务问题,同时也要对大众的民主技能进行训练。前者是社会迫切需求的,后者则需要长期实行,它无法产生立竿见影的效果,却是我国民主进程中不容忽视的重点。在进行协商民主实践的过程中,社区对协商民主的理解存在一定的误区。社区希望通过社区理事会这一协商议事平台解决养宠物、停车、流动摊贩、邻避效应等实际问题,它需要看到协商民主的好处才能有继续推进的动力,然而协商民主目前在解决问题方面还有较大的难度。虽然协商民主能够训练大众民主的技能,但这一技能是难以量化和考评的,这也使协商民主在推进时遇到的较大问题。

在实践层面,协商民主也面临着较多的难题。首先,协商民主的理念如何被认知和接受。就算社区中居民的文化素质和积极性较高,属于发育较为成熟的社区,居民往往还是被动员参与而非自愿参加。其次,参与协商民主的主体是由选举产生,还是实行配额制,这需要视情况而定。如果是社区层面,由于社区本身的选举较多,主体具有不确定性,应该实行配额制。如果是其他方面的协商,则需要另行考虑。最后,还有如何进行绩效评估、如何处理地方事务或社区事务方面的争论等。

从1978年改革开放以来,中国民主一直沿着协商民主的路径前行,将民主作为一种资源嵌入到社会治理当中,调整民主的具体制度安排,从而形成了中国式民主的内生性发展。[1] 基于社区理事会平台的议事协商机制,正是这种嵌入基层治理实践的一种重要民主技术。它以其规范性、适用性、简易性使得社区居民能自由充分地表达自己的意愿,达

---

[1] 韩福国. 作为嵌入性治理资源的协商民主:现代城市治理中的政府与社会互动规则[J]. 复旦学报(社会科学版),2013(3):156-164,170.

成普遍性共识并解决实际问题,为促进我国基层民主实践做出了一定的努力,是一种值得期待的协商民主的实践形式。

三、城乡社区民主协商的功能

社区协商民主是党和政府为引导居民在社区治理上实现自我管理、自我服务、自我教育、自我监督而设立的,其作为一种适合城乡社区治理的制度已在全国社区逐步展开并深入推进,成为推进基层群众自治、完善社会治理、维护社会稳定的制度安排。社区协商民主是政府以社区为协商民主的平台,通过理性讨论使居民思想发生变化,最终由居民针对社区内的公共事务商讨出解决方案。

城乡社区协商的对象是社区内的公共事务,包括涉及村(居)民切身利益的社区公共产品供给和社区公共服务、居民自发组织的社区文体活动、社会老龄化带来的社区养老问题、居民生活中产生的矛盾和纠纷、党和政府的政策落实和工作部署、各类协商主体提出的其他协商事务等。[1]

根据社区协商的对象可将城乡社区民主协商定位为三大功能:协商解决社区公共事务;化解社区矛盾冲突与纠纷;推进党和政府政策落实。

(一)协商解决社区公共事务

社区公共事务包括社区公共物品的生产与供给和社区公共服务的设立和开展。在宏观上,凡是在国家治理范围之内,按照属地原则分担到社区,以社区为单位去组织、协调、运行的公共事务,就属于社区公共事务;在微观上,社区经济、社区教育、社区卫生、社区体育、社区文化五大方面的事务及社会福利、社会救济是传统的社区公共事务。在当今的市场经济体制下,新独立出来的社区治安、社区服务也属于社区公共事务。

社区建设是关系到每个社区成员切身利益的事务,需要社区成员的

---

[1] 张等文,孙泽亚,刘彤. 中国城乡社区协商民主发展的现实形态与推进理路[J]. 理论探讨,2016(3):29.

共同参与。城乡社区民主协商转变了党组织、社区居委会的角色,将它们从"领导者"演变为"引导者",从由"为民做主'转变为'由民做主",把话语权、决定权交给群众,可以充分调动居民参与社区治理的积极性,找到群众意愿和需求的最大公约数,协商解决社区的公共事务。协商的过程,其实就是群众广泛参与社区公共事务的过程,是各利益相关方理性表达自己的意愿并最大限度凝聚共识的过程。民主协商可以广泛发动社区群众和社会组织参与社区治理,不仅可以让社区居民熟悉自己身边的事务,还让基层政府了解了群众的诉求。对社区公共事务和公益事业进行民主协商,可以使群众真正参与到社区公共事务的管理中,且民众的合理诉求都可以开展协商,还可以更加全面地兼顾各方利益。同样,对一些涉及面广、情况复杂、难以解决的公共事务,也可以充分发挥协调作用,帮助解决社区实际问题[1]。

协商解决社区公共事务的功能主要表现为社区各利益相关者主动参与到社区环境整治、雨污分流、道路绿化、停车位收费等重大社区公共事务的商讨中。如南京市秦淮区政协在以"共建幸福秦淮"为主题的基层协商民主试点工作中,在处理红花街道龙堤路与怡居路交叉口路面沉降问题时,通过社区民主议事会广纳群众意见,查清路面沉降原因,在市、区、街道各级单位的协调推进下,顺利完成道路整改工作。

在使用协商解决社区公共事务这一功能时还须注意以下事项:① 议事协商必须要坚持"依法依规、各方平等、主体多元"的原则进行;② 协商议题要注意公共事务与个体利益、个人诉求的严格区分,防止偏离方向;③ 广泛征求意见,对项目进行公示,对公共事务项目确定、实施、反馈等进行全周期的监督;④ 项目推进过程中要成立由社区党组织、相关利益方、项目经办方等成员组成的监督委员会,对项目进展情况、质量情况、完成时限等进行全程监督,并及时将项目办结情况,通过各种方式定期通报,确保项目建设按时限、高质量完成。

---

[1] 刘凡. 积极推进基层协商民主创新发展[J]. 江苏政协, 2015 (4): 23-24.

（二）化解社区矛盾冲突与纠纷

社区矛盾冲突与纠纷是指发生在特定地域内，社区各利益主体因社区各种公共事务或问题而引发的一种不和谐对立的状态，包括社区居民之间、社区居民与社区单位之间，社区居民、单位与政府驻社区机构之间的矛盾。当前城乡社区矛盾主要呈现出矛盾纠纷主体多元化、客体复杂化、类型多样化、纠纷易激化、利益焦点化等特点。[1]

具体来看，城市社区矛盾纠纷以社区在矛盾纠纷调解中的功能为标准可分为服务型矛盾纠纷、管理型矛盾纠纷和制度型矛盾纠纷[2]；按实态可分为政府与社区群众的矛盾、社区基层企事业单位的就业矛盾、社区保障矛盾、社区治安矛盾、农民工和城镇居民矛盾五类[3]；按矛盾元可分为社区阶层矛盾、社区权力矛盾、社区文化矛盾、社区物质利益矛盾四类。

农村社区矛盾从形式上看集中在土地流转、土地征用、生产经营、金融借贷、环境污染、社会治安、贫困扶助等方面，难以依靠自有组织自行解决，必须依赖第三方的力量介入进行化解，[4] 如行政机关、人民法院和人民调解委员会等。

开展基层协商民主，彻底改变了以往社区居民诉求不畅、投诉无门的状况，使居民表达诉求变得便捷而有效，使许多矛盾纠纷被发现和化解在萌芽状态，通过整合各项资源，凝聚治理合力，实现政府治理和社会调节、居民自治良性互动。城乡社区民主协商这种形式可以保障和支持城乡社区居民通过自由平等的对话切磋，更加广泛地直接参与城市社区和村级事务决策、管理和监督，可以促进城乡社区基层组织与村（居）民、社区不同利益主体在城乡社区治理中良性互动，有利于化解

---

[1] 张丽红．当前社区矛盾纠纷的主要特点及其应对 [J]．社会工作（学术版）．2011 (5)：95-96.

[2] 胡广．城市社区矛盾纠纷类型及发展趋势：基于对湖北省城市社区的研究 [D]．上海：华中师范大学，2015.

[3] 申英利．社会资本视野下城市社区矛盾的化解机制研究 [D]．杭州：浙江工商大学，2013.

[4] 马晓宁．乡村振兴背景下农村社区矛盾纠纷治理机制研究 [J]．湖北经济学院学报（人文社会科学版），2021（8）：85-89.

社区矛盾冲突与纠纷，进一步维护社会繁荣稳定。具体地，在面对多元矛盾冲突与纠纷时，城市社区以居委会、业委会、物业管理公司、社会组织、社区居民为主体形成以居民议事会为代表性平台的协商机制；农村社区以村党委、村民委员会、村民代表大会为主体形成以民主恳谈会为代表性平台的协商机制。民主协商作为社会治理的基本方式之一，强调发挥社会主义协商民主的制度优势和人民群众的力量，预防和化解社会矛盾，维护社会稳定和国家安全。

在使用化解社区矛盾冲突和纠纷这一功能时须注意以下事项：① 提升基层党组织公信力，增强人民群众的归属感和信任感，想群众所想，急群众所急，帮群众所需；② 构建调解工作格局，建立首问负责、访调对接、研判会商、定期排查、服务承诺等机制；③ 加强社区调解和人民调解的工作联动，重视社区调解员队伍建设和素质提升。

（三）推进党和政府政策落实

以人民为中心是习近平新时代中国特色社会主义思想的根本立场，是党和政府一切工作的出发点和落脚点，基层是人民群众较为集中的地方，也是我国治理体系的末梢。协商民主是党领导人民有效治理国家、保证人民当家作主的重要制度设计，推进城乡社区协商民主，实则是完善党对基层工作的领导。

深入推进社区协商，贯彻落实习近平总书记系列重要讲话精神和治国理政新理念新思想新战略，坚持党的领导、基层群众自治和依法协商的有机统一，按照协商于民、协商为民的要求，对密切党群、干群关系，促进社会和谐稳定，推动和实现社会治理体系和治理能力现代化具有十分重要的意义。城乡社区民主协商是政协协商工作向基层的延伸部署，以协商民主推进基层社会治理，为党和政府联系服务群众搭建了平台，也为政协委员下沉履职开辟了新道路，进一步推进了党和各级政府政策在基层的落实。

第二节 城乡社区民主协商机制

一、城乡社区民主协商的主体

（一）主体类型

社区民主协商主体是指协商议题所涉及的所有利益相关方，按行政区域的不同可分为城市社区协商主体和农村社区协商主体。前者主要包括基层政府及其派出机关，城市社区党组织，居民委员会，居民监督委员会，居民小组，驻城市社区单位，城市社区社会组织，业主委员会，物业服务企业，户籍居民、非户籍居民代表和其他利益相关方。通常围绕社区自治章程、居民公约的制定和修订，住宅小区整治改造，环境卫生，物业管理，社会救助、社区治安、社区文化、计划生育、文明建设和社区服务等公共事务管理及其他涉及社区的重要事项进行协商。后者主要包括基层政府及其派出机关、农村社区党组织、村民委员会、村务监督委员会、村民小组、驻村单位、农村社区社会组织、农村集体经济组织、农村合作组织、村民代表及其他利益相关方。通常围绕农村社区发展规划、年度工作计划、社会规划的编制和调整，村民自治章程、村规民约的制定和修订，村民反映强烈且意见较为集中的公共事务及其他涉及本村或多数村民利益的重要事项展开协商。

（二）主体选择

除上述协商主体，还可邀请党代表、人大代表、政协委员、群团组织负责人、群众代表、社会工作者、老党员、老干部等列席；邀请专业人士、第三方机构提供参考意见，包括经济、建筑、法律、心理、教育、医疗等专业人士或机构及驻社区法律顾问。

同时，协商主体也可根据协商事项进行确定：① 涉及城乡社区公共事务和村（居）民切身利益的事项，由城乡社区党组织、村（居）民委员会牵头，组织利益相关方进行协商；② 涉及两个以上城乡社区的重要事项，单靠某一城乡社区无法开展协商时，由乡镇（街道）党委（党工委）牵头组织开展协商；③ 人口较多的自然村、村（居）民小组，在城乡社区党组织的领导下组织村（居）民进行协商；④ 专业性、技术性的事项，可以邀请相关专家学者、专业技术人员、第三方机构等进行论证评估。[1]

（三）主体协商内容

综合来看，城乡社区民主协商主体围绕的协商内容主要包括以下五类：

1. 制度建设类

制度建设类包括：① 村（居）民自治章程及村规民约、居民公约、业主公约的制定和修改；② 民主管理、民主监督、民主决策、民主评议等制度的修订和修改；③ 财务管理制度的制定和修改；④ 辖区内重大议事流程、议事规则的制定和修改；⑤ 村（社区）年度工作计划，涉及村（居）民权益事项和公益事业发展的计划，重大项目引进、建设计划，与辖区单位共建工作计划等的制订和修改。

2. 民主监督和民主管理类

民主监督和民主管理类包括：① 村（居）事务公开、财务公开；② 对村（居）民代表会议，村（居）民会议决议、决定的落实情况的监督、评议；③ 对社区工作者、公益性岗位人员、由村民或者村集体承担误工补贴的聘用人员等履职情况的评议；④ 社区财务预算、决算；⑤ 社区集体资产、资源、资金的管理、使用和分配，社区发展公益事业资金的筹备、使用和管理。

3. 公共事务类

公共事务类包括：① 村（居）民委员会的设立、撤销、权职范围调整，村（居）民小组的划分；② 社区自治组织、群体组织、志愿组织、业主委员会等组织的民主推选、培育和发展；③ 社区公共服务活动场所、便民服务点等选址布局、功能设置、使用管理等；④ 供电、供水、供气、通信、电视、网络等行业服务设施建设、收费、管理、维护

---

[1] 新华社. 中共中央办公厅、国务院办公厅印发《关于加强城乡社区协商的意见》[EB/OL].（2015-07-22）[2021-08-30]. http://www.gov.cn/zhengce/2015-07/22/content_2900883.htm.

等；⑤ 物业与业主公共管理事务等。

4. 公益事业和公共服务类

公益事业和公共服务类包括：① 各项社会保障政策的落实，廉租住房申请、社会救助救济及对困难群众、弱势群体实施帮扶救助措施的落实；② 社区治安维护、环境卫生整治、道路交通整治、农田水利改造、公共部位设施修缮等公共治理事项；③ 社区公益事业基础设施建设及管理等。

5. 其他

其他协商内容有：① 党和政府各项方针政策、重点工作部署在社区落实的具体措施；② 法律法规和政策明确要求协商的其他事项；③ 各类协商主体和村（居）民认为确有必要进行协商的事项。

二、城乡社区民主协商的形式

（一）村（居）民会议、村（居）民代表会议制度

依据《中华人民共和国城市居民委员会组织法》，居民会议是居民发扬民主的组织制度和民主决策的组织形式，是实行自治的决策机构，真正的权力属于居民会议，而社区居民代表会议制度则为居民会议提供相应的组织规范。在《中华人民共和国村民委员会组织法》也有类似的规定。在现实社区民主建设中，村（居）民代表会议制度都是结合社区实际而制定，通过村（居）民会议保障社区居民合法权利，完善社区居民代表会议制度，推进社区民主政治建设。

村（居）民会议被赋予审议各类规章制度和村（居）委会工作报告及讨论、决定社区的重要公共事务等职能。这一制度创新不仅有利于居民群众对社区居委会的监督，也有利于民主决策。因为居民代表大会可以充分地表达民意，集中多数人的智慧，减少盲目和冲动，从而实现决策的民主化和科学化。因而要充分发挥社区居民会议在民主决策方面的作用。

此外社区居民会议、社区居委会都应有其他吸纳民意、积聚民智的渠道，使更多的居民群众参与民主决策。如实行走访居民制度、临时扩

大会议制度（遇关系到社区全局利益的重大决策时可另外临时邀请一些居民参加会议）及居民报名列席旁听居民代表会议制度等。

（二）社区民主议事会、村（居）民理事会、小区协商、业主协商

社区民主议事会是社区的议事、协商和协调机制，是社区居委会扩大民主参与，及时了解和掌握居民的需求和呼声，共同商讨解决涉及社区居民利益的事项，实现社区民主管理的重要会议制度。

村民理事会是以村民小组或自然村为基本单元，以真正实现村民自治为目的的机制，代表村民协商公共事务，实行民主管理和监督，其成员由村民推选产生。村民理事会配合、协助村民委员会开展工作，村民委员会支持、指导村民理事会组织村民开展精神文明建设、兴办公益事业。村民理事会在村党组织领导和村委会指导下开展活动，根据群众意愿建立村民理事会，代表村民对本集体组织范围内的公共事务开展议事协商。居民理事会与村民理事会的不同主要体现在地域，前者基于城市社区，后者基于乡村社区。

小区协商主要是依托小区业主委员会来实现，主要存在于城市社区中。2019年，党的十九届四中全会提出社会治理的28字方针，即"党委领导、政府负责、民主协商、社会协同、公众参与、法治保障、科技支撑"，这为小区协商治理指明了方向，具体来讲，就是在党的领导下，依法依规筹建业委会，通过调动小区内部多元力量，走"党建引领+小区多元共治"的协商治理之路。

业主协商自治是一种全新的协商民主治理形式，它由物业公司代管与业委会监督的模式直接转变而来。业主自主治理打破了以往基层民主中行政干预式的群众自治模式。一般出现在分散或分割的小区、老旧小区、城中村小区或规模较小的小区。由业委会或业主自治小组接管小区物业工作。由业委会及业主大会共同协商决定选聘相关保安和清洁人员，或采取服务外包方式。日常事务也由业主与业委会协商决定，大事则由业主大会协商决定。

（三）村（居）民决策听证、民主评议

社区听证制度是行政听证制度在社区的应用。简单来讲，社区听证制度是指社区居委会应社区组织、社区居民或政府相关部门的要求，在涉及居民利益的重大决策或项目实施前，或者在涉及社区管理的重大问题时，召开听证会，从而实现社区居民对政府、社区工作参与和监督的一项制度。社区听证制度在协调居民利益、化解居民矛盾，提高政策的正确性和执行力度等方面发挥了积极作用。

民主评议则是指由社区党组织、居委会组织社区成员代表对社区居委会全面或某一单项工作、政府在社区的有关工作进行考核评议，并做出相应的书面评定意见的一种会议制度。主要是听取社区居委会的工作报告，接受居民对社区工作的审查和考评，以推进社区民主监督，促进社区各项工作。

村（居）民决策听证、民主评议都是现时期我国社区实行的"四会"制度的内容，"四会"制度具体包括听证会、协调会、旁听会、评议会。

（四）民情恳谈日、社区（驻村）警务室开放日、村（居）民论坛

民情恳谈会，指由社区居委会组织社区成员代表对居民群众、辖区单位迫切需要解决的问题和社区正在开展的各项工作进行交流沟通。主要职责是倾听社情民意，为民帮困解难，促进社区居委会和社区成员之间的相互沟通和理解支持。通过采取定期恳谈、不定期恳谈和下访、走访等形式，以面对面座谈"拉家常"、双向互动、一问一答的形式开展恳谈，创造一个社区工作者和群众双向沟通交流的良性环境，这更多的是决策者向民众反馈信息的机制与日常情感联络的载体，有开放与民主的特征。但民情恳谈制度的关键在于选择什么样的议题向民众反馈，如何吸纳民众反馈的结果并落实到后面具体的实际工作中，这些是在进一步建设发展过程中尤其需要注意的。

社区（驻村）警务室开放日，则是指在开放日，作为公安机关最基层部门的社区警务室，敞开大门访民意，作为与群众接触最密切的社区民警，打开心扉听民声，进一步密切警民关系，取得群众对警务室工作的理解和支持，不断提高社区群众的安全感和幸福感。

市民论坛是一个比较灵活和方便的参与形式，其参与人数往往较

多，每个人都有参与的机会与自由。但收集整合的具体意见，缺乏明确的规则与方法，难以形成共识。

（五）网络协商平台

社区协商民主是解决社区问题的有效途径，是社会主义协商民主的基础和前提。借助"互联网+"，搭建服务平台，动员社区"五老队伍""社区法律顾问""居民代表"和热心居民参与社区活动，可以了解居民需求、协商社区事务、化解邻里矛盾。同时通过网络技术可以整合资源平台，全面整合辖区企业、驻地单位、物业、社区、社会组织、社区队伍及社区骨干等协商议事主体，积极引导辖区资源参与民情协商，探索建立协商议事规则与居民公约，最后网络平台可以突破时空的限制，更加有效地搭建"服务、资源、网络"相衔接的协商平台。例如诞生于2000年的上海市华山居委会网络论坛，网站就设有"小区新闻""华山小区简介""小区公告""大家谈"等板块，尤其是"大家谈"板块，开辟"小区热评""我有建议""咨询时空""谈天说地"四个子板块，为社区居民的意见表达提供了广阔的平台。

总的来看，网络协商平台避免了熟人面孔不好批评的问题，居民可以直言不讳说出对社区治理的意见，对于社区民主建设提供了很大的帮助。不过缺点也很明显，能上网的、愿意上网的是同一群人，而且由于网络发言的随意性太强，参与者表达观点容易偏激。因而应该提倡线上论坛与线下论坛结合，以此提升民意表达的质量。

三、城乡社区民主协商的技术

改革开放以来，我国城乡基层社会经历了重大而深刻的变化，社会利益格局的多元化趋势日益明显，相应的社会利益冲突和矛盾也日益上升，不同利益主体之间的利益协调机制亟待建立和完善。由开放空间技术、罗伯特议事规则、参与式预算及协商民意测验等技术方法共同支撑起来的议事协商机制，充分尊重居民自我表达和自我选择的权利，让观点充分碰撞与交流，以求达成共识，从而解决实际问题。

（一）开放空间技术

开放式空间技术是一种创新的会议形式，是由组织顾问哈里森·欧文在 20 世纪 80 年代中期发现的。开放式空间技术会议没有正式的结构，缺少主旨发言人、组织展位和预先安排的日程。相反，与会者坐在一个大圈子里，提出他们想发起的活动、讨论和研讨会。会议可以根据每个人的意见进行展开，根据议程持续一天或几天，并将 2~5 人的不同群体聚集在一起，如图 8-1 所示。

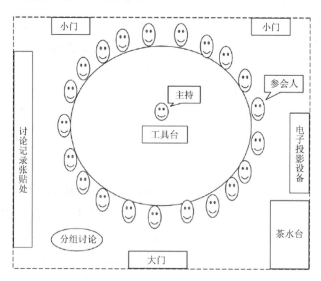

图 8-1　开放空间会议会场布置[1]

　　在"开放空间"过程中通过参与者的沟通、互动、合作、创新探索，发现应对挑战的策略。参与者可以创造并管理会议的日程，围绕着一个中心战略目标，所有的利益相关方都可以支持并参与其中。"开放空间"是一种可以激发各类群体、机构创新的方法，既可以提升会议组织者的领导力，也可以建立起一个有创造力、充满活力的组织，使得人们在工作中有非凡产出。这是一种新的尝试，可以把人们的工作积极性调动起来，在很多方面都与传统的会议大不一样。

（二）罗伯特议事规则

知识点链接：

离开了规则，每个人都自由行事，结果就是每个人都得不到真正的

---

[1] KLEINMAN D L. Science, technology, and democracy [M]. New York：State university of New York press, 2000：47-58.

自由。……在一个人民做主的国家里,很少有一门知识能像议事规则这样,只需稍加学习即可如此显著地提高效率。

——亨利·罗伯特

只有有了规则,组织的决定才能够协调一致、前后统一,不会随着领导的反复无常而反复无常,也不会被某些人的强词夺理所操纵、左右。对于一个严肃的组织来说,必须时刻维护自己的秩序、尊严和规范。

——托马斯·杰斐逊

夫议事之学,西人童而习之,至中学程度则已成为第二之天性矣,所以西人合群团体之力常超吾人之上也。

——孙中山

往常开会有如下一些通病:

1. 议题杂乱

较短时间安排大量议题,议题"发散",议题迅速偏离到其他议题上,或"离散"出无数议题,最终没有哪个议题能获得充分讨论,与会者也未能深入理性交流。

2. 进程专横

"多数方专横":多数方漠视少数方权利,以各种手段阻止其发言。"少数方专横":在发言和表决权得到尊重,会议已按"多数表决"原则和民主程序做出有效决定情况下,少数方仍拒绝接受会议决定,不达目的、誓不罢休,以致会议陷入僵局。"主持人专横":利用主持会议权力,将自己意志强加于人。

3. 论争粗鲁

平静开始,大声争吵,指名道姓,人身攻击,人格和道德怀疑;甚至有"肢体冲突"。不仅未解决问题,反而增加了仇恨。

4. 决定草率

许多与会者尚未获得发言机会,重要信息会议上未披露,辩论尚未充分、表决时机并未成熟,就强行对议题事项进行表决。

5. 会议拖延

期待"皆大欢喜"局面，担心表决结果造成与会人员"分裂"，不愿或拒绝表决。

6. 流于形式

为确保决议顺利通过，采取"突然袭击""限制发言""缩短会期""虚构或隐瞒信息"等方法操控会议进程。

针对上述问题，有人提出将会议交由一个指定的人去主持，以此来维护各方的利益以保证会议可以继续持续下去，不致因为某些矛盾的爆发而中止。

但是实际操作起来并没有预料的顺利，为什么呢？英国人发现在这一过程中执行规则的效果并不是很好。因为新的问题出现了：如果主持人发言跑题或者搞一言堂，抑或是主持人与别人发生口角，甚至互相攻击，又该如何应对？

这个问题可以说是一座分水岭。跨过它，就能走向一套科学的议事规则；跨不过，议事规则就始终还处在比较混沌的状态。

现实生活中主持人破坏规则的现象不少。解决办法概括起来有以下几种：一是彻底把规则否定了，这部分人认为规则的存在毫无意义，主持会议人员都破坏了规则，更无法要求参会人员去遵守规则；二是寄希望于主持人高度自律，认为有一个自觉遵守规则的主持人的存在，可以为其余参会人员起到带头作用；三是主张让与会人员相互监督来维持规则。但这样一来又回到前面讨论的谁都监督、谁都不监督的混乱状态。这样来看，监督者如何被监督？这似乎是个解不开的悖论。于是人们对规则的探索似乎止步于此。任凭再多再好的规则，都需要人来执行，而如果执行人破坏规则，这个规则体系就必然是名存实亡的。

那么在这样的现实困境下英国人是如何解决上述问题呢？首先，不能一下子否定规则，而是要"兵来将挡，水来土掩"。其次，不能指望主持人高度自律，而是承认主持人也会犯错误，承认会表达自己、并且因为要表达自己而变得冲动是人的一种天性，规范主持人的言行应该靠更精巧的规则，而不单纯是靠崇高的道德来制衡。其实跨过这道门槛的思路也并不是多么复杂。今天我们都知道这样一个道理：如果你是裁判员，你就不能是运动员。那么，主持人要监督规则的执行情况，是不是就是会议的裁判员？会众希望自己的观点赢得大家的认可，是不是就是会议的运动员？结论就很明显了，主持人不应参与发言。防止一个人犯错误的最好办法，就是不给他犯错误的机会。不能发言，自然就不可能违反发言规则。因而我们希望主持人跟裁判员一样，越中立越好，越公正越好。这就是"主持中立原则"，在此基础上我们应当可以尝试尽量实现以下的会议讨论原则。

1. 一事一议

讨论必须坚持围绕当前议题开展，主持人有权打断显然与当前议题无关的发言。

2. 正反双方轮流发言

为了保障会议的均衡，主持人在分配发言时应当让正反双方交替发言。

3. 限时限次

根据会议情况，为保障会议质量，约定每人针对某一议题的发言次数和每次发言的时间。

4. 主持人分配发言权

发言前要经过主持人同意，不能随意发言，主持人有权打断未经同意的发言。

5. 主持人中立

主持人不得总结他人发言、发表自己的看法。主持人要维护好会议秩序。

6. 不做动机猜测

讨论议题就事论事，不能攻击他人或者恶意猜测他人的发言动机。

7. 先表态，后发言

发言之前，先要表明自己的态度，然后再说明自己的理由。

知识点链接：罗伯特议事规则的国内实践："南塘十三条"[1]

第一条　会议主持人，专门负责宣布开会制度，分配发言权，提请表决，维持秩序，执行程序。但主持人在主持期间不得发表意见，也不能总结别人的发言。

第二条　会议讨论的内容应当是一个明确的动议。"动议，就是行动的建议！"动议必须是具体的、明确的、可操作的行动建议。

第三条　发言前要举手，谁先举手谁优先，但要得到主持人允许后才可以发言，发言要起立，别人发言的时候不能打断。

第四条　尽可能对着主持人说话，不同意见者之间避免直接面对面地发言。

第五条　每人每次发言时间不超过两分钟，对同一动议发言每人不超过两次，或者大家可以现场规定。

第六条　讨论问题不能跑题，主持人应该打断跑题发言。

第七条　主持人打断违规发言的人，被打断的人应当中止发言。

第八条　主持人应尽可能让意见相反的双方轮流得到发言机会，以保持平衡。

第九条　发言人应该先表明赞成或反对，然后说理由。

第十条　不得进行人身攻击，只能就事论事。

第十一条　只有主持人可以提请表决，只能等到发言次数都已用尽。或者没有人再想再发言了，才能提请表决。如果主持人有表决权，应该最后表决。防止"抱粗腿"现象的出现。

第十二条　主持人应该先请赞成方举手，再请反对方举手。但不要请弃权方举手。

第十三条　当赞成方多于反对方，动议通过。平局等于没通过。

（三）参与式预算

参与式预算是指政府将涉及公众切身利益的公共项目建设资金，交

---

[1] 此为寇延丁、袁天鹏团队在南塘调研的重大成果，内容有少许调整，参见寇延丁，袁天鹏.可操作的民主：罗伯特议事规则下乡全纪录[M].杭州:浙江大学出版社,2012:76-77.

给公众讨论，并由公众决定，使预算编制更加公开、民主、透明。这一举措提高了资金使用效果，避免了腐败，同时也唤醒了百姓的民主意识和参与意识，为民意的充分表达提供了平台。

从前的公共建设资金使用，都是政府依据年度计划进行安排的，直到工程施工百姓才知道具体的资金安排，这样一来很容易造成公共资金供给的内容和民众的实际需求之间产生出入，进而导致社会资源配置效率的低下。而在参与式预算下，公民可以借助各种论坛、会议等平台，与公共权威——政府建立起良好的对话和信任关系，这种对话可以很好地促进参会各方，也可以说是各方利益代表者真实地表达自己的观点与偏好，同时能够借此尊重和理解他人的利益需求和意愿，在这一基础上促进后面政策制定的科学合理及政策落实的有效。另外，参与式预算在一定程度上也提高了公众民主参与的能力和积极性，在不断对话中，民众的民主意识以及表达意愿的能力进一步加强，而作为组织者的政府的协调和决策能力也随之提高，这是一个双赢的过程。

（四）协商民意测验

协商民意测验是一种基于信息对称和充分协商基础上的民意调查，"协商民意测验始于对普通民意之缺点的关注——应对公众理性缺失的动机和在很多公共问题的个案调查上建立伪态度或假观念（与伪态度相似的'意气用事'观点也是一样）的倾向"[1]。由于民主参与的主体体量庞大，参与的民众认为自己表达的意愿可有可无或是实际作用不大，又或者因为在征询民意时民主表达的随意性，缺乏必要的考证和依据，而使得获取的民意信息实际上是失真的，很难为下一步的政策指导提供有效的参考。

针对这些问题，美国学者费什金提出了协商民意调查，他认为：现代国家也可以用随机抽样的方式选取一部分公民作为一个国家或地区的缩影，让这些公民聚集在一起面对面讨论一些公共议题，这样可以提供给每个普通公民成为一个理想公民的机会，他们的声音不再是千万人中

---

[1] 詹姆斯·费什金. 实现协商民主：虚拟和面对面的可能性[J]. 劳洁，译. 浙江大学学报（人文社会科学版），2005（3）：22-31.

的微弱声音而是可以被听到的声音。从而求得在政治平等、资讯充分及公众能够审慎思考和相互辩难的理想状况下所呈现的民意。[1]

协商民意调查是如何运作的？协商民意测验的基本假设是协商的过程可能会使人们的偏好发生转换。因此协商民意测验就是要确认经过协商之后参与讨论的个人对相关问题的态度或意见是否有所改变，为了使协商民意测验达到预期的效果，其具体运作有着严格的程序，要求严格按照挑选议题、组建委员会、选择参与者、第一次民意测验、研讨会议、第二次民意测验及差异分析这几步来实施。

第三节　城乡社区民主协商平台的运作

一、社区民主协商平台的搭建

（一）社区协商平台的功能定位

社区理事会的建立和运作，不能仅仅就事论事地解决社区事务中的某些具体实际问题，更重要的是通过引入技术性的协商议事规则，逐步达成培育社区居民公共精神和民主协商基本技能的目标。

社区建设理事会只是协商议事机构，不是一个决策机构，不具有决策权。各理事在社区建设理事会中的地位是平等的。社区建设理事会不是调解机构，是以公共议题和公共需求为导向的平台。社区建设理事会是居民自治的实现载体，它实质上就是从社区公共议题和居民需求出发，让居民通过民主协商的方式共同参与社区公共事务，完善社区治理体系。

社区协商平台具备以下几点特征：① 无动议，不开会。社区建设理事会是"遇事开会"，不规定具体的例会时间与要求；② 协商可能是多次的、反复的；③ 参与应当是无差别的；④ 公开和透明是社区建设理事会运作的基本原则之一；⑤ 公共性是社区建设理事会运行的基石，也

---

[1] 朱圣明. 论协商民意测验在预算民主中的运用：以浙江温岭市泽国镇为例 [J]. 西部法学评论，2010（1）：66-73.

是基本前提。

(二) 社区协商平台的搭建程序

社区协商平台的搭建应当遵循必要的既定程序，并严格按照这一程序进行，才能尽可能地实现社区协商平台的良好构建，如表 8-1 所示。

表 8-1 社区民主协商平台的搭建（以社区建设理事会为例）

Step1	社区基线调查
Step2	确定理事会配额
Step3	确定理事长、理事产生办法
Step4	召开热心居民宣讲会
Step5	社区深度调研
Step6	报名与资格审查
Step7	产生社区建设理事会成员
Step8	召开首届社区建设理事会会议并制定章程
Step9	成立

(三) 社区协商平台的组织架构

社区协商平台的组织架构需要因地制宜，以×社区建设理事会组织架构为例。在社区理事会的平台上设置荣誉理事、常务理事、理事长、秘书长等相应职位，鉴于社区理事会成员构成的多样化，理事会理事（包括常务理事和荣誉理事）不采取选举方式产生，而是遵循利益相关方原则由各方按一定比例配额分配相应名额的方式产生。其理由如下：

一是社区理事会定位为协商议事机构，并非社区事务的决策机构，因此并不具有社区公共事务的决策权，相关协商共识产生后其效用也应定位在建议案而非决议案，如涉及社区自治领域问题，则应提交社区居民代表会议或居委会；如涉及小区业主权益问题，则应提交小区业主代表大会或业主委员会议决。

二是考虑到社区理事会成员涉及社区居民、社区居委会、业委会、物业机构、社区社会组织（社团）、社区民警、爱心商户等利益相关方，除来自社区居民的代表外，其他成员都不适用于通过选举产生相应理事成员。

三是现有社区基层治理体制中，涉及选举产生的机构已经有社区党支部（由社区在编党员选举产生）、社区居委会（由社区居民选举产生）、业主委员会（由业主大会选举产生）等通过选举产生，如社区理事会再由选举产生，将增加基层社区日常工作负担，使程序烦琐化。

由此，基于社区理事会功能定位、合法性依据和基层治理体制精简的原则，社区理事会成员采用配额推荐制方式产生，只是在社区理事会理事成员间通过选举产生社区理事会理事长，所有理事均为不脱离原岗位关系的兼职岗位。其具体组织架构如图8-2所示：

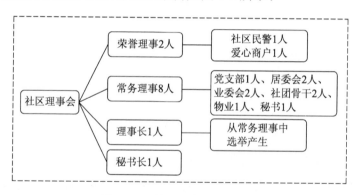

图8-2　×社区理事会组织架构

二、社区民主协商的运作机制

（一）社区协商的过程管理

社区协商的一般流程是：协商议题—通报内容—开展协商—实施方案—反馈落实。

继续以×社区建设理事会为例，其议事协商流程（图8-3）尽可能地学习借鉴了开放空间会议技术、罗伯特议事规则、协商民意测验等协商民主技术，涉及议题选择、空间营造、主持人选、议事规则、决议公开、执行反馈等具体实施细节。社区建设理事会议事协商流程的功能定位在于，基于社区建设理事会这个协商议事平台，遵循协商民主的相关技术原则和方法，把利益相关方聚集在一起，经过协商讨论，一方面提高人们民主参与和平等协商的意识，另一方面得出具有普遍共识性的议题解决方案。

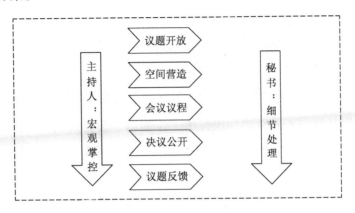

图 8-3　社区理事会运作流程

在社区建设理事会议事协商机制中，议题是首要因素，主持人掌控全局，会议秘书专注细节，会议秩序和礼仪则为整个会议提供文明和谐的环境。

在议题开放环节，先要通过日常事务流程、网络平台及开放空间会议技术等多种方式收集议题。日常事务流程渠道主要由社工委和居委会基于其日常工作所掌握的社区热点情况，推荐议题；网络平台包括借助官方微信公众平台及社区居民 QQ 群等方式征集；也可由社区两委通过组织居民开放空间会议来搜集议题。在收集议题之后，选择排名靠前的议题进行讨论，同时由至少三分之一的理事联名申请，理事长确认，在公示两个工作日无异议后即可入选。

空间营造环节，主要是针对社区理事会会议的会场空间氛围进行营造。会场物理空间的营造包括会议场所的选择、会场桌椅设备的配备和摆放、会场音响和多媒体设备、会场绿植布景等的配备及其他相关细节的布置，而物理空间的营造更为重要的功能在于对会场社会空间的营造，主要是营造出民主协商所需要的平等对话（圆桌等）、妥协理性（绿植布置）的会议氛围等。桌面可摆放空白纸张、纸笔、话筒。同时，会场应有投影仪及相应的记录工具。

议事规则环节，应充分借鉴罗伯特议事规则的协商技术，但在引入罗伯特议事规则时，应充分考虑实效性、可接受性的原则，尽量简化，可借鉴吸收袁天鹏等人"南塘十三条"的议事规则，以便参与者尽快熟悉和上手操作，并期冀在今后的操作过程中进一步摸索出更加适应社区社情民意基础的规则细节，并加以完善。实际操作过程中，可以考虑制作《议事手册》等协商议事工具。

（二）社区协商的基线调查：社区动员与社区精英资源的挖掘

开展基线调查是开展居民自治工作的第一步，我们要对社区中的资源情况进行摸底，尤其要发掘社区潜在资源，例如了解社区公共建筑、景观方面的资源，又或者了解社区成员的总体学识素质等。

在对社区协商的基线调查的过程中，尤其需要注重对社区精英资源的挖掘，他们可以为后面的社区协商事务提供巨大的帮助。社区精英的选拔标准应持有以下几点：

第一是基本要求，即有时间、有意愿、有能力。

第二要热心社区公共事务。社区建设理事会本质上是关于社区公共事务的议事、协商机构，因此要成为其理事，必须热心社区的公共事业。

第三要有公心。作为理事不是为了自己的私利，而要为社区公共利益着想，为居民服务。

第四要有公信力。作为社区建设理事会的理事，必须在其所在单位或社区有一定的公信力，受到居民的一致认可。

（三）社区协商的议题筛选

议题的来源应当是具有广泛性的，任何社区成员均可向社区建设理事会提出相关议题，但任何需要社区建设理事会讨论的议题都必须经过前置的筛选，筛选的原则具有公共性、重要性、操作性、广泛性这四个特征。社区也可以根据自己的实际情况制定细则。

在对社区协商的议题进行有效筛选之后才能进入开会讨论协商的环节，针对议题展开广泛的讨论，进而制订出实际可行的行动方案并付诸实践。实施过程中必定少不了社区成员对其的监督，在行动的最后，相应结果也应该予以公示从而保证活动结果的阳光透明，不致出现玩忽职守、事倍功半的情况（图8-4）。

图 8-4 社区协商的流程

（四）社区协商的会议流程

社区协商的会议流程大致如图 8-5 所示。

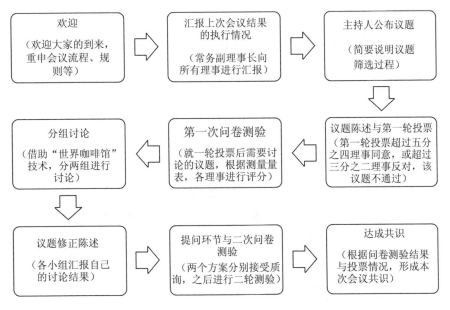

图 8-5 社区协商的会议流程

这一议事协商机制对主持人提出了较大的挑战。主持人要承担的职责主要包括：① 执行会议规则，公正、独立地裁判，维持会场秩序；② 宣读会议议程，宣布开会、散会及休息，按照议程主持会议；③ 尊重发言人角色，两个以上与会者同时请求发言时，指定先后顺序；④ 依序宣布议案讨论和表决，并宣布表决结果；⑤ 签署会议记录和相关文件，在会议结束后必须在会议秘书整理的材料上签字；⑥ 答复会议中的询问，处理现场权宜问题及秩序问题；⑦ 不能参加发言或讨论，如必须发言，则须把主持人权力暂时移交他人；⑧ 制止有人身攻击、超出议题的发言。

会议秘书也是不可缺少的角色，他主要负责：① 整理记录会议材料，在会议结束后撰写会议纪要；② 会议期间帮助主席维持会议秩序，执行会场纪律须得到主席明确授意；③ 记录每人发言时间和发言次数，在与会人员发言次数不足两次及单次发言时间还剩 15 秒时应当举牌提醒主席与发言人；④ 在主持人必须发言的时候，暂时承接主持人权力，执行会议议程等。

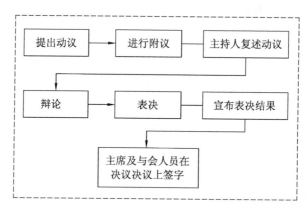

图 8-6　议事规则六大步骤

总的来看，议事分为六大步骤，分别是动议、附议、陈述议题、辩论、表决、宣布结果，如图 8-6 所示。同时，在一项议题被提出的时候，必须遵循"五要素"（表 8-2）。

表 8-2　动议的五要素

时间	时间阶段、完成期限
地点	实施地点
人物	执行人、负责人
资源	要花多少钱，资金怎么来，需要什么物质资源
结果	要有衡量的指标： 不要说"加强监督"，而要说"编写……的调查报告"； 不要说"落实流程"，而要说"抽查……并编写……流程落实报告交……审阅"。

思 考

一、简答题

1. 怎样收集社区协商的议题?
2. 在社区协商中,如何形成一个解决方案,产生一个新的动议?
3. 作为主持人应当如何开展一次基于民主协商的讨论?
4. 怎样在社区协商过程中通过辩论达成共识?

二、案例分析题

案例1 "共议善治":基层治理吴中模式[1]

近年来,江苏省苏州市吴中区将居民需求作为工作的第一导向,历经不断探索创新,美丽农村乡愁型、城市老旧提质型、现代都市活力型、拆迁安置融入型"四型样态"的治理模式得到居民普遍认可,在"共建共治共享"中"共议善治",在"人人有责、人人尽责"中"人人享有",走出了一条具有吴中特色、时代特征、区域特点的基层治理新路子。

城市老旧提质型:吴中高新区(长桥街道)用好一把"金钥匙"

为了破解社区治理难题,江苏省苏州市吴中高新区(长桥街道)自2018年起,试点探索"幸福微实事"社区参与式治理和民主协商议事"八步工作法",通过用好基层民主协商这把"金钥匙",取得了良好的治理效果,成为城市老旧提质型的典型代表。

探索"幸福微实事"治理

吴中高新区(长桥街道)位于苏州古城南部,下辖20个社区(其中涉农社区7个)、200多个小区,常住人口21.4万。辖区老旧小区多、基础设施差,无物业小区69个、2000年前的老小区137个,

---

[1] 案例来源:冯振,陆佳明."共议善治":基层治理吴中模式[N].中国社区报.,2021-09-23.

老小区物业收费水平低、物业服务水平不高；外来人员多、居住人口复杂；社区发动居民齐抓共管的力度不大、居民参与小区事务的积极性不高。

吴中高新区（长桥街道）以党建为引领，紧扣痛点、难点、堵点，聚焦社区群众的操心事、烦心事、揪心事，积极拓宽居民反映意见和建议的渠道，推动基层民主规范化、程序化、制度化，从小事、微事入手，充分尊重和发挥居民的主体地位，把居民的积极性和热情调动起来，让居民群众参与社区事务工作。

原来，从项目的确定到实施都由街道主导，现在变"政府配菜"为"百姓点菜"，变"为民作主"为"由民作主"，居民也从"站在后面"到"走向前台"，唤醒"内在动能"，激活"一池春水"，形成了众人来议事、大家来管事、各方来理事的生动画面。

"八步工作法"具体内容

在试点探索"幸福微实事"社区参与式治理工作的实践中，吴中高新区逐步探索形成了民主协商议事"八步工作法"。

第一步，宣传发动，方案共定。由党委、政府牵头，职能部门具体负责，社区工作者、群众参与，共同制订社区参与式治理实施方案。

第二步，项目征集，建议共提。利用新媒体、自媒体，全方位、多渠道，"线上+线下"广泛征集，并召开居民座谈会、议事会，多方参与、共商共提。

第三步，民主协商，筛选共议。征集的项目按照"七不入"负面清单先行剔除不具备可操作性的，再组织项目顾问、职能部门和居民提议人实地勘察再筛选，通过"邻里圆桌会"民主协商形成供居民投票的项目库。

第四步，居民投票，项目共决。不以户籍设限，在社区生活、工作、学习的居民均可参与。

第五步，公示发布，群众共督。根据投票结果，确定中选项目，并进行公示、接受各方监督。

第六步，落选回复，意见共商。未入选的项目由社区工作者、居民代表上门送达《感谢信》，做好解释工作，告知落选原因，并与提议居民共商项目完善意见。

第七步，项目实施，家园共建。明确职能部门作为项目实施主体，负责依法依规进行项目立项、概审、招标等工作，项目资金由财政统一列支管理，项目实施全程接受居民群众监督。

第八步，项目评价，成果共享。委托第三方开展社区参与式治理满意度测评，根据财政支出绩效评价相关制度对项目执行效果进行评价，评价结果向社会公开。

现代都市活力型：太湖街道"云邻里—智慧社区服务平台"

"没想到这个名叫'一码解忧'的小程序真的可以将我们的期待变成现实。"2021年暑期，吴中区太湖街道（太湖新城）某小区的9位业主组团来到街道办事处送锦旗，点赞社区的高效服务。

"一码解忧"服务居民解民忧

太湖街道（太湖新城）位于苏州东太湖畔，是一座成立于2018年的新城，常住居民中35岁以下年轻群体占比达70%。针对居民群体的特点，太湖街道（太湖新城）投入专项资金开发智慧社区平台，为社区配备"聪明大脑"，以党建引领、智慧先行的建设原则，遵照"以服务汇数据，以数据促服务"的建设理念，持续探索城市社区共建共治共享的新模式。

通过融湾、颐湾社区智慧平台"一码解忧"小程序的矛盾调解功能，太湖街道（太湖新城）第一时间获悉，业主家孩子们"上学难"，并进行了针对性调解，及时跟进开发商完成相关手续。看着一封封拿到手里的入学通知书，居民的心终于放下了，这才出现了业主组团送锦旗的一幕。

整合建"库"做好赋能与减负

跨越"数字鸿沟"，交换鲜活数据，是智慧平台用起来的关键。

资源一库集成：以"一户一档"为单位，实现常住人口全覆盖。全面导入1.3万人口信息和0.3万条房屋信息，标识身份证、电话号码、人脸图像、车辆牌照等6项"基础信息"，并关联到管辖各小区物业系统，赋予数据生命力。

平台一网统管：融通政法、公安、城管、环卫、市政、安监、住建等8单位后台数据，沉淀到平台，实现"一张网全覆盖"。与各职能部门信息互联，出现问题职能部门快速响应、紧密协作、高效处置。

信息一律录入：大数据和网格化的基础，离不开社区工作者的辛勤走访，社区将"铁脚板"获取的数据一律第一时间录入平台，确保监管不留空白，信息不会断档。

多维构"景"实时指挥与调度

通过预设摄像监控系统和预警报警系统，实现物联人、事联人、人联人。

重点部位强化监管：安装高清监控、高空球机、无人机等设备，在辖区失火、电梯进电动车、电路短路等情况下会自动报警。

重点人群实时互动：高龄老人可通过家中报警装置实现一键呼救。

指挥调度实时响应：打开可视化远程调度系统，社区实时动态一目了然，并能够实时指挥调度。一旦突发情况发生，系统与网格员实时连线，呼叫网格员或物业第一时间到现场核实并处置，全面提高突发情况应对处置效率。

突发事件全程追溯：工地安全生产、重要商户厨房食品安全、大型赛事活动举办现场、垃圾分类收运点周边等一旦出现问题，都可事后实现过程追溯。

终端有"料"体现温度与便利

以智慧社区平台为基础，上线"融颐通"小程序，提供全方位、24小时不打烊服务，居民动动手指，办事就像点菜一样方便。

一网通办：线上一口受理、后台协同办理，提供民政、计生、社保等165项业务，从"坐等服务""定时服务"向"上门服务""实时服务"转变，打通服务群众的"最后一米"。

一键到家：以家庭为中心，打造十五分钟生活服务圈。链接辖区便民服务资源，居民可以使用自提柜，享受第三方的修伞、磨刀等服务。

一桥连心：搭建线上议事平台，以居民自治方式解决身边小事。发布"心语心愿"心愿池，架起关爱连心桥，帮助达成心愿。

美丽农村乡愁型：金庭镇东村村"古樟议事"

静静的太湖湖面上停泊着一艘古色古香的木船，黑色的甲板安静地沐浴着温暖和煦的阳光。

"这是我们东村村'古樟议事'的特色议事场所——议事篷船。"在吴中区金庭镇东村村阴山岛古樟树下，一位村民指着码头湖面上的一艘篷船，对远道而来的游客介绍道。

东村村是位于金庭镇北端的一个古老村落，建于秦末汉初，因"商山四皓"之一的东园公隐居于此而得名，东连太湖大桥，南接缥缈峰，西望雕花楼，正北是太湖的阴山和横山，风景怡人，尤其分布全村的众多千年古树（1 500余年的香樟树、古柏树，800余年的银杏、古樟等）是东村村最具特色的历史文化名片。

因历史悠久、环境美丽，东村村被选为"中国历史文化名村"，并于2013年被列入第二批中国传统村落名录。作为吴中区第五届公益创投试点，如今这里正在悄然进行着具有特色的"古樟议事"探索。

2019年吴中区民政局赴东村村调研时发现，村民参与议事协商的机会不多、热情也不高，可利用的公共场所有限，交错的利益关系也导致议事协商难、解决问题难。为此，区民政局指导该村"两委"开展基层民主协商议事活动，借助专业社工机构，结合丰富的生态资源、文化资源，打造了一艘木质议事篷船。

古樟树下聚民意，议事船里话民生，第一次议事活动就取得了非常好的效果，村民们各抒己见，围绕停车场地建设、湖畔码头台阶改造、岸堤环境整治、自然村命名等议题开展议事，在专家引导下严格遵循议事流程和规则，在会议讨论形成的决案书上郑重签字。除了开展"古樟议事"常规村民自治会议，如今村里还定期召开项目推进实操和复盘会，节假日在篷船上开展丰富多样的娱乐活动，村民与村委会之间的沟通联系日益紧密，村民自治活力充分激发。

拆迁安置融入型：香山街道舟山花园社区"和美舟山"

吴中区作为曾经的苏州城乡接合部，在城市化进程中，出现了很多由传统熟人社会的乡村转化为拆迁户与商住户共存的"半熟人社会"社区,一个重要特色是开放、包容。

香山街道舟山花园社区是一个大型拆迁安置社区,由舟山、香山、郁舍、梅舍4个村以及蒋墩、小横山、长沙、墅里4个社区的拆迁居民组成。

舟山花园社区紧扣居民需求,在区级公益创投的支持下,打造"和美舟山"民主协商议事平台,拓宽公共议事空间,便于居民沟通交流、参与自治,推动社区治理精度持续提高。在居民群体中深挖议事骨干人才,支持基层群众文化团体发展的需求,通过走访、推荐等方式,吸纳了许多擅长书画、刺绣、戏剧的文艺骨干。

同时,通过团体辅导、小组活动等形式,对议事骨干进行心理增能、沟通能力培训,积极容纳并培育骨干人员成为社区民主管理参与者,形成具有"和美舟山"特色的民主协商议事流程。

受多年来的文化传统、生活习惯影响,居民面临从乡村农民到城市居民的角色转变,随之也带来农村生活与社区生活融合适应问题。以高空衣架为例,居民为了方便晾晒,自行安装外置晾衣架,看似不起眼,却存在较大安全隐患。高层晾晒的衣物、腊肉、花盆可能随风掉落,再加之衣架本身质量参差不齐,一旦整体脱落,后果不堪设想,是名副其实的"高空炸弹"。

为清除这些"高空炸弹",保障辖区居民安全,舟山花园社区运用网格化治理手段和基层民主协商议事开展了高空衣架专项清理整治行动。

第一步:排查摸底、广泛告知。

经排摸,社区共有61户安装外置晾衣架。社区工作者通过广播宣传、上门提醒等途径,向居民普及相关法律规定,宣传高空坠物的危害,并书面通知违规安装的居民在规定时间内自行拆除,通过前期宣传劝导,绝大多数居民表示理解,主动拆除高空衣架。

第二步:多方共商,重点突破。

针对少数观望或不愿意拆除衣架的居民,社区召开议事协商会,社区工作者、党员志愿者、社区居民代表、楼道长以及物业公司参加,一户一策拿出针对性措施。社区内老潘调解工作室、社区工作者和拆迁前原村（社区）网格长组成调解队，共同对未拆除户外晾衣架的居民挨家挨户做思想工作，通过上门入户、反复沟通，争取居民理解，最终顺利拆除剩余衣架，有效预防高空坠物危险，且全程无上访，无赔偿。

第三步：完善制度、巩固成果。

高空衣架整治基本完成后，社区及时召开居民代表会议，修订完善居民公约，以契约化、制度化形式巩固高空衣架整治成果，使之成为社区居民共同遵守的行为规范。

通过此次专项清理整治，大家共同探讨总结了更细化的居民议事流程，大致分为三步：提—察—议。提，即广泛征集居民意见和建议；察，即初步筛选居民意见，进行实地走访考察；议，即居民骨干先进行商议，如有必要则将向上反馈。

问题1　吴中高新区是怎样收集社区协商的议题的？

问题2　结合材料，谈谈不同样态社区的差异化治理内容。

问题3　结合材料，简述社区民主协商对社区建设的重要作用。

问题4　结合材料，谈谈如何有效推进社区民主协商环境的形式。

第九章 社区矛盾冲突与纠纷化解

社区矛盾冲突与纠纷化解是社区治理的重要一环。本章节对社区矛盾冲突与纠纷化解的相关内容进行分析。第一节对社区矛盾冲突的内容做基本介绍,即对社区矛盾冲突的类型、社区矛盾冲突的特点及社区矛盾冲突产生的原因进行分析。第二节主要分析了社区矛盾冲突的演变逻辑,内容包括社区矛盾冲突升级的演变逻辑、社区矛盾冲突发展为突发公共事件的演变逻辑。本章最后一节,论述的主要内容是如何化解社区矛盾冲突与纠纷,对社区纠纷化解的内涵、社区纠纷化解的机制、社区矛盾冲突应该如何防患于未然做了阐述。

第一节 社区矛盾冲突的内容

习近平总书记在党的十九大报告中明确指出:"中国特色社会主义进入新时代,我国社会主要矛盾已经转化为人民日益增长的美好生活需要和不平衡不充分的发展之间的矛盾。"一方面,改革开放40多年取得了丰硕成果,经济持续高速增长,国家综合实力和人民生活水平显著提高;另一方面,伴随着现代化进程和社会转型而来的诸多社会问题日益突显。"现代化的转型风险"与"现代性的技术与制度风险"共生叠加,社会矛盾的增多也容易使冲突变得更加激烈。而社会矛盾冲突的发源地,往往在基层社区,双重风险社会下的基层共同体存在着大量人民内部矛盾与各种纠纷。及时解决好社区矛盾冲突并进行纠纷化解,既能够增进人民团结、保护群众合法权益,又能够预防和减少各类案件的发生，对维护社区安定、社会安全具有重要意义。

一、社区矛盾冲突的类型

（一）家庭纠纷

家庭纠纷引起的矛盾冲突在社区中的表现主要有以下几点。

1. 婚姻纠纷

婚姻纠纷主要可以分为三大类，婚约同居纠纷、结婚纠纷及离婚纠纷（离婚纠纷本身又包括离婚纠纷、离婚后财产纠纷、离婚后损害赔偿纠纷、共同财产分割纠纷、子女抚养纠纷、抚养费纠纷等一系列的矛盾纠纷）。除上述纠纷外，还有婆媳关系纠纷、子女关系纠纷、家庭暴力冲突等。

2. 继承纠纷

继承纠纷是因社区居民的继承问题（主要是遗产问题）而发生的纠纷，如因继承权、继承顺序、遗产分配份额等发生的争议。

3. "三养"纠纷

"三养"是《中华人民共和国民法典》中规定的抚养、扶养、赡养三种义务关系的简称。抚养，是指因婚姻家庭关系、非婚姻关系和拟制血亲家庭关系而产生的对未成年子女的养育、教育义务（含祖父母、外祖父母）。扶养，是指同辈人之间有负担能力的一方对缺乏劳动能力又缺乏生活来源一方的帮助和援助。赡养，是成年子女对年老的父母或祖父母、外祖父母应当承担的生活上的帮助和援助。

4. 住房问题纠纷

住房问题纠纷在城市社区主要表现为房屋买卖、房屋继承、房屋租赁等住房问题引发的纠纷；在农村关于住房问题多为宅基地纠纷。

（二）邻里纠纷

社区群众之间引起的矛盾冲突在社区中的表现主要有以下几点。

1. 相邻权纠纷

主要是指相邻的某一方在行使所有权或使用权时侵害或将要侵害另一方的权益，故而引起另一方的不满。主要有：因宅基地使用而产生的相邻权纠纷；因用水、排水产生的相邻权纠纷；因修建、施工产生的相邻权纠纷；因排污产生的相邻权纠纷；因通风、采光、噪声产生的相邻权纠纷等。

2. 共用部位纠纷

共用部位一般包括建筑物的基础、承重墙体、柱、梁、楼板、屋顶及外墙、门厅、楼梯间、走廊、楼道、扶手、护栏、电梯井道、架空层及设备间等，由这些部位的使用引起的个人与个人、个人与物业、个人与组织之间引起的纠纷。

3. 人身侵权纠纷

人身侵权纠纷是指因侵犯他人人身权利而产生的纠纷。社区常见的人身侵权纠纷主要有：道路交通事故人身损害赔偿纠纷，医疗事故损害赔偿纠纷，工伤事故损害赔偿纠纷，危险作业致人损害纠纷，环境污染损害赔偿纠纷，地面（公共场所）施工损害赔偿纠纷，建筑物、搁置物、悬挂物塌落损害赔偿纠纷，堆放物品倒塌损害赔偿纠纷，动物致人损害赔偿纠纷，防卫过当损害赔偿纠纷，紧急避险损害赔偿纠纷，等等。

（三）物业纠纷

社区居民与物业管理部门引起的矛盾冲突在社区中的表现主要有以下几点。

1. 停车问题纠纷

常见的停车纠纷包括：因违反法律、行政法规强制性规定而导致的停车位买卖合同无效引起的纠纷；因开发商无权处分在小区公用道路上新建设的车位的出租而引起的纠纷；因收费过高引起的纠纷；等等。

2. 绿化问题纠纷

绿化环境是居住空间质量的重要标志，它不仅有着净化空气、丰富景观的作用，同时也是居民的交往空间和活动场所。目前，小区绿化环境的选择有四点标准：小区要封闭管理；要有足够的绿化面积；绿地应接近居民住宅，以利观赏使用；绿地空间应包含一定数量的活动场地（儿童游戏场等），并布置座椅、铺装地石等，以满足居民休息、散步、运动、健身的需要。绿化纠纷则主要是由以上项目不达标而引起的纠纷。

3. 物业服务纠纷等

物业服务纠纷是指业主与物业公司在物业服务合同的订立、履行及终止过程中发生的权利及义务的争议。物业服务纠纷具体形式常常表现为物业费纠纷等。

（四）其他纠纷

社区居民与其他利益相关方所起的矛盾冲突在社区中的表现主要有以下几点。

1. 邻避设施纠纷

邻避设施就是"邻居希望躲避"的设施，是指一些可能会对所在地居民的生活环境、生命健康与经济财产造成不良影响，而容易招致居民反对和抵制的设施。基于此引发的社区、社会矛盾冲突为邻避设施纠纷。

2. 劳资纠纷

现阶段存在的劳资纠纷主要表现为：因用人单位拖欠、克扣、压低、截留劳动者工资引发的劳动争议；履行劳动合同过程中发生的争议；因工伤事故或职业病的理赔而发生争议；缴纳工资和社保引发的纠纷。

3. 征地拆迁纠纷等

由于拆迁安置直接关系到当事人的切身利益，如一些当事人的合理要求得不到满足，就会产生矛盾，甚至会采取过激措施，破坏社会的不稳定。

二、社区矛盾冲突的特点

化解社区矛盾冲突，需要深刻反思和深入剖析把握其特点特征，这是实现社区善治的重要前提。近年来，城乡社区矛盾往往是多个原因交织共振的产物，其特点也愈加多元化和复杂化。总体而言，可以将社区矛盾冲突特点归结为以下几点。

（一）社区矛盾冲突源于利益主导

马克思主义认为，人们奋斗所争取的一切，都同他的利益有关。[1]利益是人类社会生活中最敏感的神经，是人类社会一切矛盾的总根源。哪里有利益，哪里就有矛盾、纠纷和冲突。同时，社会转型进程的加快也打破了社区居民之间原本相对均衡的利益格局，人民内部矛盾日益凸显。尽管城乡社区矛盾纠纷产生的直接原因不尽相同，但归根到底都是由于社会转型期利益分化以及利益分配不均衡导致的，其发生的逻辑机理是"社区层面内利益主体多元化格局形成→利益相关者基于自身利益表态→多方利益主体之间存在利益差距（以经济利益为主导）→在利益博弈中导致部分利益相关者的利益受损→部分利益主体相对剥夺感增强（常伴有过激性语言）→矛盾纠纷生成"[2]。

（二）社区矛盾冲突主体身份多元

人在社会中的多重身份是因为在社会关系系统中，个体扮演的角色绝不止一种，而是多重角色的统一体。在当下社区矛盾冲突中，当事人不单是普通社区居民身份，同时在职业、性别、年龄等不同层面扮演着其他角色。除此以外，依据矛盾纠纷的情况，还可能牵涉众多的经济个体和行政组织及部门，因此，社区矛盾纠纷的主体呈现主体身份多元的特征。

（三）社区矛盾冲突事态演变迅速

一方面，常见的个人之间、家庭之间的争执持续存在；另一方面，社区突发事件具有突然性，让人猝不及防，来势迅猛，经由互联网的裂变式传播，往往超出公众想象。从成因来看，往往由多种因素导致，有眼前的利益，也有矛盾的长期积累。从参与群体来看，有些人是盲从和跟进，有些人是恶意滋事起哄。随着社区矛盾冲突的剧烈演变，突发事件的事件性质、影响区域、参与群体、涉及领域会逐步蔓延升级，如果

---

[1] 中共中央马克思恩格斯列宁斯大林著作编译局. 马克思恩格斯全集：第一卷 [M]. 北京：人民出版社，1995.

[2] 张平，刘伟民. 城市社区矛盾纠纷：类型阐释、生成机理与纾解之道 [J]. 四川行政学院学报，2021（5）：30.

不及时果断处置，引发突发事件的多种因素就会交织发酵，解决纠纷的方式也会变得更加激烈。

（四）社区矛盾冲突烦琐复杂

从矛盾纠纷的法律性质来看，社区矛盾纠纷由过去单一的民事纠纷发展为民事纠纷、经济纠纷、行政纠纷并存的多种形式的纠纷。社区矛盾是社会自身状况的反映，不同的社会状况易促成不同的社会矛盾，例如，居民经济条件差、文化程度相对较低的社区，家庭内部、邻里之间易为一点小事而起纠纷；而经济条件好、文化程度相对较高的社区，则由于身份多元容易将事态复杂化。除此以外，各类组织实现利益渠道的隐蔽性和长期忽视、漠视公众利益，也会导致社区矛盾纠纷内容的复杂化。伴随着经济体制深刻变革、社会结构深刻变动、利益格局深刻挑战、思想观念深刻变化，形成了整个社会生活秩序和社会结构的一种"紧张状态"，也会加剧社区矛盾冲突的烦琐复杂。

三、社区矛盾冲突产生的原因

（一）现代化的转型风险

经济社会的高速发展，各种矛盾冲突在社会转型期也急剧增加，出现了"黄金发展期"与"矛盾凸显期"并存的局面。一方面，社会正处于高速转型与迅速变迁中，社会分化的速度、烈度、深度和广度前所未有，快速变化的社会环境，使得社会整合难以跟上步伐，一度出现"断裂与失衡"之现象；另一方面，现代化与后现代化"叠加"，突出表现为在一定区域范围内的经济结构、社会观念、价值理念、生活方式等既相斥又相织，成为社区与社会矛盾冲突频发和冲突类型呈现多样化的重要原因。[1]

（二）城市化的快速推进

城市化的快速推进带来了一系列的城市化问题：城乡差距拉大、贫富分化严重、城市农民工数量加剧、城市流动人口增加及交通拥堵、

---

[1] 原珂. 中国特大城市社区冲突与治理研究[D]. 天津：南开大学，2016.

"看病难""上学难"等一系列问题,而这些问题的解决最终都要下沉到城市最基层的社区里,故社区摩擦、矛盾、纠纷或冲突频发不止。如城乡差距的扩大直接导致城市农民工与原社区居民间的冲突加剧或升级及"乡村文化"与"市民文化"间的碰撞;贫富分化造成近年来"仇富""仇官"现象的突增;城市人口流动的频繁导致民众对社区依赖性降低,对社区认同感持续弱化;等等。其中,不容忽视的是,半城市化和过度城市化等更是造成近年来城市社区冲突频发的重要原因。而在"农民市民化"这一过程中,因旧城改造、征地拆迁等引发的突发公共事件频发不断,有些地方出现了"赶农民进城、强迫农民上楼"的"怪像",甚至出现暗中修改农民户籍的伎俩等。与此同时,多元化的城市社会问题还造成了城市社区冲突的多类型化。

(三)信息化的高速发展

现代社会是信息社会。信息已日渐成为一种能够使拥有者借此实现自身利益最大化的一项重要资源或博弈资本。[1] 民众对信息的需求愈来愈大,对信息质量的要求也越来越高,信息不对称、不透明,沟通不畅及"谣言"的传播等已成为很多城市社区冲突产生、激化甚至升级的缘由。[2] 城市中的商品房住宅小区也大多建有微信群与社区网络论坛、网上业主论坛等虚拟社区,以及针对社区某一公共冲突事件而组建的专业性社区虚拟论坛,如因垃圾焚烧厂的选址冲突而组建的"爱我家园"网上论坛、因反对广场舞而组建的"抵制噪声"网上论坛等,五花八门,名目繁多。不可忽视的是,这些虚拟社区已日渐改变着原有的社区结构及社区成员间的结合方式,并日益加剧着社区成员间代沟的产生及其对社区传统权威的挑战。近年来因互联网及网络虚拟社区在社区群体性冲突事件发端、传播及发展升级过程中所扮演的角色与发挥的重要作用,已令传统意义上的社区权威几近丧失。此外,这还使得传统的社区冲突类型逐渐发生变化,如社区结构性冲突就是一种新类型。

---

[1] 原珂,李少抒.安全生产应急救援社会支持体系建设研究:以广东省为例[J].现代管理科学,2014 (8):111-114.

[2] 原珂.中国城市社区冲突及化解路径探析[J].中国行政管理,2015 (11):127-128.

（四）公众意识的觉醒

改革开放 40 年以来，社区居民心智逐渐成熟，且其中相当一部分人具备一定公共意识，还拥有物权观念。[1] 特别是，随着现代住宅产权私有化程度的加深和社区公民意识、参与意识的不断增强，政府作为社区唯一管理者及利益主体的时代已经不复存在。近年来，因城市社区物业管理不善而引发的物权冲突所导致的基层民主政治抗争行为，不断对社区和谐构成冲击。公民意识觉醒又呈现出"个人权利意识不断增强"与"社会责任意识依然缺乏"共存的现象，体现在个人身上则表现为个人维权意识高涨，但同时又缺少公德意识、缺乏公共精神、缺失社会正义感。

第二节 社区矛盾冲突的演变逻辑

一、社区矛盾冲突升级的演变逻辑

（一）基层政府干预失当或者不作为

日常社区生活中，一定程度的矛盾纠纷是难以避免的。然而，在我国行政化比较严重的城市社区管理中，特别是随着近年来"城市社区网格化"管理的推广与盛行，社区一有"风吹草动"，社区居委会便积极干预。当然，积极干预并非坏事，但倘若只是"积极"而不"及时、恰到好处"，往往导致"画蛇添足"，"好心办坏事"。同时，还会有碍于社区冲突自主消解能力的培养。例如，社区中的民商冲突（居民与商户或开发商、社区内商户之间的冲突等），理应让其回归到民与商之间，让社区民众依然对社区矛盾冲突的自主解决存有自信心，培养其自主消解矛盾与冲突的能力及良好习惯。但在实践中，我国大部分城市社区在处理这类民众能自主解决的社区冲突的过程中，普遍存在着"干预过早"的问题，从而使社区居民或业主失去了自我化解冲突的机会，有碍

---

[1] 闵学勤. 社区冲突：公民性建构的路径依赖：以五大城市为例 [J]. 社会科学. 2010 (11)：61-67.

于民众自主解决冲突能力的培养与提升。倘若基层政府及其相关部门解决不公，则不仅会大大降低基层政府的公信力，而且还有可能进一步使原本的民间冲突转化为指向基层政府的对抗性政治冲突，引发所谓的"二阶冲突"。由此可见，基层政府过早干预有时并不能弥补冲突治理的不足或减缓冲突，还会起到相反的"助燃"作用。

（二）冲突治理宣传教育与居民参与不足

社区宣传教育工作是社区工作的重要内容。普及社区矛盾纠纷化解知识和培训冲突解决技能，提高社区居民应对社区突发冲突事件的能力，是社区冲突治理取得成功的重要保障。然而，我国大多数城市社区一直忽略了社区民众矛盾冲突化解或社区冲突应急培训方面的宣传教育工作，而一味地强调以行政力量为主导的平安社区及和谐社区建设工作。在社会转型期，社区参与不足也是制约我国城市社区冲突多元化解的关键因素之一。城市社区参与不足包括两个层面：一是社区居民参与不足；二是社区社会组织参与不足。

（三）部分群众错误的心理逻辑

近年来，在征地拆迁、环境保护、交通事故、医疗纠纷等基层治理领域，管理者都深受"闹缠"现象困扰。甚至在一些领域还滋生出了职业闹事者。这些人打着为当事人和弱势群体维权的名义，通过把事情"闹大"，把当事人"缠死"而获取非正当利益，出现了所谓"会哭的孩子有奶吃"，又谓"大闹大解决、小闹小解决、不闹不解决"现象。这种所谓的"民间智慧"与乡村逻辑，本质是由于群众自我保护意识增强与自身的法律素质之间异步而导致的行为失控，不仅助推了社区矛盾冲突升级，也容易使社区矛盾冲突发展为突发公共事件。

二、社区矛盾冲突发展为突发公共事件的演变逻辑

社区矛盾冲突还有可能发展为突发公共事件。本章所讲的"突发公共事件"是指由某些社会矛盾引发，特定群体或不特定多数人聚合，临时形成的偶合群体，以人民内部矛盾的形式，通过没有合法依据的规模性聚集、对社会造成负面影响的群体活动、发生多数人言语行为或肢体

行为上的冲突等群体行为的方式，或表达诉求和主张，或直接争取和维护自身利益，或发泄不满、制造影响，而对社会秩序和社会稳定造成重大负面影响的各种事件。社区矛盾冲突升级演变为突发公共事件的基本过程往往是"民意→民忧→民怨→民怒"。

第三节 社区矛盾冲突的纠纷化解

一、社区纠纷化解的内涵

（一）社区纠纷调解的概念

社区调解是指对社区内公众之间、公众与法人或其他组织之间的有关民事权益纠纷，在平等自愿的基础上，用说服、教育、疏导的方法，通过平等协商来解决双方或多方当事人的矛盾纠纷，维护社区秩序的活动。

（二）社区纠纷调解的类型

1. 行政调解

行政调解是在国家行政机关的主持下，通过说服教育、查明事实，使发生争议的双方当事人在自愿的基础上达成协议，解决纠纷的一种调解制度。

2. 人民调解

人民调解是人民调解委员会通过说服、疏导等方法，促使当事人在平等协商的基础上自愿达成调解协议，解决民间纠纷的活动。人民调解工作是在人民调解委员会主持下的一种群众性活动。

3. 治安调解

治安调解是指由公安机关主持的，依据治安管理法律规范，对发生的各类矛盾纠纷，以当事人自愿为原则，通过说服教育，促使当事人双方达成协议，最终解决争议的一种治安管理行为。

（三）社区纠纷调解的工作内容

第一，调解社区居民的纠纷。这是社区调解委员会的主要工作内容,也是社区居民纠纷调解的中心任务。第二,通过进行社区居民的纠纷调解,宣传国家的法律法规和相关政策,大力宣传教育广大居民遵纪守法,弘扬社会主义道德规范。从而增强公民的法律意识和思想道德水平,从根本上减少和预防纠纷事件的发生。

二、社区纠纷化解的机制

(一)多种手段综合化解矛盾

完善矛盾纠纷多元化解机制,是党的十八届四中、五中全会作出的重大决策部署,是保障群众合法权益、促进社会公平正义的必然要求,是创新社会治理、深化平安建设的重要内容,是畅通群众诉求表达渠道、有效化解矛盾纠纷的有力抓手。新常态下完善矛盾纠纷多元化解机制要坚持源头治理、系统治理、依法治理、综合治理,按照"属地管理"和"谁主管、谁负责"的原则,充分发挥各职能部门的作用和党组织的领导核心作用,完善人民调解机制,引导社会各方面力量积极参与,运用法治思维和法治方式化解矛盾纠纷,形成大调解工作格局。

所谓"大调解",就是在"调防结合、以防为主、多种手段、协同作战"方针的指导下,在党政机关领导下,综合利用多方面的力量,共同调解人民内部矛盾的一种机制和手段,是党政机关解决人民内部矛盾的一种领导方式。它是由我国社会转型期多发的社会矛盾催生的,是在民间调解基础上再提升的矛盾调解机制。从大调解的指导思想可以看到这一机制是以国家为主导,以社会力量为辅助的多元化矛盾纠纷化解综合体系。大调解工作以创新调解机制为动力,以健全调解制度为保证,以化解矛盾纠纷为主线,以解决人民群众最关心、最直接、最现实的利益问题为重点,建立"党政机关统一领导,综合机构牵头协调,司法行政部门组织实施,相关部门协作联动,广大群众积极参与"的社会矛盾纠纷调处新格局,建立健全以人民调解为基础,行政、司法调解各自发挥作用又相互衔接配合的"三调联动"大调解工作机制,发挥"三官两员"在化解矛盾纠纷中的主力军作用,不断整合调解职能、强化调解功能,提高预防和调处社会矛盾纠纷的能力,为保证社会和谐稳定创造良好环境和平台。[1]

(二)传统社区冲突化解的机制

我国《宪法》第一百一十一条规定:"居民委员会、村民委员会设人民调解、治安保卫、公共卫生等委员会,办理本居住地区的公共事务和公益事业,调解民间纠纷,协助维护社会治安,并且向人民政府反映群众的意见、要求和提出建议。"

《人民调解委员会组织条例》共十七条,其中第二条规定:"人民调解委员会是村民委员会和居民委员会下设的调解民间纠纷的群众性组织,在基层人民政府和基层人民法院指导下进行工作。基层人民政府及其派出机关指导人民调解委员会的日常工作由司法助理员负责。"

一般情况下,人民调解委员会(简称"调委会")由村(居)委书记、主任,调解主任及小区内的骨干楼组长、调解志愿者等5~7人组成,调解主任担任调委会主任,村(居)委书记、主任任调委会副主任。

人民调解具有"五个有利于",分别是:① 有利于双方当事人接受;② 有利于避免矛盾纠纷激化;③ 有利于减少成本;④ 有利于形成和谐社会风尚;⑤ 有利于减少政府与群众的对立。

知识点链接:12348调解原则

1个中心:紧紧围绕党委政府中心工作。

2个坚持:一是坚持以人为本;二是坚持调解优先。

3种意识:一是大局意识;二是服务意识;三是创新意识。

4个字:爱、诚、恕、和。

8种方法:① 雷厉风行;② 疏堵结合;③ 换位思考;④ 借用外力;⑤ 依法服人;⑥ 清风化民;⑦ 以情解怨;⑧ 整合力量。

---

[1] 胡洁人. 健全社会矛盾纠纷调解机制:当代中国"大调解"研究[M]. 上海:上海交通大学出版社,2017.

三、社区矛盾冲突如何防患于未然

（一）完善居民利益表达与补偿机制

1. 畅通居民利益表达渠道

众多看似难以调和的社区矛盾纠纷的产生，事实上仅仅是因为双方缺乏表达自身利益需求和沟通对话的平台。社区可以通过入户走访、微信网格群、主动寻访和回访等方式收集社区民意。在实际运作中，社区可以借鉴"罗伯特议事规则"来搭建对话协商平台，给予利益相关方足够的机会和空间陈述自身的需求和立场，同时也能倾听对方的感受与困难，进而争取在一个折中点上达成共识，削减矛盾存量。

2. 完善利益补偿机制

为保护和均衡各方的利益，需要适当调节获利群体与利益受损群体之间的获利边界，达到均衡利益格局的目的。[1] 利益补偿分为物质补偿、权利补偿和精神补偿三类。传统补偿办法重在通过物质和权利补偿来中和矛盾，忽视了精神补偿在化解矛盾中潜移默化的作用。而社区矛盾的发生并不仅仅源于物质利益的流失，某些情况是由于利益主体为了维护自身的人格与尊严而爆发的矛盾与冲突。因此，社区及街道应组织施害方事后进行正式的道歉，并给予受害方一定的精神慰藉。

3. 正视和保护弱势群体的利益诉求

有效的利益诉求机制是预防和消解群体性矛盾冲突的关键。弱势群体参与社区矛盾和冲突所承担的成本较其他社会群体低，参与突发公共事件的可能性较大。因而，为从根本上消除矛盾所带来的不稳定因素，社区必须正确认识和调解社区中处于弱势地位的群体之间的矛盾，维护弱势群体的合法权益，畅通其利益表达渠道。与此同时，上级职能部门应建立相应的机制对弱势群体的利益进行保障，扩大救助的领域和范围。[2]

---

[1] 陈振明，马骁，朱梅，赵根根．群体性事件的成因与对策研究［J］．东南学术，2010（5）：40-50．

[2] 张平，刘伟民．城市社区矛盾纠纷：类型阐释、生成机理与纾解之道［J］．四川行政学院学报，2021（5）：27-36．

(二)强化党组织引领下的多元主体协同共治

1. 强化社区党组织对矛盾纠纷化解的引领作用

伴随着居民服务需求的日益多元化,各类矛盾纠纷更容易集聚迸发。社区党组织掌握着大量的基层信息,了解居民的渴望和诉求,这决定了社区党组织在城市社区矛盾纠纷化解中扮演着重要角色。因而,必须强化社区党组织对社区居委会、业委会、物业管理公司等社区主体的引领作用,[1] 建立矛盾纠纷的预防、排查和防控机制,并适时更新党建的内容及模式,增强社区党组织的组织力和吸引力,竭力将社区矛盾纠纷的苗头扼杀在日常党建思想工作之中。社区党组织引领和先锋作用的发挥对于群体高频类矛盾的化解最为有效。

2. 增强社区自身的矛盾化解能力

社区在实践中应不断优化矛盾纠纷的风险预警能力、沟通交流能力及网格治理能力,确保格子内一般性矛盾不出圈,[2] 并将矛盾化解成功率、矛盾调处质量、矛盾排查情况、上解类型与数量等指标纳入城市社区治理评价考核体系之中。此外,公共服务动机作为新时代社区工作者不可或缺的精神血脉,其水平的高低决定着社区工作者参与矛盾纠纷化解的态度、行为与强度。为此,社区及街道应重视对社区工作者公共服务动机的激发和培育。比如,加强对社区工作者尤其是新入职员工的定期考察与培训;有针对性地开展一些能够密切干群联系、增强社区工作者对居民利益诉求的感知的活动;完善社区工作者激励机制,以维系其与社区之间的心理契约。总之,"打铁必须自身硬",社区自身能力的增强可以在一定程度上提升化解个体高频类矛盾的成效。

3. 发挥社区精英的主心骨作用

社区矛盾纠纷通常发生在熟人之间,行政诉讼、司法调解等强制性手段无法从根本上消除当事人之间的对立情绪。而社区精英可以利用权威身份和动员能力组织辖区内的企业和居民依靠自身力量解决矛盾纠

---

[1] 陈东辉.基层党建引领社会治理创新的探索与路径[J].理论与改革,2019(3):181-188.

[2] 李春根,陈起风.完善矛盾化解机制 开创基层社会治理新局面[J].中国行政管理,2019(4):14-15.

纷，在社区建设和社区矛盾纠纷化解中发挥着政府和其他主体不可替代的作用，尤其在个体高频类矛盾和群体高频类矛盾纠纷化解上有着其他主体无法比拟的天然优势。因此，社区应重视发掘和培育社区精英、属地贤人、骨干党员（特别是退休党员）等"积极分子"[1]，发挥他们在矛盾化解中的主心骨作用。

4. 发挥社区社会组织的能动协同作用

社区社会组织扎根于社区，是联系政府和民众的中间载体。[2] 引入社会组织参与社区矛盾纠纷化解，可以发挥其在邻里纠纷、弱势群体权益维护、群体信访等矛盾纠纷调解中的协同作用，有助于在政府和群众之间形成缓冲地带。社区社会组织协同作用的发挥是个体高频类矛盾和群体低频类矛盾有效化解的关键所在。可以说，社会组织参与社区矛盾纠纷化解是形势使然。因此，必须积极培育和壮大社区社会组织，加强不同社区社会组织间的横向交流与学习。此外，社会组织也要加强自身对公益资源的汲取能力，夯实经济基础。

（三）重建均衡健康的社区权力秩序

1. 整合与平衡不同主体之间的权力差异

社区权力是社区治理的基本要素之一。如前所述，权力分配不均是引发城市社区矛盾纠纷的关键诱因。规制、整合权力，使社区权力体系达到一种平衡，不仅是化解社区矛盾纠纷的关键举措，更是现代社区善治的核心所在。为构建一个健全的社区权力平衡体系，推动良性互动和社区共治，除了要对各主体的权力加以节制外，更为重要的是需要整合与平衡不同主体之间的权力差异，寻求多元权力体系的差异性均衡点，并在此均衡点上探求"合作互惠，多元共赢"的新兴权力格局，最终实现社区各种权力的融合，使各主体各司其职、各负其责。在具体做法上，威尔莫特等人提出的六点平衡权力方法可以借鉴，即克制、行使权力时注重整体、冷静坚持能带来权力、保持积极参与的态度、权力大的

---

[1] 邓泉洋，费梅苹. 属地贤人：城市基层社会治理能力建设的主体发现：以上海市 X 区基层社会矛盾化解为例 [J]. 华东理工大学学报（社会科学版），2019（3）：35-42.

[2] 潘修华. 社会组织参与社会矛盾化解探析 [J]. 理论探讨，2016（2）：158-162.

人给权力小的人增权和元交流。

2. 优化社区权力的制度供给

社区制度能够对社区多元主体的行为起到一定的引导作用，尤其对于那些试图扩增自身权力的主体行为具有较强的约束力。可以说，社区制度越全面，社区主体权力的自主空间就越狭窄。因此，政府应在社区治理实践中尽量让渡权力，积极发掘由社区自治组织和居民相结合的治理实践所产生的制度需求，自下而上地挖掘和创新形式多样且颇具地域特色的社区制度并加以推广。例如武汉的"百步亭模式"（企业式管理），天津的"丽娜模式"（业主自主成立的自主管理委员会管理），深圳的"桃源居模式"（以社区基金会为主导），等等。有效增强社区多方权力主体遵从制度的主动性和自觉性，切实铲除群体高频和低频矛盾纠纷滋生的土壤。

3. 提升社区居民自治的能力和意愿

对于基层社区组织而言，权力秩序的重构要求其必须增强治理能力。[1] 其中，居民自治能力作为一种能够有效整合和动员社区内各种资源的能力，是社区治理水平综合评估中的重要维度。为此，社区权力秩序的重构有赖于社区居民参与社区事务能力和意愿的提高。反过来，社区居民自治能力和意愿的提高不仅会对其他治理主体提出更高要求，还有利于将矛盾纠纷化解在社区内部，实现社区矛盾纠纷的自我管理、自我解决。一方面，丰富居民参与社区自治的渠道。鼓励社区居民建立民间组织来表达利益诉求，增加居民参与自治的机会，采用现代媒介手段如QQ、微信、微博、钉钉等增强参与社区自治的便利性。另一方面，重视对社区"中间居民"的识别、动员与培育。"中间居民"在少数精英与普通居民之间扮演关键角色，既对普通居民起到组织动员作用，又能对少数精英予以监督。[2] 具体做法包括公开表彰积极参与社区公共事务的中间居民；借助业主微信群等新媒体形式提高中间居民在社区中的声望等。

---

[1] 李友梅. 城市基层社会的深层权力秩序[J]. 江苏社会科学，2003（6）：62-67.
[2] 班涛. 权力结构视角下城市社区居民自治困境的生成与破解分析[J]. 内蒙古社会科学，2020（6）：29-37.

（四）探索专业心理服务队伍进社区的新模式

基层矛盾纠纷化解失灵的一个重要原因在于，传统办法仅关注居民的利益诉求，忽视了矛盾双方的"心理诉求"。这就是说，某些社区矛盾纠纷（邻里纠纷、家事纠纷等）的产生来自矛盾双方的价值向度与情感层面，刚性处理、强权处置的手段在化解此类矛盾纠纷时未必奏效，因此有必要将矛盾化解思路由利益补偿转化为精神抚慰，采取多元而精细的手法安抚其失控情绪，尤其是采用心理干预与文化疗养的方式，从根本上消除矛盾积怨。党的十九届四中全会指出："坚持和发展新时代'枫桥经验'……健全社会心理服务体系和危机干预机制……努力将矛盾化解在基层。"可见，将心理健康服务体系嵌入城市社区矛盾纠纷化解中是十分必要的，不仅为基层矛盾纠纷化解提供了新的助力，还能在一定程度上弥补新时代基层矛盾纠纷化解中"精神文化需要"供给不足的困境。

为此，必须探索构建"社区矛盾纠纷化解+心理健康服务"的新模式，将社区矛盾纠纷化解要素与心理健康服务要素相融合，构建一套由不同领域的专业人员和组织共同参与的复合型治理体系，致力于消除那些对居民心理状态产生消极影响的变量，避免某些个体因为生活失意、心态失衡和行为失常引发极端矛盾与冲突，力争将基层矛盾纠纷化解在社区。有条件的社区还应大力培育和发展社区心理服务组织及社区心理服务志愿者工作队，新增心理咨询、心理疏导干预、心理救治救助等多层次的服务项目。与此同时，街道也应采取一定的激励措施鼓励社区工作者学习一定的心理学专业知识，并定期组织心理调解技巧与实践应用类的培训课程。以此保障社区工作者在矛盾化解中起到心理健康教育宣传、心理知识普及等一系列辅助作用。需要注意的是，社区及街道必须正视社区心理服务组织在城市社区矛盾纠纷化解中的地位，对其提出的意见进行甄别并及时吸收，避免出现只让社区心理服务组织参与却对其意见置之不理的现象。总之，通过"由心而治"的路径实现社区善治，可以增强社区居民的获得感、幸福感和安全感，是化解个体高频类矛盾和个体低频类矛盾的有效路径。

思 考

一、简答题

1. 社区矛盾冲突的特点是什么？
2. 为什么会产生社区矛盾冲突？
3. 请试述在化解社区矛盾冲突的纠纷时应注意什么？

二、案例分析题

案例1　社区幸福安居之道，你了解多少？[1]

"亚洲最大社区"天通苑以及与之毗邻的回龙观，是北京市的大型居住区，因人口密度大、住宅房屋集中，发生涉及房屋纠纷的情况较常见。近日，北京市昌平区人民法院召开新闻通报会，对大型社区常见纠纷的典型案例进行了梳理，并向居民发出法律提示。

"租金贷"租房遭腾退　中介违约需担责

刘先生与房屋中介签订了房屋租赁合同，双方约定了租期、租金、服务费等具体事项，并约定承租人按月向网贷平台支付租金。双方还签订了关于使用网贷平台的合同附件，约定中介公司向承租人推荐房屋分期产品服务，分期手续费和利息由中介公司承担，承租人每期还款金额按时存到绑定的银行卡里面，网贷平台每期按时划扣，承租人因未按时还款导致逾期，与中介公司无关。

合同签订后，刘先生通过网贷平台办理了租金贷款并按期还贷，半年后中介公司未向房主支付租金，房主要求刘先生搬离，但中介公司拒绝退还押金及服务费，于是刘先生将中介公司诉至法院，请求法院判决解除房屋租赁合同，并退还押金、服务费、房租等费用。

法院经审理后认为，因涉案房屋所有权人将房屋收回，导致中介公

---

[1] 案例来源:尹海萍,牟文洁,王宇新. 社区幸福安居之道,你了解多少？[EB/OL]. (2019-11-25)[2021-10-18]. https://www.chinacourt.org/article/detail/2019/11/id/4686092.shtml.

司无法与刘先生继续履行合同，中介公司构成违约，依法应当承担违约责任，故刘先生要求解除房屋租赁合同的诉讼请求应予支持。同时，中介公司应当将押金、服务费、未租住期间租金返还给刘先生，并支付违约金。

■【法官提示】

当前，在一些大型社区，拎包入住、提供个性化管家服务的"长租公寓"模式逐渐盛行。一些房产经纪公司为满足租户的需求，同时迅速回笼企业资金，与金融机构合作推出了"租金贷"业务，即由金融机构将租期内的租金一次性支付给房地产经纪公司，承租人分期向金融机构偿还贷款。此类案件大部分通过网上签订合同、支付租金。承租人与房产经纪公司形成房屋租赁合同关系，与金融机构形成借款合同关系。但是有的房产经纪公司在融资过程中，因为风险管控能力相对不足或者违规挪用资金引发纠纷。因此，承租人在签订此类合同时，要尽可能选择诚信度高的房产经纪公司，认真阅读合同条款，注意留存网上签约的相关证据，避免造成不必要的损失。

发现房屋为"凶宅" 撤销合同获支持

赵先生欲在某小区购买一套婚房，和李女士签订了购房合同。一段时间后赵先生才得知，该房屋内曾有人服毒死亡。赵先生诉至法院，要求撤销双方签订的房屋买卖合同，并返还购房款260万元。

法院经审理后认为，赵先生在签约时对房屋内发生过非正常死亡事件并不知情，因而做出的购房行为与其意思相悖，可以认定其在重大误解的情况下与李女士签订了合同，赵先生依法享有撤销权。因此法院判决撤销双方签订的房屋买卖合同，李女士向赵先生全额返还购房款。

■【法官提示】

通常情况下，房屋内发生非正常死亡事件客观上未影响到房屋的实际使用价值，但是该情形因影响到购房者的心理感受包括忌讳、恐惧等而造成房屋交易价值降低，违背了买受人对于房屋实际价值的期待，是影响买卖合同订立及履行的重大事项。

合同法规定，当事人行使权利、履行义务应当遵循诚实信用原则。

法官建议，一方面，房屋出卖人出售房屋时，应当如实全面地将所售房屋信息，特别是瑕疵充分告知买受人，在此基础上协商房屋价格，避免后期撤销或者解除合同导致交易失败、损失扩大。另一方面，买受人在签订房屋买卖合同之前，应当仔细调查房屋的相关情况，并在合同中对出卖人承诺的事项进行明确记载，对出卖人未充分告知相关情形的违约责任进行明确约定，以维护自身合法权益。

张贴侮辱他人告示　被判道歉赔偿

黄某和张某曾共同居住在某小区的一处出租房内，二人因琐事产生矛盾，张某搬离后在黄某居住的小区和工作地点张贴和散发告示，内容包括黄某的姓名、照片等详细信息，称黄某耍流氓、偷窃、内心阴暗等。黄某为此诉至法院，要求张某在小区公告栏中张贴道歉信，并赔偿精神损害抚慰金1万元。

法院经审理后认为，张某散发和张贴的告示，对黄某的经历和品行的陈述具有侮辱性和诽谤性，足以对黄某产生社会评价降低的损害后果，因此侵犯了黄某的名誉权，张某应当承担相应的侵权责任。法院判决张某向黄某书面赔礼道歉，在小区公告栏进行张贴，并赔偿黄某精神损害抚慰金6 000元。

■【法官提示】

公民享有名誉权，公民的人格尊严受法律保护，禁止用侮辱、诽谤等方式损害公民的名誉。名誉权纠纷引发的原因通常是矛盾双方未能妥善处理其他社会关系，比如相邻关系、打架斗殴、争夺车位等。对此，双方应通过合理合法的途径解决原始纠纷，而不应该以散布不实言论加剧矛盾。此外，该类侵权行为除了实地发生以外，还发生在小区线上论坛、微信群等，有的业主不明事实，跟着转发、评论，可能造成共同侵权。建议业主在公共场合谨言慎行，以实际行动共建和谐社区。

老人留下视频遗嘱　儿女争议起诉

陈老汉生前购买了一套房屋并登记在自己名下，留有一份录像遗嘱，表示待自己去世后涉案房屋归大儿子所有，大儿子分别给付二儿子42万元、小女儿30万元作为补偿。后陈老汉去世，三个子女未能就房屋继承问题达成一致。二儿子和小女儿主张遗嘱是父亲在受胁迫下录制的。大儿子诉至法院，要求继承涉案房屋。

法院经审理后认为，通过当庭播放录像遗嘱，可以看出陈老汉对涉案房屋作出了比较明确的处分，二被告主张录像遗嘱是老人在被胁迫下作出的，但未提供相应证据证明，法院对被告的辩解不予采信，对陈老汉的录像遗嘱效力予以认定。因此，法院判决涉案房屋归大儿子所有，大儿子给付二儿子房屋折价款 42 万元，给付小女儿房屋折价款 30 万元。

■【法官提示】

老年人的遗嘱订立和财产继承，是社区居民普遍关心的问题。通过录像订立遗嘱，应当注意以下三点：一是遗嘱人立遗嘱时必须具有行为能力，无行为能力人或者限制行为能力人所立的遗嘱无效。二是录像遗嘱的取得应当符合法律规定。如果遗嘱人是在受到威胁、引诱、欺骗、强迫等情况下订立的遗嘱，无法如实反映立遗嘱人的真实意思表示，该遗嘱将被认定为无效遗嘱。三是录像遗嘱的内容应当真实合法。如果存在被剪接、剪辑或者伪造，画面前后连接不紧密，内容被篡改，擅自处分了国家、集体或者他人所有财产的，也将被认定为无效遗嘱。

■司法观察

推进诉源治理　构建和谐社区

社区是城市的细胞，也是城市社会治理的基本单元。据统计，近三年，昌平区法院共受理回龙观、天通苑地区民事纠纷 12 147 件，占昌平区民事案件总量的 32.5%。针对纠纷特点，昌平法院不断健全工作机制，奏响诉源治理"三部曲"，取得良好成效。

一是强化源头止纷力度，奏响诉源治理"前奏曲"。绘制区域性、行业性纠纷高发地图，及时与辖区街道、行业主管部门沟通，加大社区示范诉讼和示范调解，针对共性问题，向有关部门发送司法建议，规范社区治理和行业管理，构建"矛盾排查—法律研判—调解引导—示范诉讼—司法建议"递进式纠纷解决机制。

二是搭建便捷化纷平台，奏响诉源治理"协奏曲"。设立多个社区法官工作站与法官联系点，开展矛盾排查、纠纷化解、民调指导等工作；开展"百案百庭进街镇"活动，通过巡回讲堂等多种形式，对常见纠纷进行法律提示。近三年，共计在社区接待来访群众550余人，现场调解纠纷180余件，开展巡回审判90余次，巡回讲堂100余场。

三是丰富高效解纷举措，奏响诉源治理"进行曲"。构建以地方党委为主导，人民法庭、派出所、司法所、村（居）委会等共同参与的"五方联合治理体系"，形成多元纠纷化解合力。建立"远程人民调解+远程司法确认"的纠纷快速化解模式。近三年，已在该地区确认人民调解协议效力960余件。

问题1 以上案例中，社区矛盾冲突的类型有哪些？

问题2 结合案例，试述社区矛盾冲突的特点。

案例2 【政法队伍教育整顿|我为群众办实事】镇雄县坡头派出所"四措并举"化民怨解民忧[1]

为进一步提升人民群众安全感，切切实实为群众化解一批"老矛盾"，坡头派出所以"我为群众办实事"为抓手，下好先手棋，打好主动仗，主动联合坡头镇政府、坡头司法所、坡头镇各村委会集中梳理辖区的"往年旧事"，"四措并举"深入开展矛盾纠纷化解工作，扎实开展矛盾纠纷集中排查化解工作，努力营造坡头镇和谐稳定的社会环境。

一、完善矛盾排查研判机制

转变矛盾纠纷排查方式，针对以往"守株待兔"式、"被动式"排

---

[1] 案例来源：镇雄警方.【政法队伍教育整顿|我为群众办实事】镇雄县坡头派出所"四措并举"化民怨解民忧[EB/OL].（2021-04-20）[2021-10-18].https://www.ztnews.net/article/show-362130.html.

查，群众反映了才知道有矛盾这一现状，坡头派出所积极争取党委、政府支持，把矛盾纠纷排查纳入日常工作议程，制定矛盾纠纷排查工作制度，做到一周一排查，一周一汇总，一周一研判，实现矛盾纠纷排查从被动式到主动式的转化，切实做到每村每户不留死角。

二、壮大矛盾纠纷化解队伍力量

群众纠纷是大事，化解是措施，人员是关键。坡头派出所紧紧抓住人员这一关键，积极争取党委政府支持，一是在村委换届选举的过程中，推选德高望重，法律素养高、调解能力强的群众担任村委委员、驻村辅警和社长，壮大矛盾纠纷化解力量，群策群力促平安；二是整合资源，组建由镇政府主导，派出所、司法所、法庭、民政所、国土资源所、综治办等多部门组成的矛盾纠纷化解联合工作组，细化工作措施，明确工作职责任务，形成合力，强力推进坡头镇矛盾纠纷化解工作，有力维护辖区社会稳定。

三、强化责任落实和矛盾纠纷技能培训

小的矛盾，社长处理；稍大的矛盾，村上处理；疑难纠纷由联合矛盾纠纷工作组处理。在矛盾纠纷调解中，明职明责，做到纠纷有人排、矛盾有人化，每月进村定期开展社长、治保主任、驻村辅警矛盾纠纷化解技能培训。

四、实现法律宣传与打击违法双推进

一是坚持"线上+线下"，做好法律宣传教育。线上"微信、QQ"等新媒体平台与线下村民群众会议、村小喇叭、村委会议相结合，大面积宣传法律知识，增强群众法律意识，为矛盾纠纷化解奠定法律基础；二是加大对矛盾纠纷的研判，对侵害群众利益的违法犯罪行为，坚决依法予以打击。

政法队伍教育整顿开展以来，坡头派出所积极把队伍教育整顿成果转化成工作成果，积极作为，深入开展矛盾纠纷排查化解工作。自2021年3月以来，共化解排查矛盾纠纷28起，其中包含因土地归属、修建房屋、工伤死亡等引发的疑难纠纷13起，以实际行动促进辖区社会治安和谐稳定。

问题1 结合案例,试述"把握社区矛盾冲突升级演变逻辑"对"完善矛盾排查研判机制"的意义和作用。

问题2 "排查社区矛盾冲突的产生原因"与"完善矛盾排查研判机制"呈现什么关系?

案例3 人民调解:最合适的理情守护千家万户的安宁祥和[1]

北京市朝阳区朝外街道雅宝里15号,这座小楼的2层,坐落着以全国模范人民调解员任建友的名字命名的"任建友调解工作室"。每个工作日,72岁的任建友都会早早来到这里,开始一天的工作。

2021年是任建友担任人民调解员的第13个年头。从法官的岗位上退休后,在家带了几年孙子的她,因一次偶然的机会加入到人民调解员的队伍中。如今,和共和国同龄的任建友,依然在人民调解一线发光发热,让很多本来剑拔弩张的矛盾纠纷最终消弭于无形。

这是一组"沉甸甸"的数据:"十三五"期间,全国人民调解组织共调解矛盾纠纷4 500万件,其中近80%的矛盾纠纷化解在基层一线。这是全国300多万名人民调解员共同努力的结果。他们用法理情守护着千家万户的安宁祥和,推动人民调解这一维护社会和谐稳定的"第一道防线"发挥出应有的作用。

一、人民调解制度深深扎根于中国大地上

"人民调解制度是中国共产党领导人民在革命根据地时期创建的依靠群众解决民间纠纷、实行群众自治的制度。"西北政法大学教授、枫桥经验与社会治理研究院执行院长褚宸舸指出,人民调解制度有深厚的群众基础,根植于"和谐""无讼"等中华传统文化,强调互谅互让、平等协商,是国际社会公认的"东方经验""东方之花"。

---

[1] 案例来源:靳昊. 人民调解:最合适的理情守护千家万户的安宁祥和[EB/OL]. (2021-06-26)[2021-10-18]. https://m.gmw.cn/baijia/2021/06/26/34951408.html.

据了解，20世纪20年代第一次国内革命战争时期，在中国共产党领导下的农会组织中就设有调解组织，负责调解群众之间的纠纷。抗日战争时期，人民调解制度不断发展。陕甘宁边区等根据地的乡村设有调解组织，称之为"人民调解委员会"，这个名称沿用至今。

新中国成立后，人民调解制度得到进一步发展。1954年，中央人民政府政务院出台了《人民调解委员会暂行组织通则》。到1955年年底，全国已在乡、街建立了17万个人民调解委员会。1982年，人民调解作为基层群众自治的重要内容被写入我国宪法，民事诉讼法、村民委员会组织法、城市居民委员会组织法、继承法等法律都对人民调解作出了规定。1989年，国务院颁布《人民调解委员会组织条例》。2010年，第十一届全国人民代表大会常委会第十六次会议审议通过《中华人民共和国人民调解法》，该法成为第一部全面规范人民调解工作的法律。

党的十八大以来，习近平总书记多次对人民调解工作作出重要指示批示，为做好人民调解工作和加强人民调解员队伍建设指明了方向。人民调解制度不断发展完善，工作质量不断提高，为维护社会和谐稳定作出了重要贡献。

"人民调解具有灵活便捷、不伤感情、不收费用等优势，既可以快速化解矛盾纠纷，减轻当事人的负担，修复当事人的关系，也可以有效避免矛盾纠纷进入行政、司法渠道，节约行政执法和司法成本。"司法部有关部门负责人表示。

截至2020年年底，全国共有人民调解委员会70多万个，全年开展矛盾纠纷排查470多万次，调解各类矛盾纠纷820万件，大量的矛盾纠纷被化解于基层、消灭在萌芽状态。

二、人民调解员专业化、职业化水平不断提高

"他有权转租该房屋吗？""这种空子不能钻""夕阳恋的背后""施工扰民何时休"……翻开这本《任建友调解工作室典型案例选编》，从婚姻家庭、邻里纠纷到劳动争议、损害赔偿，生活中常见的矛盾纠纷可谓无所不包。最终，在任建友和她身边一众人民调解员的努力下，大多化干戈为玉帛。

"任老师热心，对工作有激情，做事一丝不苟。"同事曾这样评价任

建友。从派出所、街道到社区，任建友为民解纷的脚步一刻不停。2014年3月，"任建友调解工作室"在朝外街道正式成立，这是北京市首家以个人名字命名成立的调解工作室。

该调解工作室成立至今，共调解各类纠纷600余件，接待各类纠纷咨询1000多人次，调解成功率达98%以上。目前，工作室共有两名专职人民调解员，此外还有数名兼职人民调解员。

长期以来，人民调解员队伍以兼职为主。褚宸舸认为，"兼职人民调解员的优势是容易发挥基层社会各行各业的力量，国家投入人力成本和财政成本比较低"。但同时，由于兼职调解员在时间精力、专业素质等方面受限，也制约了调解工作的有效开展。

一方面，矛盾纠纷主体更加多元、类型更加多样，调解难度不断加大；另一方面，人民群众的权利意识、法治意识不断增强，对矛盾纠纷化解质效提出了更高要求，这些都需要人民调解员投入更多的时间和精力，具备较高的政策水平、法律素养和专业知识。

作为全国人民调解工作的指导部门，司法部在持续巩固规范兼职人民调解员队伍的同时，大力加强专职人民调解员队伍建设。2018年，司法部会同中央政法委等部门联合印发了《关于加强人民调解员队伍建设的意见》，强调要积极发展专职人民调解员队伍。

近年来，一大批退休法官、检察官、民警以及律师、公证员、基层法律服务工作者等被吸纳到人民调解工作者队伍中。截至2020年年底，全国共有人民调解员320万人，其中专职人民调解员36万人。

据介绍，北京、江苏、河南、海南、重庆、新疆等地专职人民调解员的数量均有较大幅度增长。如上海市浦东新区专业人民调解中心聘请了具有法律、医学、心理学、金融等专业背景的专职人民调解员127名。2020年，该中心调解各类矛盾纠纷近3万件，人均调解纠纷超过200余件，成为上海市响当当的调解工作品牌。

三、加强行业性、专业性人民调解组织建设

衣学义，来自青岛市崂山区的一位律师，同时也是崂山区道路交通人民调解委员会的副主任。

自2006年起，崂山区引入专业律师参与交通事故人民调解，衣学

义就开始参与其中。2012年,为解决崂山区道路交通事故不断增多、赔偿纠纷矛盾突出的问题,崂山区道路交通人民调解委员会应运而生。每年,衣学义都成功处理几十起道交事故赔偿纠纷,每一份入情入理的调解书都给当事人家庭带来温暖和慰藉。

近年来,崂山区司法局积极推进行业性、专业性人民调解组织建设。目前,该区已建立起劳动仲裁、医患纠纷、物业管理、老龄纠纷等24个行业性、专业性人民调解委员会。

随着我国经济社会的发展,社会结构深刻变动,利益关系深刻调整,各种矛盾凸显叠加,特别是一些行业、专业领域矛盾纠纷易发多发。与传统矛盾纠纷相比,这类矛盾纠纷行业特征明显,专业性强,涉及主体多,影响面大。

党的十八届四中全会明确提出"加强行业性、专业性人民调解组织建设"。近年来,司法部会同有关部门,先后下发了《关于加强医疗纠纷人民调解工作的意见》《关于推进行业性、专业性人民调解工作的指导意见》等,通过联合召开会议、开展督导检查、纳入综治考评等形式,推动行业性、专业性人民调解工作扎实开展。

据司法部有关部门负责人介绍,截至2020年年底,全国共设立行业性、专业性人民调解组织近4万个,其中医疗纠纷、道路交通、劳动争议、物业管理等行业性、专业性人民调解组织已普遍建立,并不断向其他重点行业、专业领域拓展。近年来,全国人民调解组织每年化解行业、专业领域矛盾纠纷达150余万件,特别是在一些经济发达地区,行业、专业领域调解纠纷数量增长很快,如上海行业、专业领域调解纠纷已经占到全市调解纠纷总量的60%以上。

过去,医疗纠纷一度成为影响社会和谐稳定的突出问题。现在,医疗纠纷人民调解组织已覆盖全国80%以上的县级行政区域,每年有60%的医疗纠纷通过人民调解得以有效化解。全国医疗纠纷总量、涉医案件数量持续下降,"医闹"问题大为减少。

四、构建新时代大调解工作格局

2020年,受疫情影响,广州某服装商城生意不佳,租户要求商城减免3个月租金。因商城租户提出的诉求与商城的租金减免政策差距较大，双方协商未能达成一致意见。广州市白云区司法局协调相关职能部门及街道、社区调委会等力量，成功化解800余名租户900多万元的涉疫减免租金纠纷。

这是白云区积极构建人民调解工作格局的一个鲜活事例。近年来，白云区司法局大力完善调解组织网络。纵向完善以24个镇（街）调委会为线点、402个村（社区）调委会为基点的调解组织网络体系，横向拓展6个行业专业、38个企事业调委会，涵盖医疗卫生、婚姻家庭、物业管理、物流、批发市场等多个领域，构建"诉调、警调、访调"三调衔接联动体系，推动"小事不出村居、大事不出镇街、矛盾不上交"。

2018年以前，司法部负责指导人民调解工作，机构改革后还负责指导行政调解、行业性专业性调解工作。2019年，在首次召开的全国调解工作会议上，司法部明确提出构建以人民调解为基础，人民调解、行政调解、行业性专业性调解、司法调解优势互补、有机衔接、协调联动的大调解工作格局。

褚宸舸认为："大调解工作格局的作用，在于通过整合各类调解资源和力量，联动化解重大疑难复杂矛盾纠纷，从而最大限度把矛盾纠纷化解在萌芽状态，实现矛盾纠纷早发现、早化解，防止'小事拖大、大事拖炸'。"

为完善各类调解衔接联动机制，全国20多个省（区、市）出台意见，加强诉调对接、警调对接、访调对接等衔接联动。通过在基层人民法院、公安派出所、信访等部门设立派驻人民调解组织，接受移送委托开展调解工作，有效缓解了法院、公安和信访等部门的工作压力。

截至2020年年底，全国共设立派驻有关部门人民调解组织近3万个。"十三五"期间，全国人民调解组织共接受有关部门移送委托调解的案件380万件，当事人申请司法确认的65万件。

"有时候单纯靠法律不能解决的矛盾，靠调解反而能更顺利地实现事了人和。"同时，任建友也认为，"调解绝不是为了'大事化小、小事化了'去和稀泥，而是要在查明事实、分清责任的基础上，再依法、依理、依情去进行调解。"

任建友还在不断学习。她说："每次给老百姓解决完一个案子，就很有成就感,心里特高兴。"

为人民调解,任建友将和全国的人民调解员一道,坚定不移地走下去。

问题1 结合案例,试述如何对社区矛盾冲突防患于未然。

问题2 以上案例,涉及社区纠纷调解的类型有哪些?

问题3 简述社区纠纷化解的特点与原则。

第十章 城乡社区营造

第一节 我们为什么需要社区营造？

前文已经讨论过什么是社区，与社区相关的一些概念想必大家已不再陌生。既然已经有了那么多相关概念，为什么我们还要探讨"社区营造"这一概念呢？它到底有什么独特性、必要性？这就得从"社区营造"的历史渊源谈起。

一、社区营造的缘起与发展

"社区营造"不是一个由某位知名学者提炼得出，并且生来就有着清晰概念阐述的学理概念；而是一个政策概念，即它是在特定的历史背景下，由执政者为了达成某个统治目的而提出的某项政策中的关键词、核心词。它被创造出来，是为了回应现实的需求、解决切近的问题，而有关它的更多的诠释，需要学者去研究和总结，需要实践去填补和丰富。

（一）缘起：日本的造町运动

一般认为，"社区营造"这一概念源于现代日本。也有学者认为可以追溯至更早期的英国。西方国家因城市中心的衰败而提出的"城市更新"概念，被认为是"社区营造"的前身。

二战后，日本经济迎来高速发展，但同时不可避免地出现了环境污染、城市病、城乡分异等一系列环境和社会问题。20世纪60年代前后，快速城市化带来了诸多城市公害问题，城市的无序蔓延使地方风貌遭到破坏，给居民生活带来了严重影响，从而迫使日本政府寻求创新的城市规划管理方式来应对。战后日本实施的复兴城市规划法，在城市改造、基础设施建设和环境保护等方面，明显已跟不上城市建设的步伐。这一时期，日本民间自发组织并形成了形式多样的保护团体，为维护居民利益和改善环境进行了一系列的抗议运动。而类似的情况也发生在乡村，随着乡村青壮年人口大量外流到东京、大阪、神户等大都市，乡村社会出现了人口老龄化、社区濒临瓦解等各种问题。20世纪六七十年代学生运动的高潮过后，一批毕业返乡的青年将对社会运动的热情转移到深耕故土、重振乡村的"造町运动"上，希望借此来改变"日本精神"，解决城市化积累的负面效应。[1]

日本的社区营造也由此掀开了帷幕，经过几十年的发展，逐渐形成了由政府、社区营造协议会、非营利组织、普通社团和公司等多主体协调参与，居民广泛参与的社区治理模式。日本的社区营造的发展大致可分为三个阶段。

1. 1960—1970年：探索期——对居民自发参与型治理的探索

面对城市中出现的一批经济"衰败区"，日本政府于1972年提出"日本列岛改造计划"，随后推出"日本新全国综合开发计划"，极大地推动了大批产业的诞生，但与此同时，社区尤其是历史街区开始面临销毁和拆迁的威胁。为此，日本政府在土地利用的政策和法律上进行了相应的调整，如《日本国土综合开发法》就经历了数次的修订。在乡村地区，经历20世纪50年代的乡村振兴运动后，1967年日本开始实施"经济社会发展计划"以协调城乡发展，改善农村生态环境和居住环境，推动农业农村现代化发展。[2] 在这一阶段，日本的社区治理内容主要是针对环境公害、历史街区的保护和住区环境改善等问题，同时也自发组织并形成了形式多样的社会团体，为社区营造提供最初动力。

---

[1] 莫筱筱，明亮. 台湾社区营造的经验及启示[J]. 城市发展研究，2016（1）：91-96.

[2] 蒋雨东，汪涛，王德平. 日本乡村振兴运动的成功经验及其对我国的启示[J]. 河北农业科学，2019（5）：4-7.

2. 1970—1990年：发展期——居民参与水平不断提高，社会力量不断壮大

进入20世纪70年代后，社区治理在日本开始步入深化探索、快速发展阶段，社区营造的概念内涵得到进一步的丰富和发展。1979年在乡村实施的"造町运动"是社区营造运动中浓墨重彩的一笔。它最早以发展地方产业、振兴乡村经济为目标，但后来内容扩展到生活的各个层面，包括改善景观环境、保存历史建筑、促进健康与福利、生态保育等，并从乡村扩大到都市，成为全民社会运动。这一阶段日本的社区治理主要关注市民参与、社区环境改善、社区福祉提高、历史街区保全和社区地域活性化等领域。

3. 1990年以来：成熟期——社区营造和居民自治趋于成熟

1990年以来，日本进入了经济产业结构调整的转型期，阶级结构和政治结构开始发生深刻变革和转变，日本政府对土地法、城市规划法和建筑基本法做了重大修改，社区营造运动也随之经历了多次结构调整与变革，不再强调与"开发主义"相对立的居民为主的社区治理，而是强调市民运动团体与地方自治组织的协调合作。[1] 随着公民权利意识的觉醒，社区营造在各阶层间共同开展，专业人士的介入使社区营造的开展更为科学，许多非营利性组织作为引领市民运动的主体开始大量出现。如今，随着日本政治环境的变化和市民运动的转型，非营利组织和社区营造运动逐渐成为改善公共治理的新力量。

（二）发展：中国台湾地区的社区营造

日本的社区营造进一步影响了20世纪80年代中国台湾地区的社区运动，尤其是90年代由台湾当局推动的"社区总体营造"。而我们现在所说的"社区营造"，从最狭义的层面看，就是指中国台湾地区的这一政策。这一政策的提出必然离不开特定的社会历史背景。回顾中国台湾地区社会政策变迁的历程，1955—2018年可划分为三个不同的发展

---

[1] 边防，吕斌. 基于比较视角的美国、英国及日本城市社区治理模式研究[J]. 国际城市规划，2018（4）：93-102.

阶段。[1]

1. 第一阶段：基层民生建设运动的推行（1955—1965 年）

为了繁荣乡村经济和改善农民生活，1955 年起中国台湾地区开启了为期 10 年的基层民生建设历程，它不仅包括生产建设、教育文化、社会福利和卫生保健这四个方面，也涵盖了社区教育的内容。

2. 第二阶段：社区发展政策本土化实践（1965—1993 年）

在国际社区发展运动的影响下，随着 1965 年"社区发展"概念的引介，中国台湾地区开始制订社区发展计划，安排社区建设项目，建设社区组织体系，加大社区建设经费投入，并推出创造城乡新风貌计划；经过 20 多年的努力，中国台湾地区的社区建设尤其在基础设施方面成效卓著，但同时存在忽视了建设社区文化内涵的问题。以上两个阶段（20 世纪 50 年代到 90 年代初），中国台湾地区的社区建设具有明显自上而下的特征。台湾当局通过行政命令强制性进行社区变革，并且承担大多数社区工程建设，是社区资源的主导者，以"官方"名义"征用"社区资源。

3. 第三阶段：社区营造运动在地化进程（1993—2018 年）

这一阶段以 1993 年台湾文化事务主管部门提出"社区总体营造"政策为标志。步入后工业化和城市化成熟期的中国台湾地区，采取了遵循社区主义逻辑的、自下而上的"社区营造"为核心的治理模式。20 世纪 80 年代末，随着国民党的政治"解严"，社会力量得到发展的空间，新社会运动蓬勃发展起来。因此，围绕着都市、乡村各自的问题，尤其是有关环境保护方面，发生了大量社区抗争运动。大量社会运动组织、专业人士和文化知识分子认识到社区的重要意义，试图推动社区改造，挖掘和复兴传统与地方文化。最终，形成了一股蓬勃的草根社区运动潮流。[2] 90 年代以后，台湾当局请来千叶大学的宫崎清教授介绍日本"造町运动"的经验，借由没落地区手工艺和观光旅游业发展乡村社区，将"社区营造"观念引入台湾政界和学界。"社区总体营造"政策

---

[1] 吴晓林. 两岸城市社区治理的比较研究 [J]. 行政论坛，2017（4）：46-52.
[2] 王茹. 台湾的社区总体营造政策及评析. 台湾研究集刊 2004（2）：36-42.

试图吸纳 80 年代以来的民间和社区力量，在日常生活社区培养"共同体意识"。[1]因此中国台湾地区的社区营造背后始终贯穿着"改造社会战略"的意志，是在缺乏足够社会基础的状况下借由"自上而下"的行政干预方式推动。

总体而言，中国台湾地区的社区营造经历了从 1994 年至 2001 年的建立示范区阶段到重视社区的自主性阶段，再到培养社区自我诠释和问题解决能力阶段，又到突破"点"的界限，朝向"线"的串联与"网络"的构建，以期达成"面"的目标的阶段。[2]

（三）推广：中国其他地区的社区营造

一般认为，台湾的社区营造于 2010 年左右被引入大陆，刚一引入就立刻吸引了来自历史学、社会学、生态学、城市规划、环境科学等众多人文社会和自然科学学科学者的关注。许多学者在当地党和政府的支持下开展了社区营造示范性实验，形成了一批本土化的案例。实验的成功也激励了许多地方政府开始将社区营造作为创新社会治理模式推广，促进了社区营造实践的百花齐放。

纵观近十年来实践引领下的社区营造研究，可分为三个阶段[3]。

1. 第一阶段：引进经验与社区实验（2010—2015 年）

该阶段以介绍国外和中国台湾地区经验为主，也有少量本地先行实验社区的案例分析，但这些实验社区多是对中国台湾地区经验的简单复制。

2. 第二阶段：实验典范涌现与经验的对照（2016—2018 年）

在这一阶段中，随着创新社会治理的引领，社区营造实践范围扩大、方式增多，研究成果开始大幅增长。典范的成功一方面增多了经验研究，并从空间正义、生态与文化保护、公众参与等方面验证了社区营造的价值；另一方面开始促进同国外和中国台湾地区经验的比较研究。

---

[1] 王茹．台湾的社区总体营造政策及评析．台湾研究集刊 2004（2）：36-42；林颖．20 世纪 90 年代台湾文化产业政策及其合法性建构［J］．东岳论丛，2014（3）：98-102.

[2] 王本壮．社区总体营造的回顾与展望［J］．府际关系研究通讯．2008（3）：18-21.

[3] 蔡静诚，熊琳．"营造"社会治理共同体：空间视角下的社区营造研究［J］．社会主义研究，2020（4）：103-110.

3. 第三阶段：实践反思与路径探索（2019年至今）

基于本土化实践中日益增多的问题，学者们开始反思适合各地方的社区营造模式并深入探索社区营造的作用机制。

以上三个阶段不仅可以清晰地反映社区营造实践的新进程，也可以反映出社区营造研究的不足。其一是缺乏学科整合性研究，理论逻辑不明晰。参与社区营造的各学科视角不一，自然科学领域偏重"空间"的营造，人文社会科学偏重"人"与社区关系的营造，事实上社区营造实践是多学科合作的产物，是"空间"营造与"人"的营造之统一。其二是地方经验研究碎片化，实践逻辑不清晰。以零散的个案分析为主，缺乏基于中国经验的总体研究，因而难以更好地回答"营造"治理共同体的现实路径，也难以为党和政府继续领导社区营造实践提供有效的参照样板与规则体系。因此，社区营造研究亟须一个能综合"空间"与"关系"的视角来解读。

从社区营造的缘起、发展和推广中我们可以看出，在不同理念的启蒙下，世界各地的社区营造孕育了不同的实践范本。英国社区建筑（community architect）的宜居化、人本化改造率先开启了社区营造旅程，而美国自19世纪60年代以来逐渐从城市更新向社区发展（community development）的理念转变，从日本的造町运动再到中国台湾地区的实践，这些经验都为我们研究社区营造提供了丰富的素材和养料。

二、社区营造的概念辨析与理论阐释

当我们在辨析概念话语时，我们的意旨是什么呢？话语的重要性被新制度主义的政治学理论所捕捉，成为话语制度学的核心概念。话语制度主义通过关注谁在何时何地对谁说了什么，不仅呈现出加入话语场中各权力主体互动的关系格局，也分析了与企业家的决策偏好相关的制度延续和变迁的条件机制。[1] 在这一部分，我们希望通过考察"社区营造"这一概念话语，探究其治理历程与理论背景。

---

[1] 维维恩·施密特. 认真对待观念与话语：话语制度主义如何解释变迁[J]. 马雪松，编译. 天津社会科学，2016（1）：65-72.

（一）概念辨析

实际上，不同国家和地区的城市社区及相关管理工作的实施，均于特定阶段提出相应的社区管理理念。中国通过借鉴国外城市"社区发展"的实践经验，于20世纪90年代初期提出社区建设（community building）的理念，强调通过党和政府的领导，通过利用社区资源来推动社区服务水平的提高和城市基层管理工作的落实，并强调社区组织体系的完善及社区空间环境的改善，具有较强的行政化和"自上而下"的色彩。[1]

区别于"社区发展"及"社区建设"，社区治理一般指为实现社区发展的目标，处理社区范围内公共事务的一系列决策和行动的动态过程。社区治理不仅强调参与社区公共事务解决过程中的"赋权"作用，更强调其参与主体的"问责"机制。[2]

相比前面几个概念，社区营造的维度更具多面性，这一实践随着城市化在世界各国的蔓延经历了不同的周期而逐渐成形，通常随着城市化进入中后期，中观层面的城市更新和微观层面的社区营造才会陆续登场，常见的包括：以社区空间优化、美化为主的社区建设（community building）；以持续集体行动来回应社区公共议题、提升社区生活品质的社区振兴（community revitalization）；以邻里关系重建为路径，强化社区关系和公民意识邻里再造（neighbor organizing）等，也即空间、社会和文化都可能作为社区营造的出发点，并相互融合，共同成为社区营造不可分割的三维框架。[3]

因此，美国经济发展委员会将社区营造综合界定为："为增强社区的规范、社区支持和问题解决能力而做出的持续而全面的努力。"[4] 也有学者认为社区营造应包含居民参与、议题建构、社会组织、社区行动

---

[1] LEUNG J C B. Community building in China: from welfare to politics[J]. Community development journal, 2000(4): 425-427.

[2] SOMERVILLE P. Community governance and democracy[J]. Policy & Politics, 2005(1): 117-144.

[3] 闵学勤. 社区营造：通往公共美好生活的可能及可为[J]. 江苏行政学院学报，2018(6)：55-62.

[4] WEIL M O. Community building: building community practice[J]. Social work, 1996(5): 481-499.

和沟通交流等五要素。[1] 而日本建筑学会对社区营造的定义强调以地域社会既存的资源为基础，在多样化的主体参与和协作下，对居民自身附近的居住环境进行渐进的改善，旨在提高社区活力与魅力，以实现"生活品质向上提升"的一系列持续活动。[2] 杨昌新则将台湾的社区营造解读为"营造社区感"，即集居群体通过对社区议题的经营与创造，建立起共同意识和心理依赖。其主要的实现途径是：策划与创建社区环境、社会与文化等相关议题，引发大家的共同关切和自发参与，在增进接触和交流的过程中，加深彼此对环境的认识和了解，最终形成共识。[3]

社区作为城市社会系统的基础构成单元，与城市社会经济发展及个体生活紧密相关。社区是空间、经济和社会的联结载体，是复杂社会关系下由生活其中的居民组成的团体，包含人与集体、社会和自然之间的社会想象与文化认同。一般而言，本土化语境下的社区营造概念可理解为一定地域范围内的社会共同体为提升人居环境品质、保护地域风貌独特性及文化的多样性，通过多方参与共同解决社区问题[4]，逐渐在居民彼此之间及居民与社区环境之间建立起紧密的社会联系，实现社区的自组织、自治理及自发展的社区共建共治过程。社区营造镶嵌于中国城市化的进程之中，这一概念至少涵盖了三个维度，分别是：① 社区空间的更新和美化，空间环境氛围的改变，既包括了硬件设置的完善，又包含了制度设计的完备，是从物理空间到文化空间的拓展；② 社区居民更美好生活的愿景，相较于精英视角下的社区建设或社区治理概念[5]，

---

[1] HYMAN J B. Exploring social capital and civic engagement to create a framework for community building[J].Applied developmental science,2002(4)：196-202.

[2] 樊星，吕斌，小泉秀树. 日本社区营造中的魅力再生产：以东京谷中地区为例 [J]. 国际城市规划，2017（3）：122-129.

[3] 杨昌新，黄瑞茂. 台湾乡村"社区营造"内涵变迁与高校课程建设的关联性：以淡江大学为例 [J]. 国际城市规划，2020（6）：62-70.

[4] 罗家德，孙瑜，谢朝霞，和珊珊. 自组织运作过程中的能人现象 [J]. 中国社会科学，2013（10）：86-101,206.

[5] 中国通过借鉴国外城市"社区发展"的实践经验，于1990年代初期提出社区建设的理念，强调通过党和政府的领导，通过动员社区资源来推动社区服务水平和城市基层管理工作的落实，并且强调社区组织体系的完善及社区空间环境的改善，具有较强的行政化和"自上而下"的色彩。参见 LEUNG J C B. Community building in China：from welfare to politics[J].Community development journal,2000(4)：425-427.

社区营造像是共同营造一个美好家园，创造共同生活福祉；③依托地缘文化，汇聚社区各组织、各阶层力量的可持续的协同行动，社区居民参与公共事务，凝聚社区共识，经由社区的自主能力，使各地方社区建立属于它自己的文化特色。

社区营造之所以能够迅速影响我国，在于其回应了我国自20世纪90年代以来社会治理和社区建设行动的痛点。社区营造致力于改变以生活文化为中心的人和协调人与环境的关系，从而构建一种自下而上、多主体合作的社区治理的行动和话语体系，实现社区整体可持续发展。作为一种社区治理的新形态、新话语和新运动，社区营造以文化先行的方略展现出低风险、低门槛及收益综合持久的姿态。[1]

（二）理论阐述

对于社区营造及治理的研究，欧美国家和日本经过多年的探索与实践，已经形成了相对完善的体系，并在社区发展历程、更新活化、治理模式、公众参与机制与资本逻辑下社区空间发展的本质及权利逻辑下社区空间治理的模式等方面展开了大量的理论与实践研究。社区作为基层社会治理单元，其治理行动策略及成效反映基层社会治理创新的进程，亦是国家与社会关系重构的现实缩影，是国家治理体系和治理能力现代化语境下城市治理模式转型的重要体现。作为极强的本地化实践，其背后所包蕴的制度基础、组织体系和行动者能力意愿等理论要素不容忽视。

有学者将社区营造模式划分为空间营造、社会营造与文化营造。

首先，重拾多重向度的空间。空间营造借助改善居民生活的物理环境和资源配置正义来增进居民的社区感。在空间社会学理论中，列斐伏尔所批判的作为感性实践的"空间生产"意图分割空间以做交易之用，空间生产中充斥权利分化与矛盾冲突。[2] 从现实中的城市更新实践来看，早期欧美地区以大拆大建为主要手段的城市更新决策权高度集中于

---

[1] 吴海红，郭圣莉. 从社区建设到社区营造：十八大以来社区治理创新的制度逻辑和话语变迁[J]. 深圳大学学报（人文社会科学版），2018（2）：107-115.

[2] 刘少杰. 以实践为基础的当代空间社会学[J]. 社会科学辑刊，2019（1）：23-28, 209.

政府手中，致使社会冲突频发，城市更新这一新转向悄然形成，即以社区营造为主要方式的城市"微"更新推动城市魅力与活力的再生产。可以说，早期城市更新的表征恰恰是那种备受批判的"空间生产"实践，而社区营造则试图对以城市挤压社区为过程的单向度"空间生产"予以纠偏与矫正。

其次，侧重以"社会"维度作为社区营造出发点和落脚点时需要塑造"新共同体"。谢立中曾将"社会"概念析出三种理解：其一，作为与"国家"相对的独立于国家行政系统之外的人类自主协调的交往领域，即从隐喻上的交往空间来界定；其二，沿袭滕尼斯的经典理论传统，将"社会"视为晚于"共同体"而出现的以"选择意志"为基础的现代结合体，即从时序变迁角度划分；其三，作为与"个人"相对的各种人类结合形式所组成的群体形式，从人类结合形式本身来界定。以此为分析框架并结合现实情形，可以发现社区营造中的"社会"营造实际上主要寻求三重目标，即对人人参与、人人享有的公共社会的追求，优化与重构立足社区的家庭、社群、社会网络等非正式群体的功能与角色，以及正式组织的自我检省与变革。[1] 通过达成这些目标，建构"新共同体"成为社区中社会营造的总体愿景，即通过施行种种有意图营造行动，为分工明确、流动加速的现代社会增添价值上的共同体意涵。

最后，从宏观社会结构上看，文化教育是社会整合的精神载体。倘若社区建设更多地指向"硬件"，那么"社区发育"则是一个漫长的过程，是一个"较为自然的发育和演进的过程"。文化营造通过对差异化群体价值观的教育与整合推进总体性的社区认同。

此外，作为国家治理体系和治理能力现代化语境下基层治理模式转型的重要体现，"社区营造"背后的理论关怀势必根植于新时代下国家与社会关系的深刻转型。改革开放后，原有的单位制逐步解体，城市社区治理模式开始从行政型社区向合作型社区和自治型社区转型，这也代

---

[1] 高艺多. 城市社区营造的本土实践：模式、机制与问题：基于对上海市P区项目评估的反思[J]. 社会工作, 2020 (4): 40-50, 110.

表我国城市社区发展的方向。[1] 因此，从某种程度上说，社区营造就是社区的自组织过程。通过提升社区内的社群社会资本，以达成自治理的目的，进而实现"政府引导、民间自发、社会组织帮扶，使居民自组织、自治理、自发展，共同解决社区所面对的公共议题"这一目标。[2]

实际上，自组织概念源于系统理论，比利时物理化学家和理论物理学家普里戈金在建立"耗散结构"理论的过程中发现了自发有序结构，并将形成自发并且产生有序结构的过程定义为"自组织"。[3] 在社会科学领域，自组织是一群人基于自愿的原则主动地结合在一起，其产生包括两个阶段：首先是一群人形成小团体；其次是这个小团体拥有特定目标，并能够为了该目标进行分工合作、采取行动。[4] 奥斯特罗姆通过研究小规模公共池塘资源案例，论证了自组织在公共事务治理当中有着重要力量。

社区自组织作为一种机制，是指不需要外部力量的强制性干预，社区通过自身就可以实现自我管理、自我教育、自我服务、自我约束，进而实现社区生活的有序化。[5] 而社区自组织作为一个名词，在社区当中就是社区社会组织。培育社区自组织是社区营造的主要手段。在自组织理论的基础上，针对社会自组织发育明显的群体，可以实施"弱干预"，而针对社会自组织发育缓慢的群体，则需要"探求新的方式，加大力度，甚至设法将某些理念直接灌输进去，促成其自主性的发育"，即实施"强干预"。[6] 对于中国而言，完全依赖于国家和市场都无法振兴社区，因此社区营造也是国家与社会关系理论框架下实践现代社区

---

[1] 魏娜. 我国城市社区治理模式：发展演变与制度创新 [J]. 中国人民大学学报，2003 (1)：135-140.

[2] 罗家德，梁肖月. 社区营造的理论、流程与案例 [M]. 北京：社会科学文献出版社，2017.

[3] 叶侨健. 论系统自组织机制：耗散结构机理图的诠释 [J]. 系统科学学报，1994 (2)：57-63.

[4] 罗家德. 自组织：市场与层级之外的第三种治理模式 [J]. 比较管理，2010 (2)：1-12.

[5] 杨贵华. 自组织与社区共同体的自组织机制 [J]. 东南学术，2007 (5)：117-122.

[6] 沈原. "强干预"与"弱干预"：社会学干预方法的两条途径 [J]. 社会学研究，2006 (5)：1-25，243.

建设的新方式。

三、社区营造的作用、意义

首先,社区营造有助于形塑对"家乡"的认同感。社区营造的意义根源于对"社区"的反思。在社区里"独自打保龄球",并不是普遍意义的美好生活。"家"与"社区"的关系是密不可分的嵌入关系,享受孤独并不能改变居民们需要在社区空间内共生的现实,任何私人空间的建设也都无法脱离社区空间而存在。居民不论是获取自身所需的基本公共服务、生活消费乃至社会资本,还是面对市场化、全球化带来的风险社会的挑战,都需要以社区共同体来链接这些与生活息息相关的公共议题以化解个体困境、提升生活品质。

其次,社区营造弥补了政策末端的福祉与环境品质。在社会治理实践中,社区营造一方面可以促进国家基层治理重心下沉,将党和国家的各项政策落实在社区,通过完善现代化的社会管理与服务,形成自上而下的社会治理体系。另一方面基层党委和政府在带领社区居民和各类主体自下而上地参与营造的过程中,可以有效吸纳和凝聚治理共同体,形成社区中的"有机团结"。这种社区有机团结能发挥集体互助协作的力量,在日常生活中可以营造邻里亲善共生的美好社区,在大规模社会风险如经济危机、自然灾害、瘟疫等发生时,更是可以营造出风险社会中的最后一道堡垒。

最后,社区营造培养众人参与公共事务的能力。社区营造的意义还在于构建一种参与式民主的机制,以弥补代议式民主的不足和直接民主难以执行的缺憾。[1] 政府借由对"社造协定"的辅导、协调、审议等方式,逐步落实居民参与的民主精神。居民透过对社区公共议题的讨论,逐步建立个人与社会的关系,在构建社区意识的政治过程中,将"自在"的社区转化为"自为"的社区。[2] 社区营造推动居民参与自

---

[1] 卢思岳. 社区总体营造和参与式民主[EB/OL]. (2013-08-23)[2020-10-20]. https://communitytaiwan.moc.gov.tw/Item/Detail/社区总体营造和参与式民主.

[2] 夏铸九. 台湾的社区营造:地方自主性和社区参与[J]. 城市与设计. 1999(9):175-185.

身所处社区的生活事务，形成民主讨论的习惯和价值观，在体验、实践居民自治的过程中，为建立现代的"公民社会"创造条件。

社区营造不仅仅要改造某个地理区域，还要通过"营造"这一行动，重新构建个体和群体的社会关系网络，进而改变基层社会的文化习惯和日常生活的形态。社区营造是一场复杂、多元、自下而上的社会运动，其本质是"过程"而非"结果"，其意义不在于表面上可见工程的"成功"，也无法用简单的统计数据或测量方法来计算其是否"成功"。[1] 社区营造应该跳出实体空间的束缚，指向更长远的社会发展目标。

第二节 社区营造的切入点：人、文、地、产、景

宫崎清教授自20世纪60年代起便致力于传统工艺与地方产业的振兴、社区整体营造方法的研究，他总结了以"人、文、地、产、景"为基础，以当地社区民众为主体，通过小批量、多样性、高文化附加值的本土产品研发和生态旅游产业开发等手段，来实现地域经济文化发展与非物质文化传承的结合。"人、文、地、产、景"可视为社区整体营造之切入点，其中"人"指地方文史、传说、人物、典故之整理呈现；"文"是指历史文物、民俗节庆、传统民俗等文化；"地"指地理、气候、动植物等自然资源的发掘与利用；"产"是指农、林、渔、牧等产业的振兴；"景"指自然、人造、生活情境等景观的营造。在此基础上中国台湾地区社区营造先行者黄世辉博士，他结合以上五个方面的分类及自己多年来对社区营造的实践探索，提出了新的社区自主营造机制，即需要分别从观光发展、传统工艺振兴、文化产业、社区发展、灾区重建、社区博物馆六个方面进行社区设计。[2]

社区营造的过程与内容可以分为五个部分：第一，全体居民的参与；第二，对地方文化的再创；第三，互帮互助的情谊；第四，对社区

---

[1] 王文诚.反身性的社区营造：实践性的地理学想象[J].都市与计划.2011（1）：1-29.
[2] 黄世辉.社区自主营造的理念与机制：黄世辉研究论文集[M].台北：建筑情报季刊杂志社，2001.

资源的价值进行创新与推广；第五，人与自然的共生。我们可以根据这五个方面将社区营造进一步地展开。

一、五要素：人、文、地、产、景

1. 人：激活社区参与

"人性之花"（flowering of the total person）是千叶大学提出的帮助农村地区应对社会变化以解决社区问题、促进地区发展的方法。这套方法强调当地人在社区营造过程中的重要作用，他们是主要的行动者，设计师则只是扮演促进者的角色。

相较而言，我们的社区建设还停留在政府主导、专家设计、居民配合的模式，从短期来看，这一模式有着充足的资源投入、专业的规划设计和明显的社会成效，但居民处于被动地位的社区建设难免演变为应付上级检查的政绩工程和向媒体宣传的形象工程。鼓励社区民众参与的目的在于给予民众表达意见及实际参与的机会，使社区居民能在社区营造的过程中亲身参与，并分享其成果，民众参与应该具有了解社区居民的问题与需求、分担参与过程的沟通协调成本及规划者与民众的互动这几项功能。

2. 文：促进文化再生

地域文化以物质和非物质文化的形式广泛地存在于民间文化、艺术建筑与器物、地方产业、传统手工艺、生活形态（行为、语言、节庆、风俗等）当中。它深远地影响着社区中人们的生活生产方式、认知世界的方式与价值体系，广义地看，我们在开始了解一个社区的时候，至少应该对社区这一地域的文化价值与生态保护、产业价值与输出方法有基本的了解，并在此基础上构建基于地域文化的本土设计体系。

而在实际操作过程中，地方政府过分集中地寄希望于"旅游兴乡"，往往多投入、声势大但产业输出不够，没有形成协同创新的合作网络，也难以形成稳定增长的产业链和文化保护的生态环境。[1] 例如非遗文

---

[1] 季铁.基于社区和网络的设计与社会创新[D].长沙：湖南大学，2012.

化和手工艺基本聚集在传统的农村社区，手工作坊的经营模式基本已经没有生存的空间，农民也没有能力将其转化为新的中心企业，传统的依靠地方特产和区域市场的轻工业受到发达地区密集型制造业的严重冲击，导致大规模的劳动力外出务工。那么如何在现代生活方式中扩大非物质文化的生存空间并使其承载地受益？落后的乡镇地区需要凭借文化优势和资源特点，以最小的成本融入全球化的商业与社会关系网络，发展生态旅游、有机农业、林业深加工等有地域特征的产业，建立基于网络的交易与传播平台（抖音、快手等），增加就业机会，吸引外出务工人员返乡就业、稳定社会资本，激发当地居民的创新意识和产业发展潜能。因此，构建基于以地域文化为基础的地方知识系统，服务于多元化的产业输出体系就很关键。

3. 地：优化社区布局

"地"是指乡村的物质空间载体，包含村舍、道路、外部空间等一系列乡村人工构筑物。多山多水之处往往孕育着乡村聚落，而依山就势、临水而居的有机布局往往成就了村落灵活、活泼的建筑肌理和空间风貌。过去的新农村建设中不乏许多军营式的新村建设项目，无端将农民赶上楼，去到与生产生活脱节的居住环境中，皆是无视乡村空间营造艺术之举。乡村内的传统文化建筑如祠堂、庙宇是承载乡土文化的重要空间，在空间营造中尊重历史建筑，凸显乡村的"天地"观亦十分重要。

社区营造理念下的乡村空间规划与建筑设计应摒弃城市文明的错误克隆，在科学引导的基础上充分尊重乡村居民意见，发挥其主观能动性，运用"在地化"建筑策略，塑造适宜乡村、适应村民行为模式的空间环境。

4. 产：因地制宜发展

日本曾在第三次乡村运动时提出"一村一品"战略，以求发展、振兴特色农产品。"一村一品"战略注重产地建设和品牌培育，因地制宜，创造了大量农业名优品牌，获得良好的经济效益。社区营造理念下的乡村建设须将经济产业的扶持作为乡村建设的重点，对接外部资源，构建乡村自我经营机制。

挖掘社区文化资产是社区资产建设的重要环节。我们可以从我国某少数民族村落 D 村的实践为例，观察该村如何从文化之旅走向社区文化资产建设与减贫之路。[1]

首先，挖掘、整理 D 村优势文化资产。社会工作者动员村民一起"用脚画地图"。通过重新走访社区，以欣赏性的眼光找寻各种显性的"有形文化资产"，并绘制成社区资产地图，与村民共同挖掘社区文化资产背后的内涵和价值。尤其是在对 D 村的鼓楼、戏台、寨门、礼堂、风雨桥等特色建筑资产做了挖掘整理后，发现这些有形文化资产依然发挥着维系村寨人际关系、宗族关系并为村民提供公共活动场所的作用。

其次，参与式打造文化博物馆。D 村的社区文化资产优势非常突出，因此，以社区文化资产建设来推动社区减贫是一种重要的方式，参与式打造文化博物馆就是其中的一个项目。通过第一阶段的老物件捐赠与故事整理、第二阶段的捐木料和制作展架、第三阶段的老物件摆放，最终文化博物馆得以顺利开张。

最后，该村尊重传统农耕方式和技艺，成立生态种植互助组。利用 D 村红糯米种植的传统和文化优势，成立采取传统农耕方式的生态种植小组，不使用农药、化肥，减少中间商的差价；小组采用志愿合作的方式，集体经营、民主管理、按劳分配，改善小组成员的生计；小组收益 5%~10% 留作社区公益金，用于修建村庄公共设施、处理社区公共事务、开展社区救助等事项，以此推动村庄内部形成凝聚力，提升村庄的自主发展意识和积极性，以此进一步推进村庄朝着可持续的方向发展。

通过搭建城乡合作、公平贸易平台，D 村的体验红糯米生态种植活动吸引来不少城市消费者，他们参与播种、插秧、除草、收割、脱粒等劳动环节，为村民们带来经济收益。基于文化博物馆和生态种植的乡村生态体验游有别于大众商业化文化旅游，它将民族文化与人们日常的生产、生活融合起来，加深了城市居民与民族文化的联结，使他们意识到民族文化的独特性和丰富性，这种发展方式也为乡村生计发展拓展了新

---

[1] 张和清. 社区文化资产建设与乡村减贫行动研究：以湖南少数民族 D 村社会工作项目为例［J］. 思想战线，2021（2）：21-29.

的渠道，并将社区减贫从文化层面拓展到经济、社会关系、生态等层面，进一步推动社区减贫实践。

5."景"：营造美好景观

对于乡村社区而言，"景"是指乡村中的自然景观资源和生态资源。乡村聚落与城市相比更贴近自然，以农业为主的生产方式使得乡村居民与土地发生直接关系，与乡村相互融合的农田、森林、湿地都是村民赖以生存的生态资源。"景"资源是保证乡村聚落维持自身特征和生态本底的重要条件。在现代建造技术普及的今天，强制性彰显人的力量、削弱自然环境的运动式建造模式为乡村的可持续发展埋下了隐患。

当然，"景"也可延伸至人造、生活情景等景观的营造。其中包括社区环境景观的营造，如绿化与无障碍设施之设置与保养；古迹、建筑、聚落与生活空间之保存；民俗、庙会、祭典与地方生活文化之展现；各地方文史、人物、传说、典故之整理呈现；现代文化、艺术、生活、学习与学术研究的设施与活动；增进地方健康福祉的社区合作事业；生活商店街的营造；社区形象与识别系统之创造；等等。

二、要素的联动与融合

以上五个要素并不是彼此割裂的，而是息息相关、互相联动融合的。社区营造从"文""地""景""产"任何一个议题出发，最终都要回归对社区"人"的再造，即关系的再造。[1]这一点体现在社区营造坚持以社区居民为核心，并将社区居民的参与程度与自治能力作为评估社区营造的关键指标。"人"的再造也是社区以较低成本撬动大格局创新的关键，通过核心议题空间的再造，被凝聚的居民和各类主体感受到共同体意义，愿意主动投入人力、物力、财力到更广泛的空间营造行动中，真正体现了自下而上的人人有责、人人尽责、人人享有。在各议题带领的不同类型社区空间再造中，社区"地""产"的营造易标识社

---

[1] 蔡静诚，熊琳."营造"社会治理共同体：空间视角下的社区营造研究[J]. 社会主义研究，2020（4）：103-110.

区边界，形成群己界限，它们侧重赋予居民共同的利益目标，打造利益共同体；社区"文""景"的营造易形成空间符号丰富社区场景，它们侧重从精神生活层面不断唤醒居民聚为邻里亲善、互助的治理共同体意识，协同营造社区美好生活。

第三节 社区营造该如何推进？

当我们在思考推进社区营造时，我们总是希望贴近所秉持的精神与原则，他们至少是：① 总体性、整合性与系统性相乘的效果；② 公共化的原则——社区自主参与和拥有；③ 人性化的原则——温润、舒爽、健康、安全、干净与感性；④ 永续经营的原则。而这几项原则暗含了治理主体、治理制度与治理内容的三大核心内容，本小节试图从三个方面阐述他们的重要性和相关的疑难点。

一、先要有人：治理主体从单一主体到多中心

参与主体的多元化是社区营造的最大特色之一。从社区营造方法层面来看，日本与中国台湾地区社区营造所倡导的"社区民众参与机制"对于中国大陆社区实践有很强的指导意义。早期的中国乡村治理大多是由社会学者发起，政府参与或组织，主要从政策、经济、产业的角度来解决问题。但这种由政府主导的乡村治理有很大的局限性，一方面，每一个农村社区的具体条件是不一样的，这样笼统宏观地规划会在一定程度上会削弱社区的独特性，忽略了差异化的社区需求；另一方面，这种自上而下的社区治理手段并不能从根本上挖掘当地人们的主观能动性，没有激发村民的热情、形成凝聚力，从而让社区发生持续而又自发性的改变。因此，在社区营造过程中，"民众参与"是一个必要的机制。正如阿瑟·梅尔霍夫所说："社区设计并不是关于怎样形成更多漂亮的建筑物、更有趣的景象和更吸引人的景点，社区设计实质上是调动当地社区市民塑造他们自己理想的未来。"[1]

---

[1] 梅尔霍夫. 社区设计 [M]. 谭新娇，译. 北京：中国社会出版社，2002：150.

社区弱参与导致社区公共生活的不足，长期以来一直是社区治理的困扰。在激活社区参与的议题中，知识分子进入基层社会展开社会实践，从而改变基层社会治理形态，这一新型时代命题逐渐引起关注。不可否认的是，专家学者的介入在一定程度上促成了城市基层治理创新的双赢局面。有学者以上海浦东新区Z街道的整体提升项目为例，向我们展示了专家学者在具体项目中如何推动城市基层整体治理模式的创新。[1] 这一研究展示了三个层面的突破：其一，突破官僚知识体系自我循环式固化的困境，以满足居民需求为根本，引入个人知识和专业知识，重塑基层治理的知识体系；其二，突破基层政府治理碎片化的困境，推动基层政府的管理、服务与资源下移，构建纵横向部门之间的协同整合机制，实现政府流程再造；其三，突破普通行动者参与缺席的困境，以解决居民日常生活中的痛点、难点需求为导向，动员社区居民积极参与，推动社区各相关主体开展社区协商，实现自上而下的管理、资源与服务和自下而上的居民需求、意见的有效对接。

然而，社区营造参与主体的精英化也引发了一些担忧。例如在社区营造的实践中，社区组织者倾向于引入专业人士进行指导。这在收获科学化、规范化方案的同时，也可能存在社区营造的精英化风险。项目设计和评估过程中"公众缺位"现象使得部分政府购买服务"货不对板"，导致公共资源的浪费，引发"公共性流失"。[2] 社区营造中的精英主义倾向容易忽视社区居民作为行动者的可能性与生成自发秩序的重要价值[3]，产生外部依赖性，因此需要探索专家撤出后也能自我运营的模式。[4] 此外，积极分子的强参与和欠积极分子的弱参与形成鲜明

---

［1］唐亚林，钱坤. "找回居民"：专家介入与城市基层治理模式创新的内生动力再造［J］. 学术月刊，2020（1）：84-96.

［2］袁明. 中国政府购买服务的可能陷阱及其规避路径［J］. 社会工作与管理，2020（1）：82-87，94.

［3］郑中玉. 都市运动与社区营造：社区生产的两种方案及其缺憾［J］. 社会科学，2019（5）：72-83.

［4］葛天任，李强. 我国城市社区治理创新的四种模式［J］. 西北师大学报（社会科学版），2016（6）：5-13.

对比的同时，也互为补充，欠积极分子的缺场使得积极分子主导的社区营造很可能是不完整的，反映的居民声音是不全面的，欠积极分子失语的原因不能简单归因于该群体的能力或意愿限制，而须探究深层次结构因素。作为精英的专业人士终究是外部的，其对社区营造的干预也只是阶段性进程，试想当精英撤离之后，源于精英知识体系与话语结构的社区营造行动将如何持续化、常态化甚至纵深化，这无疑是一个难点和重点。

二、定下规则：治理体制

多元主体以不同的形式共同参与并推动社区营造时，各主体不可避免地在自身利益、资源分配、理念差异等方面存在冲突，我们可以对制度供给主体、执行主体、执行过程进行规则的厘清。

以中国台湾地区为例，其社区建设经历了一个长期而复杂的发展过程。

从制度供给主体来看，社区建设的制度演变表面上呈现政府通过制度设计和政策颁布推动的特点，但其实是社区发展协会等社区组织的发展，以及社区居民意识的觉醒等因素，迫使政府在社区发展的制度设计层面引入社区导向。经济的快速发展带来的物质基础，和中国台湾地区政治"解严"的制度环境，促使中国台湾地区探索以"社区导向"为主、多元主体参与的社区发展模式。

从执行主体来看，社区营造计划推行后，政府控制的渐退使得各类社会组织和个人等多方力量得到充分发挥，而此时政府的角色也从过去的主导、控制，调整为引导、辅导社区及协调多主体之间关系的角色。社区总体营造政策的成败与政府部门和非政府主体都密切相关，只有充分发挥多元主体的力量，合作共治，在推动社区营造有序进行的同时，激发各参与主体的活力，才能形成社区营造"政府引导+民间参与+专家辅导"的作用机制。社区营造一系列的政策都极大程度地激发了包括社区居民、社区组织等在内的多元社区力量的参与热情。

从制度执行过程来看，社区营造经历了由政府体系的"纵向嵌入"过渡到社区主导的"专案申请"。社区居民作为社区营造的行动主体，受政府制度创新带来的获利机会的诱导而积极响应，自愿缔结为社区团体，就社区环境、社区规划、社区开发等社区营造议题进行提案，在此基础上制订具有特色的社区发展计划，汇聚社区共识，共同推动社区的制度变革。尤其是刚刚推行的参与式预算制度，由社区居民决定社区经费的使用，更是给予社区居民更深入的参与机会。不难看出，社区营造的执行过程逐渐由以往的"纵向嵌入"转变为社区导向的"专案申请"，资源配置方式则由传统计划补助变为"竞争性提案"的模式。[1]

城市化和经济社会新常态带来了社区治理新问题，再加上居民意识的日渐觉醒，中国的社区政策也逐步变化，区别于原有的"政府主导"强势推行的理念，如今更多的是倡导在政府引导下的多元参与。尤其十八大以来，政策环境的变化极大促发了社区营造在大陆地区的传播，一时成为热潮。社区需求巨大，催生基层政府官员、村（居）委、社工及社区社会组织加入社造理念和实践的传播中，线上线下交流活跃。高校专家学者、社会组织及企业在这轮社区创新行动中成为引领者和身体力行的实践者。结合已有的社区实践，中国目前的社区营造至少已形成由不同主体方推动的五种模式[2]，分别为政府、学者、社会组织、企业推动型以及社区自我内生型。

社区营造从社区资源和需求调查入手，发掘和转化本地资源，进行社区自组织建设，进而改造社区议事规程，达致社区人与关系的改变。实践中社区营造往往"一村（居）一品"，因此理念和方法各异，极大体现社会创新的价值。依此大致分为四类：① 公共空间营造结合在地组织扶持；② 社区参与技术；③ 文化倡导与复兴类；④ 其他类型。上述分类只代表社区营造所主要使用的手法。事实上，社区营造在实践中正表现出越来越多的兼容性和整体性，如表10-1所示。

---

[1] 吴晓林.台湾学界如何研究城市社区治理？[J].中国行政管理，2015（8）：100-105.

[2] 吴海红，郭圣莉.从社区建设到社区营造：十八大以来社区治理创新的制度逻辑和话语变迁[J].深圳大学学报（人文社会科学版），2018（2）：107-115.

表 10-1 社区营造模式（依理念和方法分类）[1]

类型	公共空间营造结合在地组织扶持	社区参与技术	文化倡导与复兴	其他
举例	新"清河实验"、北京大栅栏社区营造、恩派社区项目、乡愁经济、青谷营造社、成都锦乐汇、成都幸福家等社区营造项目	罗伯特议事规则咨询中心社区营造项目	爱有戏"义仓文化"社区促进项目，乐和云家社区营造项目	南京翠竹园互助会、嘉定社区营造、创智农园、梅陇三村"绿主妇"营造项目

从对社会力量的忽视到管制，再到多元主体的协同，如今社区治理改革不再单纯满足于向下输送服务和管理，改变治理层级或治理的技术性手段，而是努力朝向由专业人员和社会组织带领居民发掘社区资源，规划解决社区问题，改善社区人与环境的关系，提高居民对社区认同，实现社区治理从目标到主体、方向及路径的变革。

三、开始行动：治理机制

社区工作者如何利用专业优势更好地参与社区建设？面对社区中纷繁复杂的、亟待满足的社会需求，设计介入社会创新的可能性在哪里？在社会创新中又如何克服参与者自身角色的局限性？

首先，以社区需求为设计的出发点。当为社区设计时，多种问题会复杂地糅合在一起，因为面对的是一个多样化的群体，在这一群体中多种因素互相联系，同时各种利益相关人牵涉其中，形成一个复杂的制衡网络。要想在这种多样化信息融合的干扰下发现社会问题，找出解决方案，需要的是对社区深入的了解。而这种了解必须基于对社区中的人的了解，包括个人的特征、生活习惯等，同时还要结合社区互动及与环境的关联。

其次，搭建知识平台。社会需求的多样性，导致了社区的社会问题的复杂性。这种复杂的问题由单一部门是很难解决的，所以，团队的组

---

[1] 吴海红，郭圣莉．从社区建设到社区营造：十八大以来社区治理创新的制度逻辑和话语变迁[J]．深圳大学学报（人文社会科学版），2018（2）：107-115.

建必定是跨学科的。这又导致了一个问题，不同的知识背景、工作习惯、思维方式都必定会给团队的交流带来一定的障碍。这就对共同的知识平台的搭建有需求。通过对地方性知识的采集、分析和整合，积累本地的生活方式、社会形态知识，以此为基础，搭建共同的知识平台。这个知识平台的搭建将为设计师、社会学家、工程师、建筑师等方向的专业人士提供统一的配合和沟通基础。当其他外部力量再次进入社区进行创新指导时，知识平台将成为其了解当地社会情况的最佳切入点。

再次，创造新的组织形式和商业机会。社会创新有别于技术创新，它不是从新技术的运用或一个科技产品的开发来进行创新，更多的是在社会资源、社会资本的组织方面，通过对资源的整合，形成新的组织形式。在这种新形式中，还会形成新的项目和工作机会。如日本消费者合作社的模式，既在食品、保健、住房等方面满足了居民的需求，又为社区增加了很多新的商业机会。

最后，利用社会网络、分散式系统及社会化媒体扩大影响。例如，社会化媒体促进了扁平化、基于网络的组织和经济生产形式的产生。虚拟和现实结合，使人们有了线上线下交互的机会。社会化媒体的应用刺激产生了大量基于共同价值而相互合作的创新案例。

第四节　社区营造的突破口：人本与技术

社区营造的本土化实践同样要面对群众"参与度"不足、"行政化""官僚式"模式难以改变等难题，这也是令每一位社区工作者感到为难的问题，那么问题的答案在哪里？突破口如何寻找？也许并不存在千篇一律的"万金油"办法，对于前一个问题，需要视社区发育阶段与程度而定；对于后一个问题，移动互联网的全面发展也许是一个难得的契机。

一、人本：居民参与意愿与能力

上文我们已经提到，社区建设无法持续的一个突出表现就是民众的参与冷漠。在具体实践中，我们会发现社区营造共同体的可用资源和发育程度不尽相同,那么进一步激活居民参与度的方法也不能一概而论。我们可以分两种情况讨论。

一种是在政府掌握着大部分资源的前提下,通过制度性授权和一定的行政性分权,增加居民对于社区事务的决定权和主导权,是提高参与度的主要路径。

另一种是在居民的自治意识还未充分发育的前提下,政府主导的社区治理创新要求信任社会组织并放手让其进入社区,培育社区居民成为社区权力博弈的主体方。社会组织的加入客观上将倒逼社区自治组织提高自治意识和自治能力,以更好地为社区居民提供服务和进行社区自治。

无论何种途径,社区营造快速推进的背后是线上线下传播机制,其中面向各群体的培训和学习机制作用重大。各级政府应该加强社区营造的培训力度,线上和线下相结合,加速将理念转化成创新群体的行动偏好,促成制度性共识的出现。

二、技术:互联网思维与共享经济

近些年通过 App、微信群、QQ 群等互联网平台创建智慧社区的实践越来越多,并已成为社区治理更信息化、更贴近民意的重要路径。社区营造几乎与在线平台的兴起同步到来,社区营造的前期动员、设计方案投票、经费预算、施工过程、后期效果等环节,配有持续近一年的在线展示宣传,可以吸引相当多的社区居民,社区营造在社区微信群里也常常成为居民的热议话题和生活期盼。智慧社区走技术路线,社区居民在经济生活、社会生活"互联网化"之后,社区生活也正一步步在线化,例如,南京栖霞区自2016年创建"掌上社区"这一在线平台以来,9个街道已创建747个社区微信群,吸引近15万名栖霞常住居民加入其中,每月产生近30万条互动信息,值得一提的是自2018年年初开始启动的近100个社区营造项目,从申报、招标、设计到落地推进,全程都运用"掌上社区"微信平台进行直播或在线互动,社区营造这一内容深厚、理想深远的社区活动很快席卷大多数居民,虽然社区营造不可能一蹴而就，但通过互联网平台，社区营造正在扮演积极的共治共享的角色。[1]

社区营造作为短暂参与或"微介入"的最佳场域，它不需要每个居民全身心地、毫无保留地参与，也不需要居民都能做到线下参与，当社区营造信息在社区线上平台呈现时，在线提出一些微小的见解，发表一些认同或否定意见，就已经做了贡献。当下，包括多主体参与的社区营造共同体们正借助于微博、微信等新媒体手段在线上线下形成，撬动更多的社会资源进入社区，持续唤醒居民参与到治理中来。我们相信，这是一个不可阻挡的趋势和潮流，我们也期待更有效的参与与更美好的社区生活。

社区营造是一个永续的社会工程，包括分期计划的制订、营建资金的筹措、居民共识的建立、公约或契约的签订、民主程序的维持等，"人"是目的而非手段，公共空间的美化最终乃是希冀居住在社区中的每一个具体鲜活的"人"获得归属感与心灵的栖居地。

思　考

一、简答题

1. 你所在社区是什么类型的社区？相较于其他社区，你的社区五要素（人、文、地、产、景）有什么突出的优势，有什么劣势？

2. 互联网思维与共享经济如何在信息沟通、项目运营、平台构建中服务于社区营造？

二、案例分析题

案例　石公村黄家堡"美丽乡村营造坊"：以议事规范推进村民自治发展[2]

石公村位于西山岛东南部，村内拥有丰富的历史文化和自然景观资

---

[1] 闵学勤. 城市更新视野下的社区营造与美好生活[J]. 求索，2019（3）：72-78.
[2] 此案例由本书主编的课题组成员陈文文提供。

源。本次项目实施点在黄家堡村，这是一个自然村落，共有村民六十余户。为了建设生态宜居的美丽乡村，黄家堡计划建设一条登山步道，让游客能充分领略太湖风光，提升旅游品质和体验，增加居民收入。

2018年7月，石公村主动联系到苏州市吴中区禾木堂社区发展中心和苏州大学专家团队来村进行村民自治的有关工作，在村两委的大力支持下，专家团队对石公村进行了深度调研，并参考各地有关村民自治的典型案例和具体做法，结合黄家堡的村庄整治项目，开展了"美丽乡村营造坊"的村民小组自治项目，协助村委制定了指导村民议事的《黄家堡美丽乡村营造坊操作手册》和《黄家堡美丽乡村营造坊议事规则》，现场指导村民现场有序开会、议事，为顺利推进黄家堡的乡村整治工作提供了有效的沟通议事平台和工作机制，取得了明显成效。项目具体实施办法如下：

借助修建步道的机会，村民讨论、议事的热情被点燃，石公村村委会聘请苏州大学专家教授团队进村开展相关指导工作，制定《黄家堡美丽乡村营造坊操作手册》和议事原则，主要做法如下：

1. 构建村民议事平台。在石公村党支部的牵头下，由村两委推荐村内能人、党员、"意见领袖"等人共同组成村内议事会，打造村民议事的平台和载体。

2. 规范村民议事流程。根据《黄家堡美丽乡村营造坊操作手册》和《黄家堡美丽乡村营造坊议事规则》，明确了从议题范围、议事主体、议事流程和监督评价等方面的内容，让村民议事更加具有可操作性，流程更加规范。

3. 加强村民议事评价。在村民议事前和后进行"前测后测"，通过问卷数据变化反馈居民议事前后的态度转变，评价议事成效。

4. 完善村民议事监督。在议事中明确基本的方向是要提出解决问题的方案和相应的跟进人员，在下一次议事开始之前要就上一次议事结果的执行情况进行汇报，村民议事成效得到保障。

通过搭建"村民事由村民议、村民决"的平台，该村也得以深入推进村民自治工作，项目落地后，本项目的主要成效在以下三个方面：

1. 村民自治更加规范，包括村民自治的主体、平台和议事来源、议事流程及实施评价，都形成了完善的制度文本。

2. 村民自治更加有效，通过村民的规范参与，解决共同关心的一些问题，村民的参与性更加强，讨论的议题也更加具有现实性，问题的解决也比较顺畅。

3. 村民自治更具活力。村民的参与热情得到了有序引导和释放，大家的意见可以被听到，村民也更加积极参与自治。

激活村民主体活力、规范议事章程、公开议事结果、加强议事评价、完善议事监督，在石头公村皇家堡"美丽乡村造访"项目中可见，各个议事流程环环相扣，形成良性闭环，项目的顺利运作也就水到渠成了。

问题1 石公村黄家堡的"美丽乡村营造坊"是如何开展社区营造的？

问题2 结合案例，分析石公村黄家堡的"人、文、地、产、景"，尝试给出下一步社区营造方案。

第十一章 社区应急管理

社区应急管理是社区治理的重要内容，本章拟对社区应急管理的相关内容进行分析。按照内容由浅到深的顺序，本章第一节对社区应急管理的基础知识，即社区应急管理的概念、社区应急管理的主体及社区应急管理的理论基础进行分析。第二节主要分析了我国社区应急管理的历史发展、社区应急管理的主要模式、当前我国社区应急管理工作所面临的挑战及社区应急管理模式的境内外比较这四个部分。社区应急管理能力是社区治理能力的重要组成部分，因此本章最后一节的讨论主题是"社区应急管理能力"，主要对社区应急管理能力建设的内涵与意义、社区应急管理能力建设的维度及推动应急管理能力建设的环节等三部分展开分析。

第一节 社区应急管理概述

对社区应急管理的分析可以从该领域的基础知识开始，基础知识即在社区应急管理中涉及的基本概念、治理主体及理论基础。社区应急管理领域中的基础概念不仅包括了应急管理、社区应急管理本身及社区应急管理未来的发展方向即韧性社区，还包括了突发事件、风险社区、新兴风险、社区风险及风险治理等相关概念。社区应急管理的治理主体包含了政府、各类社会组织、社区居民及企业。至于社区应急管理的理论基础，本书主要对社区应急管理领域的灾害风险管理理论、4R 理论及公共安全三角形理论三个理论展开介绍。

一、社区应急管理的概念

（一）突发事件与社区突发事件

根据《中华人民共和国突发事件应对法》中对突发事件的界定，突发事件主要是指突然发生，造成或者可能造成严重社会危害，需要采取应急处置措施予以应对的自然灾害、事故灾难、公共卫生事件和社会安全事件。近年来，由于地震、新冠肺炎疫情等事件的发生，突发事件成了人们关注的重点。

社区突发事件是指突然发生的并可能对社会生活（包括居民生活、人员心理状态、社会管理秩序等）产生较大影响的事件。社区突发事件不仅包括了停水停电这类生活日常，还包括了社区治安事件及发生在社区的自然灾害等。

（二）应急管理与社区应急管理

应急管理与风险治理的概念有些相似。应急管理主要是指政府及其他组织对没有预兆的突发事件进行管理。由于突发事件具有突发性及不确定性等特征，在进行应急管理时往往采用事前预防、事中处置及事后修复等措施。

在我国，具体到社区应急管理层面，这一概念则主要是指社区的各治理主体如政府、社区"两委"、各类社会组织、社区居民及企业等对影响到社区公共安全的突发事件进行预防、处置及修复的过程。

（三）韧性与韧性社区

"韧性"一词最早是一个工程力学概念，后来逐渐被引入生态学和社会系统研究中。2002年联合国可持续发展全球峰会首次把"韧性"概念应用于社区公共治理领域，并将2030年构建有韧性的城市和人类居住区设置为联合国可持续发展的重要目标之一[1]。

---

[1] 施生旭，周晓琳，郑逸芳. 韧性社区应急治理：逻辑分析与策略选择[J]. 城市发展研究，2021（3）：85-91.

虽然学界对"韧性"一词的认识角度存在一定的分歧，但基本形成了以下共识：韧性可以理解为弹性或抗逆力，它是由自然科学引入人类社会和社区的研究范畴的，它强调社区要可持续发展，必须具备在各类危机中基本保持原有功能和迅速应对及适应变化的能力。韧性社区就是以社区共同行动为基础，能链接内外资源、有效抵御灾害与风险，并从有害影响中恢复，保持可持续发展的能动社区。[1]

二、社区应急管理的主体

在我国，社区应急管理的主体主要包括了各级人民政府、社区"两委"、各类社会组织、社区居民及企业。

（一）各级人民政府

政府作为我国的行政机关，国家权力机关的执行机关，在我国的社区应急管理中处于主体地位，发挥主导作用。

首先，政府是人民利益的捍卫者。在应对突发事件时，政府应当时刻站在民众立场，维护民众的公共利益，政府作为我国社区应急管理的主体，适合发挥主导作用。

其次，政府能够调动资源，集中力量进行应急管理。一方面，由于突发事件具有突发性、公共性等特点，政府往往需要大量的资源才能够对其进行应急管理以便控制态势。如在新冠肺炎疫情暴发初期，为了控制情势，需要大量的医护人员、防护物资等资源，只有掌握强大行政力量的政府才能够调动大量的人力、物力及财力进行疫情防控工作。另一方面，在应对突发事件时往往需要多部门的协同合作，其中可能涉及条块内多主体配合的问题，为了避免不同主体之间相互推卸责任，需要一个强有力的行为主体进行统筹工作，而政府就是唯一能够承担该统筹工作的行为主体。

最后，政府能够完善顶层设计，提高社区应急管理能力。为了推动社区应急管理的发展，政府有责任也有义务出台能够对社区应急管理起到支持和保障作用的基础性政策，承担起完善社区应急管理顶层设计及

---

[1] 王庆怡，谢炜. 基于风险治理的韧性社区建设研究[J]. 世纪桥，2020（6）：90-93.

实现制度建构以推动社区应急管理能力的责任。

(二) 社区"两委"

社区"两委"一般是指社区基层党组织和社区居委会（或村委会），在社区应急管理中发挥着党和政府与人民群众之间的链接"枢纽"作用。

社区党组织是社区应急管理的基本单元，社区党组织工作关系到党的应急策略在社区的贯彻执行。只有社区党组织坚强有力，才能在突发事件发生时更加快速地传达党中央的指示，有效地在社区应急管理中发挥统筹、协调和服务保障作用，更好地控制突发事件，并将突发事件造成的破坏和利益损失降到最低。社区居委会则是我国基层群众性自治组织，具有广泛联系群众的基础，也具备把党和政府各项工作任务落实到基层社区中去的功能，因此，社区居委会能够在应对突发事件时充分发挥社区自治组织的优势，协助党和政府做好风险预防、危机应对及危机后管理等环节的社区应急管理工作。

(三) 各类社会组织

虽然政府在我国的社区应急管理中发挥着主导作用，但是政府部门的资源有其局限性，所以社区应急管理如果仅依靠政府会有诸多弊端，如政府掌握被服务对象的详细信息需要耗费一定的反应时间等。因此各类社会组织参与社区应急管理有其必然性和合理性。

一方面，各类社会组织参与社区应急管理既可以降低政府参与社区应急管理的成本，又可以提高社区应急管理的效率。以地域划分的商会、同乡会、行业协会等各类社会组织不仅对其成员具有很高的威信，而且还十分了解其成员的相关信息，因此，此类各类社会组织适宜在参与社区应急管理时担任政府与民众之间沟通媒介的角色。各类社会组织在帮助政府和民众传达信息时会在一定程度上减少政府与民众沟通的时间成本，还可能因为各类社会组织之前与政府存在友好合作关系而使沟通达到更好的效果，沟通成本的减少及沟通效果的增强就可以在一定程度上帮助政府降低参与社区应急管理的成本和提高社区应急管理效率。

另一方面，各类社会组织可以为社区应急管理提供专业的技术支持，也可以为政府的社区应急管理决策提供建议。社区应急管理是一项专业性比较强的工作，而各类社会组织正是因为其专业性而得以存在，因此各类社会组织参与社区应急管理可以在一定程度上弥补政府在专业性方面的不足。

（三）社区居民

居民是社区的主体，社区的正常运转离不开居民的参与，社区居民的参与也是推动社区应急管理发展的重要力量。

一方面，社区居民参与社区应急管理有助于预防社区风险。社区在日常生活中可能存在诸多风险，如地面施工导致路面塌陷等，这种风险难以识别，只有非常了解社区的居民才能够结合社区的情况辨别出风险。居民在突发事件发生前对社区风险的辨别有助于政府对社区进行及时的监测和分析，也就有助于对社区风险的预防。因此，居民在日常生活中及时对社区进行风险识别可以在一定程度上减少社区突发事件的发生概率。

另一方面，社区居民是社区突发事件发生后的重要救援力量，政府和各类社会组织的援助需要一定的反应时间且援助力量可能有限，只有社区居民尽快参与自救与互救才能尽可能地降低突发事件所造成的损害。同时，社区居民比较了解社区和其他居民的情况，所以社区居民积极应对突发事件能够提高应急救援的效率。在武汉的新冠肺炎疫情暴发之后，社区面临着较大的防疫压力，此时有许多社区居民自愿加入社区志愿者队伍，缓解了社区的防控压力。

（四）企业

企业是国民经济的细胞，也是经济活动的主要参加者。企业既可以在日常生活中为人民提供诸多的商品和服务，也可以在应对社区应急管理时做出重要贡献。在突发事件发生后，企业可以以捐赠其生产或销售的专业技术设备的方式为受灾社区提供帮助。

每一家企业除了对员工、消费者的责任之外，还有对社会公益的责任，而帮助社区应对突发事件也是其社会责任的一种体现；同时，企业积极参与社区应急管理是其经营性质决定的。企业需要以良好的企业形象进行经济活动，而积极援助社区、参与社区应急管理是一种重要的树立企业形象的途径。

三、社区应急管理的理论基础

本书主要对社区应急管理领域的三个理论即灾害风险管理理论、4R理论以及公共安全三角形理论进行分析。

（一）灾害风险管理理论

1984年在奥乔里奥斯举行的国际减灾计划实施会议上对灾害风险管理中社区作用的发挥机制进行了讨论，由此，基于社区的灾害风险管理理论被正式提出。此后，该理论进一步发展，逐渐被美国、日本、新加坡等政府部门所接受。

基于社区的灾害风险管理理论主张动员社区力量积极参与灾前的防灾与备灾工作及灾后对灾害的处置与评估工作，借此降低灾害风险中社区的易损性，逐步提升社区应对灾害风险的能力。该理论强调以人为本，以发展为导向，主张充分发挥社会群体尤其是弱势群体在灾害风险管理中的作用，将人的因素视为有效决策与管理的核心。[1]

基于社区的灾害风险管理理论的基本框架包括基于社区的灾害风险管理机制和基于社区的灾害风险管理程序两方面。基于社区的灾害风险管理机制主要包括"自下而上"与"自上而下"有机结合、强调社区民众的积极参与、关注社区弱势群体、以减灾备灾为工作重点及将灾害风险管理纳入社区治理过程这五项。而基于社区的灾害风险管理程序则包括以下五个循序渐进的步骤：建立参与式社区灾害风险评估体系、制定社区灾害防治规划、营造社区灾害防治文化、加强社区灾害防治基础设施建设及推动社区备灾工作开展⑥。

（二）4R理论

4R理论由美国危机管理大师罗伯特·希斯在其著作《危机管理》一书中提出。4R危机管理理论主要由缩减力、预备力、反应力、恢复

---

[1] 隋永强，杜泽，张晓杰.基于社区的灾害风险管理理论：一个多元协同应急治理框架[J].天津行政学院学报，2020（6）：65-74.

力四部分构成。

1. 缩减力

对公共危机的缩减是危机管理的核心内容。在公共危机的缩减阶段,尽量有效地降低危机发生的风险,不仅可以在一定程度上减少危机发生的冲击力,甚至有可能遏制危机的发生。

2. 预备力

社区危机管理中的预备力主要是指进行危机的防范工作,即社区工作人员对社区环境进行检测,从而对社区内每个细节的不良变化有所反应,并向社区居民发出信号。完善的社区危机预警系统可以比较直观地评估社区中可能出现的危机,并运用各种手段和资源以降低此发生危机的概率,同时警示社区居民做出快速和必要的反应。

3. 反应力

反应力则主要是指在社区公共危机发生之后,社区应该采取一定的策略以更快速有效的方式缓解危机。具体而言,社区应当首先确认发生了什么样的危机,其次对危险因素进行隔离,以防止其进一步扩散,再次采取行之有效的方式对危机进行处理,最后对该危机的发生状况进行总结。

4. 恢复力

社区应急管理的恢复力主要分为两个部分,第一是对发生危机的社区采取恢复重建活动,使其能够恢复成危机发生之前的状态,第二是对此次发生的危机进行总结,为以后有可能进行的危机管理积累经验。

(三)公共安全三角形理论

公共安全体系的"三角形"理论模型(图11-1)是由公共安全科学界的范维澄院士等学者所提出的。公共安全三角形理论认为,突发事件从发生、发展到造成灾害后果直至采取应急措施的全过程贯穿了三个主体,分别是承灾载体、突发事件和应急管理。其中,突发事件关注的核心是

图 11-1 公共安全三角形理论模型示意图

突发事件从孕育、发生、发展到突变的演化规律及其风险作用的类型、强度及时空特性；承灾载体的关注核心是突发事件中自身演化过程的状态及其变化；应急管理的核心是通过人为预防来减少突发事件的发生或降低突发事件灾害作用强度[1]。社区空间是公共空间的重要组成部分，公共空间面临的安全问题，社区空间也同样面临，因此，公共安全体系的"三角形"理论模型对社区应急管理也同样适用。

第二节　社区应急管理的历史演变与国内外比较分析

本章的第一节分析了社区应急管理的基本知识，第二节将对社区应急管理的相关内容进行进一步的分析。按照先后顺序，本书的第二节主要梳理我国社区应急管理的历史发展、目前社区应急管理所出现的政府主导型和居委会主导型的两个主要模式、当前我国社区应急管理工作所面临的五个主要挑战，以及社区应急管理模式的国内外比较分析这四个部分的内容。

一、我国社区应急管理的历史演变

（一）初创时期

我国首次提出让社区在应急管理中发挥作用是1998年颁布的《中华人民共和国减灾规划（1998—2010年）》。在此之前，我国一直是由政府承担救灾工作，社区没有在应急管理中发挥作用。《中华人民共和国减灾规划（1998—2010年）》提出了我国减灾工作的五项目标，即农业和农村减灾、工业和城市减灾、区域减灾、社会减灾及减灾国际交流与合作。其中，在"社会减灾工作的重要行动"中提出"积极推动救灾捐赠工作的经常化和社会化，提倡民间的互助互济活动，鼓励社会团体广泛参与减灾工作"。由此，社区在应急管理中的作用逐步突显。

---

[1] 贾楠，陈永强，郭旦怀，刘奕. 社区风险防范的三角形模型构建及应用[J]. 系统工程理论与实践，2019（11）：2855-2864.

（二）转变时期

2007年8月，国家停止了对《中华人民共和国减灾规划（1998—2010年）》的执行，新颁布了《国家综合减灾"十一五"规划》，该规划明确指出，"十一五"期间要努力完成加强城乡社区减灾能力等方面的建设任务，即推进基层减灾工作，开展综合减灾示范社区创建活动。完善城乡社区灾害应急预案，组织社区居民积极参与减灾活动和预案演练。不断完善城乡社区减灾基础设施，全面开展城乡民居减灾安居工程建设。强化减灾避难功能，在多灾易灾的城乡社区建设避难场所。建立灾害信息员队伍。加强城乡社区居民家庭防灾减灾准备，建立应急状态下社区弱势群体保护机制。全面提高城乡社区综合防御灾害的能力。同时要在全国开展综合减灾示范社区创建活动，开展创建减灾安居工程模范市（县）活动，全面提高城乡社区综合防御灾害能力。

（三）发展时期

2011年，在"十一五"规划的基础上，国务院颁布了《国家综合防灾减灾规划（2011—2015年）》，该规划将"创建5 000个'全国综合减灾示范社区'，每个城乡基层社区至少有1名灾害信息员"设为八个规划目标之一，在该规划的主要任务中也对发展社区应急管理进行多次强调，如"继续开展'全国综合减灾示范社区'创建活动，加强城乡基层社区居民家庭防灾减灾准备工作"，以及"扶持基层社区建立防灾减灾志愿者队伍。提高志愿者的防灾减灾知识和技能，促进防灾减灾志愿者队伍的发展壮大"等。同时，"综合减灾示范社区和避难场所建设工程"仍然是该规划的八大工程之一："城乡社区建设居民就近紧急疏散和临时安置的避难场所，配置应急物资，设置应急逃生指示标识和应急广播设施，配备家庭防灾减灾器材和救生工具，编制城乡社区应急预案和灾害风险图，开展社区救灾演练，建立社区志愿者队伍等。"

在肯定"十二五"规划所取得成绩的基础上，国务院进一步颁布了《国家综合防灾减灾规划（2016—2020年）》。该规划将"增创5 000个全国综合减灾示范社区，开展全国综合减灾示范县（市、区）创建试点工作。全国每个城乡社区确保有1名灾害信息员"设为九个规划目标之一,同时在"加强灾害监测预报预警与风险防范能力建设""加强区域和城乡基层防灾减灾救灾能力建设""全国自然灾害救助物资储备体系建设工程"等方面对社区防灾做出相关要求。

二、社区应急管理的主要模式

我国社区应急管理模式主要分为政府主导型和社区主导型两种。

(一)政府主导型

在我国,因为政府掌握着较强的应急资源,具有较强的行政动员能力,所以政府在应对社区的突发性事件时更具有统筹能力,若发生突发事件社区的居委会不具备一定的管理能力,仅依赖于政府,就会形成政府主导型的社区应急管理模式。

这里以山东省济南市天桥区药山街道为例。在领导机构方面,该街道成立应急管理工作领导小组,并在年初与各社区签订应急管理责任书,街道对社区实行定期调度、年度考核、督察督办、问责约谈等工作机制;在应急预案方面,药山街道办事处制订了《突发公共事件总体应急预案》等各应急预案,并要求事发地社区对于突发事件信息、重大紧急信息,必须第一时间向街道办事处报告;在应急物资和防灾演练方面,药山街道每年对各社区应急储备物资进行一次清点检验,对失效破损的物资及时更新补充,并且街道办事处安监科每年在各社区举办实地灭火演练、消防逃生演习。街道办事处城管科每年2次开展桥涵积水排除、搭救落水群众等各类防汛应急演练行动。[1]

(二)居委会主导型

按照《中华人民共和国城市居民委员会组织法》的规定,居民委员会是居民自我管理、自我教育、自我服务的基层群众性自治组织。因此,在一些居委会发展较好、具备一定管理能力的社区,基层政府会愿意把应急管理的权力下放给此类社区,由此形成了居委会主导的社区应急管理模式。

---

[1] 药山街道办事处.药山街道应急管理工作调研报告[EB/OL].(2018-05-16)[2021-06-02]. http://www.tianqiao.gov.cn/art/2018/5/16/art_45671_3569501.html.

这里以获得2017年综合应急示范社区的成都市青羊区府南街道的锦屏社区和石人南路社区为例。首先，两个社区成立了以党委书记任组长的应急工作领导小组，并将应急管理办公室设在社区警务室，让工作责任落实到社区内的每一位具体工作人员头上；其次，两个社区健全应急管理体系，制定了社区应急值守工作制度、社区关于建立社区工作信息报告制度的细则、社区脆弱群体帮扶制度，建立了风险隐患排查治理台账体系和社区突发事件应急预案及预警机制；再次，为提高公众应对突发公共事件的能力，两个社区采取开培训会、利用宣传栏宣传，以及组织相关人员积极参加上级组织的各种应急知识及技能培训等多种形式在辖区范围内开展应急管理宣教活动；最后，两个社区还通过建立应急避难所及重点设置应急标志辨别系统等方式提高社区应急能力。[1]

三、我国社区应急管理工作面临诸多挑战

虽然随着党和政府对社区应急管理的逐渐重视，我国社区应急管理已经取得了巨大的进步，但是目前我国社区应急管理工作仍然面临着法律法规不足、其他治理主体参与少、社区应急保障乏力、应急管理相对被动、居民应急管理意识薄弱这五个方面的挑战。

（一）法律法规体系不完善

自2004年3月，我国召开部分省（市）及大城市制订完善应急预案工作座谈会，确定围绕"一案三制"开展应急管理体系建设以来，我国的应急预案，应急体制、机制及法制建设均取得了较大进展。2007年11月1日，我国开始推行《中华人民共和国突发事件应对法》，形成了以该法为应急基本法的应急法制体系，并且针对不同的灾种，我国出台了《中华人民共和国防洪法》《中华人民共和国防震减灾法》《中华人民共和国传染病防治法》等法律法规。但是我国在应急法制建设尤其是社区应急管理的法律体系建设方面仍存在一定的不足。

首先，我国目前没有一系列用于社区应急管理的比较完整的应急法

---

[1] 成都市人民政府.2018府南街道办事处综合应急示范社区建设[EB/OL].(2018-06-19)[2021-06-02].http://gk.chengdu.gov.cn/govInfoPub/detail.action?id=2007818&tn=2.

制体系，社区应急管理领域法制的缺失容易导致社区在应对突发事件时权力失控。其次，我国实行的是单灾种应急管理体系，即不同的部门负责不同类型的突发事件的应急管理，那么如果发生了复合型灾种，社区在应对时可能会存在政出多门、多头管理的问题。最后，在社会力量参与社区应急管理方面，存在准入标准、资金保障及考核方式等方面相关法律政策不健全的问题，如果不及时健全相关法律法规，容易滋生腐败。

（二）政府为社区应急管理主要力量，其他治理主体参与较少

如前所述，参与社区应急管理的主体主要有各级人民政府、社区两委、各类社会组织、社区居民及企业，在面对突发事件时，只有多主体相互配合，才能更好更快地控制局势，减少突发事件所造成的破坏，但是目前在我国的社区应急管理中，治理主体仍是以政府和社区两委为主，其他主体的参与相对少见。

就社区居民而言，至少在新冠肺炎疫情暴发之前，社区居民的参与积极性并不算很高，就连社区自治开展得较好的国内一线城市的社区，表示愿意经常参与社区各种事务或活动的居民只占25%[1]。至于社会组织和企业，虽然近年来我国政府多次强调增强社会力量参与应急管理的能力和水平，但是由于缺少进入社区的准入渠道，社会组织和企业难以真正为社区应对突发事件做出贡献。

（三）社区应急保障乏力

在当前的社区应急管理中，社区缺乏人力、物力、财力等应急保障资源的情况普遍存在。就人力资源而言，当前社区应急管理队伍中的成员多是居委会成员、物业管理公司工作人员及社区居民，虽然他们可能经历过防灾技能培训，但是仍缺少相对完善的专业的应急管理技能及面对突发事件时临危不乱的心理素质；就物资储备而言，本次新冠肺炎疫情能在一定程度上体现此类物资的缺乏。2020年年初，新冠肺炎疫情暴发前期，武汉多个社区出现了缺乏口罩、防护服、护目镜等防疫物资及

---

[1] 杨艳. 风险治理视角下我国城市社区治理问题研究[J]. 农村经济与科技，2020（10）：229-231.

肉类、蔬菜、鸡蛋等生活物资的情况。作为"新一线"城市的武汉，其社区尚且如此，其他经济仍需发展城市的物资储备更令人忧虑；至于经费方面，比起在能拉动地方 GDP 的产业扶持等方面的财政投入，地方政府在应急管理方面的投入相对不足，这也就造成了社区缺少推动应急管理体系发展的防控经费的局面。

（四）应急管理相对被动

我国目前的社区应急管理多呈现出一种被动的状态，即在突发事件发生后，会对突发事件进行紧急处理，但是并不十分重视对突发事件的预防工作。当前我国实行的是"一案三制"的应急管理体系，虽然该体系强调对应急预案的建设，但是各社区比起风险预防方案，会更重视危机发生后处理方案的设计。不可否认，危机发生后的处理方案十分重要，因为该方案可以尽可能地降低突发事件的影响，但是风险预防也一样不可或缺，有效的风险预防对于有效地降低突发事件发生的风险有着重要作用，不仅可以在一定程度上减少突发事件发生的冲击力，甚至有可能遏制突发事件的发生。

（五）居民应急管理意识薄弱

目前我国社区居民应急管理意识仍比较薄弱，在培养社区防灾能力的过程中，社区居民因为对社区应急管理工作认识不足，所以很少主动参与，即使参与也有可能是消极应付，这在一定程度上进一步加剧了社区居民应急管理知识的相对贫瘠，风险识别能力的不足，且对发生突发事件的基本应急操作了解不到位，周永根的调查也证实了这一认知的存在："认为灾害都不会发生在自己身边，所以都不重视""习惯性侥幸、麻痹心理普遍存在"。[1]

四、社区应急管理模式的境内外比较分析

习近平总书记在主持中央政治局第十九次集体学习时，指出要"发挥我国应急管理体系的特色和优势，借鉴国外应急管理有益做法，积极

---

[1] 周永根. 中国社区应急管理模式调查与分析[J]. 湖南社会科学, 2020 (1): 165-172.

推进我国应急管理体系和能力现代化",虽然目前我国的社区应急管理已取得巨大进步,但是仍需要学习其他国家及地区的成功社区应急管理经验。

(一)美国

美国是目前应急管理研究和实践比较先进的国家之一,1997年美国开始实施"减灾型社区"建设,2011年开始开展应急管理的全社区模式项目并在7个社区展开试点。

美国的全社区应急管理模式主要是指全社会参与的应急管理模式,该模式提出了全新的灾害风险治理理念,美国联邦紧急事务管理局(Federal Emergency Management Agency,FEMA)认为社区公众有效参与提高防灾减灾效果的关键,是要运用多种途径提高社区公众在灾害风险应对中的地位和作用;社区公众在应急管理中应该起"领导"作用,而不能被动"响应";灾害风险应对应当充分利用社区资源,以弥补政府在灾害风险管理中资源的不足;社区防灾减灾应以不断提高社区灾害风险复原力为目标。[1] 全社区应急管理模式则是以促进社区可持续发展为终极目标,实现这一建设目标的关键因素主要有三个:第一,了解并满足全社会的实际需求;第二,发动社区广泛参与并赋予其权力;第三,实现社区应急管理与社区日常工作的有机统一。同时,为了推荐全社区应急管理模式的建设,FEMA提出了适用于不同社区的六个实施策略,即认识社区的复杂性、了解社区需求和能力、建立与加强与社区领袖的关系、建立和维持多元伙伴关系、授权地方行动、加强社区管理服务设施及网络和资产的利用和建设[2]。

(二)日本

在全世界范围内,日本的应急管理模式是比较独特的,其中最有代表性的是社区居民自发组成的开展减灾活动的组织,而这与日本独特的"自助、共助、公助"的三助防灾体系有关。

自1995年阪神大地震之后,日本提出了"自助:共助:公助=7:

---

[1] 周永根. 社区应急管理模式的国际比较 [J]. 求索, 2017 (9): 80-86.
[2] 周永根. 美国全社区应急管理模式研究 [J]. 求是学刊, 2020 (4): 80-89.

2∶1"的减灾理念,且这一减灾理念贯穿整个灾前、灾时、灾后的应急管理过程。其中,"自助"主要是指个人及家庭层面的防灾活动,如个人或者家庭参与防灾技能培训等;"共助"主要是指在社区范围内防灾教育、防灾演练等;"公助"则主要是指政府等相关机构开展的防灾培训活动等。而日本"自助、共助、公助"减灾理念的合理性也在阪神大地震中有所体现,数据显示,阪神大地震的灾区有24万栋房屋遭到不同程度的破坏,数万人被埋在瓦砾下面亟须救助。其中,自卫队解救了176人,神户市消防局消防员救出了733人,神户市消防团救出819人,警察等专业救援人员救出5 000人,其余的绝大部分是由市民自己解救的。据统计,地震中大约60%的市民通过自救逃生,约30%的市民由邻居营救。[1]

(三)中国台湾地区

中国台湾地区位于环太平洋地震带上,且地处西太平洋台风的必经之路,自古台湾多发地震、洪水、山崩、土石流等自然灾害,因此,台湾十分重视对防灾社区的建设。

防灾社区是基于台湾社区的特点,在结合了耐灾社区、抗灾社区及永续社区等相关理念的基础上发展出来的"具有防救灾功能,并朝向永续发展"的社区理念。对台湾而言,发展防灾社区具有促进应急管理发展和社区发展这两方面的作用。对于应急管理发展而言,推动防灾社区的建设可以起到强化民众灾害认知和提高防灾技能的作用;对于社区发展而言,推动防灾社区的建设不仅能够起到促进居民参与社区建设的作用,同时还能够提升居民的社区意识与认同。因此,为了达成防灾社区的目标,台湾提出每个社区应该进行以下五项防救灾工作:① 动员民众学习相关防灾知识;② 定期检查社区环境,调查分析社区在应急管理方面存在的问题;③ 共同讨论社区有可能发生的灾害,执行减灾措施以降低灾害发生的概率;④ 定期整理防灾物资,定期进行防灾演练;⑤ 灾后在最短时间内形成社区共识,并按顺序开展社区重建活动,朝永续社

---

[1] 周永根,李瑞龙.日本基于社区的灾害风险治理模式及其启示[J].城市发展研究,2017(5):105-111+124.

区努力。

知识点链接：

耐灾社区是具有"从灾变中迅速复原与调适能力"的社区；抗灾社区为具有"抵抗灾害能力"的社区；而永续社区则是指"一个能与灾害共存"的社区。

第三节　社区应急管理的能力建设

推动社区应急管理的能力建设是社区应急管理的重要环节，因此，本章第三节针对社区应急管理能力建设的内涵与意义、社区应急管理能力建设的维度，以及从风险预防、危机应对和危机后管理三个环节推动应急管理能力建设这三部分展开论述。

一、社区应急管理能力建设的内涵与意义

在我国现代化能力建设体系中，社区应急管理能力的建设有着重要地位，因此有必要了解社区应急管理能力建设的内涵与意义。

（一）社区应急管理能力建设的内涵

在应急管理领域中，应急管理能力是指对突发事件发生之后各个阶段的控制能力，主要表现为平时对风险的监控预测能力、事中各个应急管理主体对突发事件的应急处理能力，以及事后对受灾地区的恢复重建能力。基于应急管理能力的内涵，社区应急管理能力主要是指社区应急管理的各个主体即各级人民政府、社区"两委"、各类社会组织、企业及居民为预防和应对突发事件所采取的预防、处理和恢复能力。

（二）社区应急管理能力建设的意义

推动社区应急管理能力建设具有重要意义。首先，促进社区应急管理能力建设需要加强社区居民日常风险识别能力，在社区开展防灾知识宣传讲座、防灾演习等，而开展上述活动对于风险预防及提高社区居民的自救、互救能力具有重要作用。其次，在灾害发生后能够第一时间对社区进行防灾处置的就是社区自身，因为政府、社会组织及企业的援助

需要一定的信息收集和反应时间，因此提高社区自身的应急管理能力可以在一定程度上实现对事态发展的有效控制，从而尽可能降低灾害的破坏性。

二、社区应急管理能力建设的维度

基于社区应急管理能力的内涵，建设社区应急管理能力的维度主要包括以下四个方面。

（一）社区应急监测预警能力

社区应急监测预警能力主要是指在日常生活中，社区应急管理的主体即政府、社会组织、社区及居民，运用先进技术或者推理能力对社区相关情况进行分析，从而对有可能发生的突发事件进行预警。提高社区应急监测预警能力对预防突发事件的发生和降低突发事件的影响有着重要作用，如1995年日本阪神大地震引起了大规模的火灾，但是与其他社区不同的是，真野社区居民经过共同努力，阻止了火势在该社区的蔓延。

（二）社区应急保障能力

提高社区应急保障能力主要是指确保社区应急物资储备能够应对突发事件的发生，其作用不仅体现在能够提高社区应对突发事件的能力，并且对于应急救援工作也是重要的帮助。

（三）社区应急响应处置能力

应急响应处置能力主要是在突发事件发生前或者发生后，社区和其他社区应急管理主体为了尽快控制局势而采取的一系列诸如带领居民转移到应急避难场所的措施。当社区内有突发事件即将发生或者正在发生时，社区工作人员应当根据预警信号，按照应急预案的相关规定疏散社区居民，在疏散过程中，如果遇到有人受伤的情况，社区居民应当展开自救或者互救。提高社区的应急响应处置能力能够有效降低突发事件给社区居民带来的人身财产损失。

（四）社区恢复重建能力

社区恢复重建能力主要是指恢复受灾社区正常生产生活的能力，主要包括最大限度地限制灾害结果升级；弥合社会、情感方面的创伤，弥补经济和物理方面的损失；抓住机遇对社区进行调整，满足人们对社会、经济、自然和环境的需要；减少未来社区将所面临的风险这四个方面。

三、如何推动社区应急管理能力建设

推动社区应急管理能力建设主要从风险预防、危机应对及危机后管理这三个环节进行。

（一）风险预防

1. 制度安排

目前我国实行的是单灾种应急管理体系，并且针对不同的灾种，出台了不同的法律法规，比如《中华人民共和国传染病防治法》《特别重大事故调查程序暂行规定》《中华人民共和国戒严法》《中华人民共和国安全生产法》《突发公共卫生事件应急条例》《国务院关于预防煤矿生产安全事故的特别规定》等，其中2007年8月30日通过的《中华人民共和国突发事件应对法》是我国应急管理的基本法。

《中华人民共和国突发事件应对法》包括总则和附则在内，共计七章七十条，其中五章对突发事件发生前的"预防与应急准备"和"监测与预警"、突发事件发生时的"应急处置与救援"及突发事件发生后的"事后恢复与重建"和"法律责任"做出了相关规定。《中华人民共和国突发事件应对法》的颁布施行对于预防和减少突发事件的发生，降低突发事件的危害具有重要作用，同时该法律的颁布对于我国应急管理体系的建设也具有重要意义，因此，社区应当按照《中华人民共和国突发事件应对法》的相关规定建立并完善社区应急管理体系。

2. 机构设置

20世纪末以来，设置突发公共事件应对的机构成为大势所趋。美国于1979年4月1日成立了联邦紧急事务管理局，"9·11"事件后美国于2002年成立了国土安全部，除美国以外，其他一些发达国家如英国、日本、澳大利亚等也都设置了应对突发事件的机构。

2018年3月,十三届全国人民代表大会第一次会议批准了国务院机构改革方案,中华人民共和国应急管理部设立。应急管理部将分散在国家安全生产监督管理总局(现已不再保留)、国务院办公厅、公安部、民政部、国土资源部(现为自然资源部)、水利部、农业部(现为农业农村部)、国家林业局(现为国家林业和草原局)、中国地震局及国家防汛抗旱总指挥部、国家减灾委员会、国务院抗震救灾指挥部、国家森林防火指挥部等的应急管理相关职能进行整合,形成了应急管理职能逐步融合的应急管理体制。该体制的形成有利于实现对突发事件全方位、全流程的管理,进而能够最大限度地为国家、社区和居民减少灾害损失。

3. 预警机制

预警机制主要是指政府等应急管理的治理主体根据相关资料对即将发生的突发事件做出推断,并发出警告信号以便政府、社区、居民等采取应对措施以减少突发事件带来的不良后果。

为了更加精准有效地对突发事件进行预警,我国采取了预警分级机制。预警分级主要是指根据突发事件可能造成的危害程度、波及范围、影响力大小、人员及财产损失等情况,确定该突发事件的预警级别,标识预警颜色,并向社会发布相关信息。我国应急管理基本法《中华人民共和国突发事件应对法》中第四十二条规定:"可以预警的自然灾害、事故灾难和公共卫生事件的预警级别,按照突发事件发生的紧急程度、发展态势和可能造成的危害程度分为一级、二级、三级和四级,分别用红色、橙色、黄色和蓝色标示,一级为最高级别。"

目前,预警机制已经在我国突发事件风险预防中得到了充分运用,以2021年7月14日汶川县地震为例。2021年7月14日23时36分四川省阿坝州汶川县发生4.8级地震,地震发生后中国地震预警网在震后5秒产出地震预警信息,成都市在地震波到达前19秒收到预警信息。可以说,我国在这次地震中的突发事件预警信息发布工作,对减少成都市居民人、财、物等资源的损伤具有重要意义。

4. 预案准备

突发公共事件应对的预案准备是事先制订的、在紧急状态下进行危机处理的行动方案。主要包括制定各类型突发事件的预防措施、制定潜在危机应对战略和战术,以及确定危机能波及的各主体等。

目前除《国家突发公共事件总体应急预案》(2006年1月8日发布)之外,我国还制订了25件专项预案、80件部门预案及各地方预案,至此国家突发公共事件预案体系逐步形成。除此之外,我国对预案建设提出了"横向到边,纵向到底"的总体要求。同时,制订应急预案具有重要意义:各地方积极制订了应急预案主要是为了在突发事件发生后,能够迅速、有序、有效地开展应急救援活动以降低突发事件所造成的损失。

5. 人财物准备

人力、财力、物力资源储备是危机治理的重要前提,对突发事件应对和应急管理起到重要的支撑作用。就人力资源而言,我国应当培养一支训练有素、具有专业技巧的专业队伍,例如,截至2019年,统合军、警、消防、医疗、民间救难组织等防灾救灾力量和资源的美国紧急事务管理署共有全职工作人员2 600多人和灾害援助后备人员4 000人。就防灾资金而言,我国一方面应当设立国家反危机基金,保证危机管理的必要经费;另一方面应当加大在应急管理方面的资金投入以提高社区应急保障能力。至于物资储备,《中华人民共和国突发事件应对法》第三十二条对物资储备做出明确规定,"国家建立健全应急物资储备保障制度,完善重要应急物资的监管、生产、储备、调拨和紧急配送体系"。这里以北京市为例,2007年北京在急救中心建设了一个大型物资装备库,可同时应对1 000人规模的大型公共灾害事件。

6. 设施建设

2005年、2006年、2007年我国煤炭百万吨死亡率分别为2.81、2.04、1.49,而同期美国、澳大利亚的煤炭百万吨死亡率仅为0.03、0.05,可谓是"高产出、低死亡",那么为什么2010年之前我国与美、澳两国的煤炭百万吨死亡率会有如此明显的差异呢?

事实上,美国,澳大利亚、加拿大都有一个颇具特色的煤矿救援措施就是建立应急避难所,每个矿井深处的应急避难所里都配备充分的氧气、食物和水,至少可以维持36个小时。一旦发生矿难,矿工只须待在里面等待救援,同时每个矿工下井前,也会配有相应的通信设备和自救设备。由此可见各社区建立应急避难所的重要性——能够让社区居民在灾害发生后的一段时期内躲避由突发事件所带来的直接或间接伤害,同时为紧急救援争取时间。

7. 技术储备

推进先进技术进行社区应急管理有利于提高社区应急管理的能力和效率,能够更好地维护社区居民的生活质量。

(1) 物联网技术

物联网是互联网的延伸和拓展,其用户端延伸和扩展到各个物体。在新冠肺炎疫情防控工作中,物联网技术能够通过信息传感器、射频识别技术、全球定位系统、红外感应器、激光扫描器等各种装置与技术,迅速地收集地区的人流情况、人员体温情况等多种与疫情防控密切相关的数据,准确定位疫情发生点并采取相应的应急措施。除此之外,还可以通过应急卫生物资数据的自动采集、识别、定位、跟踪及数据的传输与共享,实现指挥机关对各级应急卫生物资的统一分配。

(2) 大数据技术

"大数据"在物理学、生物学、环境生态学等领域及军事、金融、通信等行业存在已有时日,近年来因为互联网和信息行业的发展而引起人们的普遍关注。

大数据所具有的快速响应特性对于应对社区突发事件具有重要作用。它能够帮助城市社区将社区风险事件由事后响应变成事中响应和事前预测,从而将风险事件可能带来的负面影响降低到最低程度。比如,我国城镇化高速推进使得人口流动频繁,传统熟人社会向陌生人社会转变,诸多城市社区面临人口众多、身份背景复杂等现状,给城市社区安全带来隐患。鉴于此,城市社区可以通过手机媒体、视频监控录像、照片、社区居民数字信息等对社区进行数据采集和实时监测,并利用大数据快速处理。同时,利用开放分享的特性,在遇到可疑性风险事件时,迅速同步给相关部门,[1] 这就是大数据技术在居民识别风险时的运用。

---

[1] 朱琳,万远英,戴小文. 大数据时代的城市社区治理创新研究[J]. 长白学刊,2017(6):118-124.

（3）人工智能技术

根据当前人工智能的发展水平，研究者整理出了四类可以用于应对社区突发事件的人工智能技术。首先是用于社区风险监测预警的图像识别技术。图像识别能力的快速发展，加快了人工智能技术在安全领域的应用，许多突发事件可以通过视频里监测地点的图像识别技术被快速地预警响应。其次是用于突发事件处理辅助决策的人工智能技术。社区突发事件具有动态性、复杂性的特点，对于社区突发事件的处理需要做到快速且有效，在最短的时间里将生命和财产损失降到最低。再次是人工智能技术在设施设备突发故障监控中的应用。针对小区内的电、水和消防设备，可以通过人工智能与物联网技术进行实时数据收集与监测，以预防事故的发生。最后是人工智能技术在社区日常服务中的广泛应用。[1]

8. 知识储备

为了提高居民防范各类自然灾害的意识，增强防灾避灾、自救互救能力，各社区应当普及防灾减灾知识以提高居民防灾减灾意识。这里以美国为例，美国联邦、州、市、郡等各级应急救援机构经常向国民印发各类宣传资料，甚至将《紧急事件处理方案》和《紧急事件准备家庭指南》等应急方案用不同的语言文字印刷成册，发放给每位居民，做到家喻户晓、人人防范，由此形成了全民族共同应对紧急事件的强大合力。

（二）危机应对

突发公共事件开始时一般只是局部事件，但危机的放大效应可能会使其逐步升级，影响越来越大，因此，必须对危机进行紧急处置，它要求危机管理人员在最短的时间之内，找到切实可行的办法控制危机，从而迅速恢复法律和社会秩序，将危机造成的破坏和利益损失降到最低。

1. 人员管理

危机处理中的人员管理主要涉及专家组、应急救援队伍及社会力

---

[1] 王惠明，黄焯威，付一多. 大数据与人工智能技术助力社区应急管理 [J]. 中国物业管理，2021（4）：55-57.

量的参与这三个方面。首先,在处理突发公共事件时,需要专家到现场处理。一些专业技术性危机事件正是由于得不到专业技术人员的指导和支持,才引发严重的灾害。其次,成立配备专业装备、通过专业培训且了解社区情况的社区应急救援队,使其能够切实有效地实施现场紧急救助,减少社区居民的生命财产损失。最后,应当积极推进各类社会组织、企业等社会力量参与到社区应急管理中来,联合多方力量,建立起一套快速有效的社区应急管理体系,提高社区危机应对能力。

2. 紧急决策管理

紧急决策管理是应对突发事件的重要环节,紧急决策能力的高低往往决定着突发事件所造成影响的大小,快速有效地运用现有资源进行自救,及时向上级政府求助,以及疏散社区居民撤离受灾地区是社区决策的重要内容。在进行紧急决策管理时,社区管理人员有以下四点需要注意:首先,基本要求是要快速决策,即要打破常规决策中的既定程序,以最快的速度作出应急决策;其次,决策者要有极强的心理素质,任何优柔寡断、犹豫不决只会贻误时机;再次,决策者要有丰富的知识面,以增强分析判断的准确性;最后,决策者要有责任心,不要等危机愈演愈烈才去忙于应付。

3. 媒体的管理

在社区应急管理的过程中,媒体承担着及时传播信息、消除民众恐慌等责任,因此对媒体进行管理也是社区应急管理的重要环节。社区管理人员在对媒体进行管理时要正视网络舆论现实,在发生突发事件后的第一时间做出负责任、合作性的表态,不要对抗媒体;并承诺尽快核实情况,与媒体保持密切合作,第一时间发布权威信息,重大影响事件应滚动发布,实事求是。不掩饰、不推诿,有错必认必改。值得注意的是,社区管理人员在面对媒体时要尽量避免"不愿说、不敢说、不会说"的"三不"现象。

（三）危机后管理

突发事件经过风险预防及危机应对这两个阶段的管理之后,危机事态一般会得到控制，但是，突发事件还会导致组织或社会出现一种高度不稳定的紧张与失衡状态，这种状态可能会持续很长时期，因此，社区管理人员还应当对危机后的特定时期进行跟踪、反馈，确保突发事件得到根本解决。

危机后管理主要分为恢复重建、调查分析及总结改善这三个环节。社区的恢复重建环节主要包括五个方面的活动：① 最大限度地限制灾害结果的升级；② 弥合社会、情感方面的创伤，弥补经济和物理方面的损失；③ 抓住机遇，对社区进行调整，满足居民对社会、经济、自然和环境方面的需要；④ 减少未来社会所面临的风险；⑤ 将灾区的生活条件和社会环境恢复到甚至超过发生突发事件时的标准。调查分析环节主要是对发生突发事件的起因、影响、恢复重建等问题进行调查分析，为最后总结改善环节提供依据，为更好地应对突发事件提供经验教训。

知识点链接：

《国家突发公共事件总体应急预案》中恢复与重建工作（该预案中的"恢复与重建"是指广义的"恢复与重建"，与本书中的"危机后管理"含义类似）包括善后处置、调查与评估以及恢复重建三个方面。

思 考

一、简答题

1. 试述社区应急管理的四个主体参与社区应急管理的意义。
2. 试运用4R理论对2020年年初武汉新冠肺炎疫情的应对情况进行分析。
3. 试列举目前我国社区应急管理存在的问题。
4. 试分析境外社区应急管理模式对我国社区应急管理的启示。
5. 如何推动社区应急管理能力建设？

二、案例分析题

案例1　"三社联动"筑牢战疫堡垒　苏州高新区枫桥街道社区防疫"有一套"[1]

自新冠肺炎疫情防控工作开展以来，苏州高新区枫桥街道康佳社区充分依托"三社联动"运行机制，联动社会组织和社会工作者，在社区筑牢守护居民健康安全的坚强"堡垒"。

一、社区：疫情下"三社联动"的中心枢纽

疫情发生后，康佳社区充分发挥社区党委的战斗堡垒作用和社区中心枢纽作用，响应政策、联系群众、听取民意、调动资源，发动社区多方力量奔赴一线参与作战，迅速组建"康师傅"抗"疫"临时支部，防疫队伍深入各小区，线上线下开展防疫知识宣传、防疫政策解答、住户情况排摸、进出人员管控、隔离人员服务等。

为充分发挥"三社联动"力量，确保疫情得到有效防控，康佳社区与入驻社区的苏州市姑苏区蝴蝶妈妈社工服务社等社会组织进行沟通，派遣社会组织常驻社工参与疫情防控工作，充分调动社会组织、社会工作者等资源积极参与、凝聚合力，迅速奔赴一线服务，协助社区开展工作。

二、社会组织：疫情下多元服务的承接者

防疫工作开展以来，入驻社区的蝴蝶妈妈社工服务社、"萤火虫"邻里服务队、阳光小红帽义工社纷纷行动起来，发挥多元服务承接者的作用，用专业的服务满足各类居民群体的日常需求。

除安排社工参与各小区卡点服务外，社会组织还组织线上线下宣传活动提升居民防疫知识，举办线上云睦邻活动促进社区居民互动，设置返苏人员电话专线解答务工人员疑问，提供居家隔离一对一提供服务，组织志愿者巡逻队全面管控小区人员，提供专项便民理发服务解决小区

---

[1] 案例来源：苏州高新区新时代文明实践中心. "三社联动"筑牢战疫堡垒　苏州高新区枫桥街道社区防疫"有一套"[EB/OL].（2020-2-27）[2021-06-02]. https://mp.weixin.qq.com/s/3R3oCnPjwzpgQpfobPsAcQ.

困难群众"头等大事"……在抗"疫"一线为小区防控赋能出力。

三、社会工作者：疫情下专业服务的直接提供者

社工是康佳社区三社联动中专业服务的直接提供者。自疫情发生以来，康佳社区统筹安排，社区工作者充分发挥专业力量，为抗"疫"一线提供直接服务。一线的社区工作者下沉小区，扎根一线，为群众服务。一方面基于以往在社区的工作基础评估社区志愿者在社区疫情抗击中的介入方式，快速发动社区居民志愿者参与；另一方面，社工们充分发挥自身专业优势，为因疫情出现情绪波动、日常生活不便的居民提升个性化服务，坚守在各个卡点为稳定居民情绪，维护社区秩序奉献专业能力。

"接下来的抗疫工作中，康佳社区也将秉持社区'三社联动'的治理理念，并在工作中不断革新，总结'三社联动'在防范疫情中的实务经验，共同构建健康安全家园！"康佳社区相关负责人表示。

问题1　在本案例中起到社区应急管理的主体有哪些？他们是如何发挥作用的？

问题2　试述社区应急管理的四个主体参与社区应急管理的意义。

问题3　灾害风险管理理论、4R理论、公共安全三角形理论能为社区应急管理的发展提供什么样的作用？

案例2　浒墅关积极筑牢防灾减灾人民防线[1]

2021年5月12日，是汶川地震13周年祭，也是我国第13个全国防灾减灾日。连日来，浒墅关各社区（村）广泛开展"防灾减灾"宣

---

[1] 案例来源：浒萱．浒墅关积极筑牢防灾减灾人民防线[EB/OL]．(2021-05-14)[2021-06-02]．http://www.snd.gov.cn/hqqrmzf/zwxw/202105/e4594a8f0c634 09a9e0e8cb24eb5ad1c.shtml．

传教育活动，增强居民防灾减灾意识，提高逃生避险、自救互救能力。

一、宣传教育，防范意识更入心

在第13个全国防灾减灾日来临之际，各社区（村）通过张贴宣传海报、悬挂宣传横幅、发放宣传手册等多种形式，让居民们了解火灾、水灾、地震等多种自然灾害的危害性，以及掌握正确的逃生自救方法。文昌社区通过电子屏轮播图片进行宣传教育，并现场演示如何在灾害环境中开展自救互救。惠丰社区组织专职网格员来到惠丰商业街，通过发放防灾减灾宣传图册、人员讲解的方式，进行防灾减灾日知识宣传。南津社区通过电子屏、宣传横幅，以及发放防灾减灾宣传手册、应急手册等，增强广大居民群众的防灾减灾意识和自救、互救技能。

二、理论学习，防范知识更入脑

防范意识要提高，理论学习少不了。兴贤社区特邀居安消防服务队的教官开展了消防安全知识培训讲座。辖区网格员、商户代表及居民共50多人参加讲座。活动中，教官不仅通过真实的视频案例深入剖析火灾发生的原因，还现场讲解了灭火器、灭火毯等器材的使用方法。此次消防安全知识讲座，向居民们普及了消防安全知识，提高了居民们预防火灾、扑救初起火灾和逃生自救等能力。

"家中油锅起火了，如何正确灭火？""雷电天气，在室内可以玩手机吗？"新鹿花苑社区通过知识竞赛的方式，向居民们宣传雷电、地震、火灾、洪水等多种灾难场景下自救互救知识。在知识竞赛中，居民们热情高涨，积极参与答题，不仅收获了防灾减灾知识，还赢得了防灾减灾环保袋。

三、实战演练，自救技能更入行

防灾减灾，既要理论武装，更要知行合一。苏钢社区、下山村联合社区卫生服务中心开展心肺复苏急救演练活动。活动现场，急救老师就如何正确实施心肺复苏的姿势、力度、按压频率等要点进行详细讲解。在急救老师的帮助下，居民也纷纷参与到急救模拟练习中。此外，急救老师还给居民们讲解了急救知识，让大家掌握不同的急救技能。

一直以来，浒墅关始终紧绷安全这根弦，通过多种形式的防灾减灾宣传教育，不断增强居民的安全意识和安全防范能力，全力筑牢安全底线。2021年以来，利用市民广场、地铁公交站台、气象信息显示屏和科普宣传橱窗等资源，插播宣传片和防灾减灾宣传活动标语68条；利用机关、学校、社会福利机构、村（社区）等场所设立宣传咨询点50处；向学生、市民、企事业单位等人员发放各类宣传资料约3 000份；利用"校讯通"、手机短信等平台向市民发送防灾减灾公益短信60 000条；通过广播电视滚动播出防灾减灾公益宣传片和游动字幕200次。

防范化解灾害风险，筑牢安全发展基础，防灾减灾，不在一朝一夕，全民安全意识的增强和应急能力的提高，必须依靠点点滴滴逐步积累。浒墅关将继续通过多形式多渠道的宣传活动，构筑起生命安全防线，进一步提升人民群众的获得感、幸福感、安全感。

问题1 浒墅关各社区的做法有哪些值得其他社区借鉴的地方？该社区的做法是否还有改进的余地？

问题2 试述目前我国社区应急管理存在的问题。

问题3 试分析国内外社区应急管理模式对当下社区应急管理的启示。

案例3 抓住社区源头 筑牢防灾减灾"前沿阵地"：探访全国综合减灾示范社区雨城区青江街道青江路社区[1]

近日，国家减灾委员会、应急管理部、中国气象局、中国地震局联合发布2020年度全国综合减灾示范社区，雨城区青江街道青江路社区上榜。

---

[1] 案例来源：石雨川. 抓住社区源头 筑牢防灾减灾"前沿阵地"：探访全国综合减灾示范社区雨城区青江街道青江路社区[N].雅安日报，2021-04-08.

一、盘活资源　夯实社区防灾减灾基础

微型消防站的迷你消防巡逻车，定时穿梭在居民区；蓝底白字的应急避难指示牌，立在进出小区的醒目位置；最新生产的箱装方便面以及被褥、救生衣等物资，整齐摆放在防灾减灾储备室里……近日，记者来到雨城区青江路社区，看到以上场景。

说起减灾工作的家底，青江路社区党委书记、居委会主任朱冬娟心里有个"账本"——社区总人数13 000多人，其中59名属于脆弱人群。"残疾人、孕妇属于脆弱人群，他们的数量，我们都要清楚，并做好防灾预案。"朱冬娟说，基层减灾工作要落细落实。

针对辖区特点，青江路社区因地制宜，坚持盘活和发动各方资源及驻街单位，发动卫生服务中心医务人员、小区物业主任、企业负责人等社会力量，组织成立灾害巡查、医疗救助、物资保障等8个小组，扎实开展社区减灾工作。此外，社区还建立物联网与线上线下相结合的预警系统，实现社区事故预警信息高覆盖。数据显示，2020年共排查消除小区内消防通道被堵、私拉电线为电动车充电等隐患300余处。

"防火防盗、关好门窗、注意安全！"在青江路社区，居民们时常都能听见这样的喊话声。

为大家做提醒的，是一个由小区居民组成的防减灾志愿服务队——他们的无私奉献，构成了青江路社区防灾减灾工作的重要一环。

防灾减灾，关乎百姓生命财产安全。在走访过程中，居民告诉记者，虽然灾害发生的概率很小，但未雨绸缪，每次看到社区与小区物业相互配合，定期走访宣传减灾知识，他心里充满安全感。

社区综合防灾减灾能力和开展自救互救水平的高低，对于预防灾害、减少人员伤亡、减轻灾害损失意义重大。"为进一步增强辖区居民的减灾意识，普及减灾知识，提高群众避灾自救能力，我们以创建防灾减灾示范社区为载体，积极探索新形势下社区防灾减灾自救的新路子。"朱冬娟说，社区建立防灾减灾领导小组，由社区书记担任组长，负责落实防灾、减灾、防汛、抗震各项工作；制订应急预案，明确目标，落实分工；成立信息联络员队伍，负责将自然灾害、防汛、防旱的信息工作传递给各网格员；建立社区应急小分队，做到一有汛情和危情能够拉得

出、打得响，既能战又能胜……在综合减灾示范社区创建活动中，青江路社区将辖区划为10个网格，通过细分网格和制定完善社区应急救助预案，成立多支应急小分队，提高防灾应急能力和救灾工作水平。

"我们建立了学习制度，及时组织学习防灾减灾以及上级有关指示精神；建立巡查管理制度，落实人员，对低洼地带进行定期和不定期的巡查；加强值班制度，在汛期下雨天实行24小时值班。在抓好制度建设的同时，我们更注重责任的落实。"朱冬娟介绍。

当灾害来临，防灾减灾基础设施成为守护群众安全的基本防线。走进青江路社区，主干道处设有醒目的避灾点指示牌，避灾场所医疗室内储备充足的医疗物资，社区内隐患监测检查记录表等台账条理清晰，这些都体现了社区对创建全国综合减灾示范社区的用心与细心。

"因为社区里老人多，设置一个较大应急避难场所，也能够方便他们走最少的路，到最近的点来避难。"据介绍，该避难场所位于三雅园。2013年"4·20"芦山地震期间，三雅园被确定为青江街道青江路社区应急避难场所，园内具备应急指挥、应急棚户安置、应急医疗救护、应急物资储备、应急供电、应急取水、应急公共厕所、应急垃圾回收等功能，占地面积约6.7万平方米，可紧急容留安置6000人。突发灾难情况，居住最远的辖区居民可在30分钟内沿撤离指示标识快速有序疏散到园内避灾，发挥其救护和避难作用。

二、共建共享，让"综合减灾"理念家喻户晓

前不久，社区开展了一场防灾减灾综合应急演练和宣传活动。活动设置了灭火器使用及心肺复苏现场演示与培训环节，向居民普及消防常识与急救方法。现场气氛活跃，居民踊跃参与体验。

"这次应急演练和宣传，让我学会了自救和互救的知识，知道了在灾害来临的时候要采取什么措施减轻自己受到的伤害。"在现场参与了演练的居民说，通过演练，自己对报警信号、撤离路线、临时避难地点等应急撤离事项都有了相应了解。

防灾减灾，演练和宣传也是关键。

共建共享，让综合减灾理念家喻户晓，青江路社区防灾减灾宣传工作有声有色。2020年4月建成青江路社区智能安防综合体验区。体验区占地 70 m²，总投资 25 万元，体验区内包含禁毒展示区、安全防盗展示区、防火灭火体验区、防电信诈骗体验区、生命急救体验区、防触电体验区、VR 逃生体验区。参观者可以通过人机互动、情景模拟、实物体验、视频演示等形式，直观掌握防火、防盗、防诈骗、急救等安全知识，有效提高自我防范能力与水平。体验区建成后采取预约形式对全体市民开放，已接待居民群众、学生 1 000 余人次，综合体验馆通过高科技技术，用更直观和生动的方式寓教于乐，将孩子们从上课学习转变为参与体验，提高孩子们参与度的同时，也让孩子们在感受中理解，充分加深了孩子们的记忆，提高了宣传力度，让孩子们通过模拟真实场景，学习逃生知识，提高自救、互助能力。

社区的市民家长学校开辟了预防灾害安全知识课堂，以社区为平台，定期邀请交警、消防等部门开展防灾减灾科普知识讲座。还多次邀请街道消防队到辖区企业、学校开展消防安全演练。辖区内企事业单位也多次开展地震、消防安全的教育培训和逃生演练，并成立了减灾防灾党员志愿队与义务救援队。"在社区组织开展的灾后居民紧急疏散、灾后邻里互救，救援儿童、老人、病患等一系列应急演练活动，有效锻炼了群众面对灾害的心理承受能力。"朱冬娟表示。

三、防灾减灾，筑牢生命安全防线

青江路社区争创全国综合减灾示范社区的努力，只是雨城区防灾减灾工作的一个缩影。

2020 年，雨城区应急管理局防灾减灾中心坚持人民至上、生命至上，不断推进全国综合减灾示范社区创建工作，并完善巨灾保险制度，将减灾工作向基层末梢延伸夯实，构筑起一道提高灾害风险治理能力、降低人民群众受灾损失的安全防护网，真正将减灾工作办成一项民生工程，使群众获得感、幸福感、安全感进一步提升。

近年来，雨城区防灾减灾服务中心按照《全国综合减灾示范社区创建管理暂行办法》，提出减灾示范社区要树立"大减灾、大安全、大联动、大融合"创建理念。对照"网格化、体系化、精细化、智慧化"创建目标，按照"全覆盖、全要素、全领域、全员额"创建要求，市减灾办、应急管理局、气象局组成联合考评组，严格按照创建管理办法，对各申报创建的社区实地审查验收。

"防灾减灾工作是一项宏大的工程，需要科学的顶层设计，也需要扎实的基层工作。"雨城区应急管理局相关负责人介绍，近年来，全区以争创全国综合减灾示范社区工作为抓手，推动基层防灾减灾能力标准化建设，加强社区（村）减灾资源和力量统筹，提高基层特别是农村综合灾害风险治理能力，从而进一步提高雨城区灾害风险治理能力。

"下一步，我们将继续抓好全区综合减灾标准化社区建设，为老百姓营造安全的社区环境。"该负责人说。

问题1　在本案例中，雨城区青江街道青江路社区采取了哪些措施提高其社区应急管理能力？

问题2　如何推动社区应急管理能力建设？

第十二章 专题：怎样开展社区调查与研究
——一个经验分享

第一节 怎样选取一个社区研究的议题？

这里以本书主编的第一个国家社会科学基金项目"城市化进程中的过渡型社区治理问题研究"为例，为大家讲解有关社区问题研究的选题设计。这个选题的研究目标在于：以当前我国快速推进的城镇化为背景，通过对典型个案的实地调查，展示这一主要由失地农民和外来人口共享的过渡型社区的社会构成和生活状态，揭示当前过渡型社区治理存在的主要问题和不足，分析导致该类社区治理问题的原因，探讨该类社区建设与发展战略的正确定位，探索适应过渡型社区特性的现代社区治理模式的路径，进而提出加强过渡型社区治理的制度创新，建设包容性城市新社区的路径与思考。

一、酝酿

2008 年，课题尚处于酝酿阶段，过渡型社区还是一个伴随着我国城镇化的快速推进，刚刚兴起的一个新的社区样态，相应地，该类社区治理的问题还处于初始阶段，无论是从理论还是从实践来看，它都是一个新生事物。因此，这一问题的研究，还存在较大的理论空间。尽管在社会学界已经有部分学者关注到了这一社区形态，并有一些初步成果发表。但在政治学和公共管理领域，学者们对这一类社区治理问题的研究，则尚处于起步阶段，系统性的研究成果还较为缺失，这也就为该选题获得国家社会科学基金的立项提供了契机。

然而，本书主编对于过渡型社区的关注，并非始于国家社会科学基金的申报。2004年，因为教学安排的缘故，本书主编接触到了当时还是方兴未艾的社区治理领域。而第一次和过渡型社区的亲密接触，则是缘于2007年年底一次非常偶然的机会。因为工作关系，本书主编和家属在当时还属于苏州工业园区娄葑镇的莲花新邨（现属于斜塘街道星涛社区），租住了一套三居室，有半年之久。其间的种种经历，促使本书主编发现这类社区既不同于传统农村社区，也不同于城市街道社区和都市商住社区，亦有别于此前李培林和蓝宇蕴等所关注的城中村。作为一个过客，每当经过莲花新邨这片区域时，率先映入眼帘的都是淡灰色的外墙，红色的屋顶，整齐划一排列着的住宅楼，这些住宅楼就单栋的建筑单位而言都具有现代韵味，与城市中的社区相比丝毫不逊色。但是当转换角度从整体上打量这些建筑，尤其在夏天从高处鸟瞰之时，在给人以震撼的同时也充满了压抑之感。

二、思考

实际上自20世纪90年代以来，伴随着我国工业化和城镇化进程的加速，沿海发达地区为扩大城市和工业区规模而实施大规模的土地征用，成了城镇化进程中司空见惯的经济行为，也成了我国城镇化进程中不可避免的常见行为，尤其是城郊农村土地被征用的力度越来越大。在一片片新开发的土地上，耸立起一座座厂房、一幢幢高楼的同时，也出现了大量的由政府投资的失地农民动迁社区。无疑，作为长三角重要城市的苏州，其失地农民动迁社区能在一定程度上反映我国城镇化进程中失地农民动迁社区的生成、发展与未来走向，故而苏州失地农民动迁社区成了本研究需要进行"解剖"的"麻雀"。这一全新样态的社区，对于正在经历快速城镇化的苏州乃至经历同样历程的全国各地而言，有着怎样的变迁意义？它的出现，又将给生活于其间的各类居民带来怎样的影响？而对于这类社区中存在的一系列问题，又将给包括地方政府在内的各类社区治理主体带来怎样的挑战？……所有的这些问题，都在触动着本书主编的学术神经。

三、碰撞

当本书主编真正进入这些社区后，发现其实在社区中生活的并不仅仅是失地农民，还有更多的是甚至超过了本地人口的外来人口，这也使得这种动迁社区变得异常复杂，在事实上已成为某种意义上的由失地农民和外来人口共享的"移民社区"[1]。由于该类社区的形态及其居民的社会生活带有明显的从乡村向城市过渡的特征，从而形成了有别于传统城市街道社区和农村村落社区形态的新型社区——过渡型社区，其社区建设和治理面临不同于以往城市或农村社区治理的全新挑战。尤其是社区中的失地农民（原住居民）市民化和外来人口的社区融入问题，成为该类社区建设和治理需要同时面对的两大核心问题。无论是单从失地农民入手，还是单从外来人口入手来研究这类"过渡型社区"的治理问题，都无法揭示问题的复杂性和内在本质。

正是因为在莲花新邨长达半年之久的租住经历，最终酝酿成后来的国家社会科学基金项目选题。而这段经历本身，也就构成了本书主编进入过渡型社区这一调研场域，进行田野调查的最早尝试。某种程度上说，对过渡型社区的田野调查，早在国家社会科学基金立项的两年前，就已经开始了。甚至可以说，选题的酝酿和形成本身，就来自最初的田野调查，而选题立项之后一系列实证研究的案例、素材和数据，也同样来自对这一场域的田野调查。实践与理论的对话，在此形成了一个循环往复的过程。

第二节 怎样进行社区调查的方案设计？

田野调查经常性地被运用在社会学和人类学的研究中，因此，多数时候田野调查的基本方法也被限定在基于深度访谈和现场观察的民族志领域。然而实际上对于一个完整的探索性课题而言，田野调查更应是能包容各种定量和定性技术在内的一种综合性研究方法，因此，对于过渡型社区治理问题的田野调查，本书主编在调查设计上就尝试了运用综合方法。

一、调查对象与研究设计

本研究将调查对象选定为苏州工业园区中典型的过渡型社区——苏

---

[1] 无论是原住居民还是外来流动人口，相对于传统社区来讲都是"移民"，因此，可以将这一群体组成的社区定义为"移民社区"。

州工业园区所辖的娄葑镇、胜浦镇、唯亭镇等乡镇[1]下属的若干社区，重点关注生存在这一特定场域中的两类不同群体——失地农民和外来人口的生存状态以及这类社区治理结构的变动。在此前对该社区治理现状进行初步调研的基础上，通过进一步深入调研，考察这类社区治理形态及其演变，分析由于空间变化所带来的两类群体（动迁的本地居民和外来人口）的社会整合困境，提出只有在过渡型社区这一特定场域方位内综合考量两类群体的差异化诉求，推动社区治理的转型，才能解决他们之间的共融共生问题，才能实现社会整合的目标。

具体研究方案的设计如图 12-1 所示。

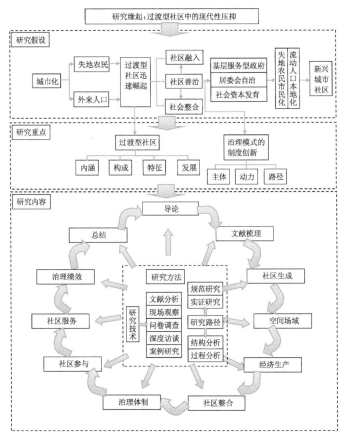

图 12-1　"城市化进程中过渡型社区治理问题"的研究方案设计

---

[1] 2012 年 12 月 26 日，苏州工业园区撤销娄葑镇，分设娄葑街道和斜塘街道，撤销唯亭镇设唯亭街道，撤销胜浦镇设立胜浦街道，将苏州工业园区的城市化进程大大向前推进了一步。

二、田野调查过程中的具体方法和技术

实证研究通过研究呈现客观事实,验证理论假设,尝试解释客观现象的内在构成因素及因素间的普遍联系。课题的研究进程,从酝酿、立项到展开调研,再到最后撰写结项报告,前后一共持续了3年之久。就课题所关注的问题而言,涉及政治学、社会学、经济学、公共管理、人类学等多学科领域,牵涉的相关变量复杂多样,这就要求本研究在研究方法上注重多学科交叉研究,进行跨学科整合,才能从多个角度对过渡型社区治理问题进行全面的研究,进而得出科学的结论和发现。因此,尽管对过渡型社区及其治理问题的研究,总体上是围绕着研究者所在的苏州工业园区为个案展开,但在具体调查技术和手段上,实际是综合运用了文献分析、现场观察、案例分析、问卷统计和深度访谈等具体研究技术。

1. 文献调查

占有大量而丰富的文献资料是论文写作的重要基础,目前学术界对社区治理问题的相关研究已经相当广泛,通过收集相关的多种文献资料,包括政策文献、理论文献、某些实证研究的文献和地方志等,以及有关社区的各种已经成文的资料和数据,并充分利用图书馆和互联网的信息资源,对其进行整理、分析,力图全面、正确地了解和掌握过渡型社区治理问题的研究历史和现状,吸收已有研究成果中的观点、方法,作为本项目研究的理论依据,并以此开拓研究思路。

2. 现场观察

2007—2008年间租住苏州工业园区莲花新邨五区半年的经历,为本书主编充分把握过渡型社区居民生活状态,提供了最为直接的现场观察的机会,这也是本课题真正意义上田野调查的开始。对过渡型社区居民社会生活进行充分的现场观察和亲身体验,有助于发现和掌握过渡型社区治理问题的诸多细节,从而确保了研究的深度和广度。

3. 问卷调查

就过渡型社区的空间规划、居民经济生活、社区社会资本与社会融入、社区居民满意度等不同主题,对若干社区居民进行了多批次、大样

本的实地问卷抽样调查，每次调查的样本数都在600以上；在将回收的有效问卷录入数据库之后，通过利用描述性统计、层次分析、相关分析、因子分析、聚类分析、交互分析、方差分析、多元线性回归分析等多种统计分析方法，对回收的问卷资料进行整理；主要采用了SPSS和EXCEL等统计软件帮助进行数据分析。

4. 深度访谈

为对问卷调查中所发现的问题有更深入的了解，课题组成员还结合问卷调查，进行了不同程度的随机访谈，并针对一些焦点性问题先后进行50余人次的深度访谈，访谈对象包括乡镇干部、社区干部、社区居民、保洁、保安等，获取了大量结构化问卷无法获取的信息。

5. 案例研究

案例研究是社会科学研究中的常用方法，有助于对研究对象的焦点性问题进行更为深入的剖析，也有助于对相关理论和假设的检验。本研究中的案例方法主要体现在三个层次：一是研究的空间场域——苏州工业园区三个乡镇的若干过渡型社区，这一场域本身构成了过渡型社区的典型个案，本项目的所有研究主题的展开都是以这一典型个案为"解剖麻雀"的样本的；二是在论证过渡型社区治理体制的相关问题时，本研究选取了"车库住人"这一典型事件的调查，作为案例分析的基本素材，通过对相关事件的过程和行动者的行为分析，呈现了当前过渡型社区治理中的困境；三是在分析过渡型社区空间规划、社区居民的社会整合、社区参与等问题时，穿插了大量的案例素材，使得相关问题的分析更为生动和具体。

第三节　调查过程与实施

关于过渡型社区课题的开展，整体上看是对一个新事物的探究式调查，因此，尽管在调查方案的设计上，预计采取定性和定量技术相结合的方法，但在具体实施时，则是根据具体模块的主题来决定采用哪种相应的技术展开调查。

一、社区空间及其规划调查

过渡型社区空间的生成,是一个完全意义上由政府主导的"规划的变迁"的结果。因此,过渡型社区空间状况及其规划状况的调查,构成了评价过渡型社区建设及其治理状况非常重要的维度。事实上,正如初期通过现场观察所感知、通过民族志方法所记录的,许多过渡型社区空间管理上的问题,通过量化的社区空间规划评估调查,都找到了问题背后的答案,有了很多有趣的发现。

在通过现场观察和走访积累了大量定性素材后,结合相关研究文献,课题组设计了一套社区空间规划的评估体系及其相关问卷。社区规划科学性评价作为一个复杂的评价系统,每一项评价指标的变化对测评体系均有不同权重的影响。为了能准确地体现社区规划的科学性,客观反映居民对社区规划的评价,调查采用客观赋值法与层次分析法相结合的方法,对指标体系中的各项指标赋予恰当的权重,详见表12-1。

表12-1 过渡型社区空间规划评价体系

	一级指标	二级指标	权重
过渡型社区空间规划评价体系A	整体评价 B1 20%	规模大小 C1	20%
		日常生活 C2	40%
		交通便捷 C3	40%
	物理空间评价 B2 30%	房屋质量 C4	10%
		楼宇之间的距离 C5	10%
		绿地面积 C6	10%
		体育设施的布点 C7	10%
		安保设施 C8	10%
		道路状况 C9	10%
		出口设置 C10	10%
		下雨积水 C11	10%
		垃圾处理点设置 C12	10%
		停车场空间 C13	10%

续表

一级指标		二级指标	权重
过渡型社区空间规划评价体系 A	服务设施评价 B3 15%	利用健身器材锻炼身体 C14	20%
		到活动中心参与文化娱乐活动 C15	20%
		到小区里的菜场买菜 C16	20%
		到社区卫生服务站就医 C17	20%
		遇问题向社区居委会求助 C18	20%
	空间使用习惯 B4 15%	反对乱丢垃圾 C19	5%
		反对草坪种植蔬菜 C20	15%
		反对公共空间养殖家禽 C21	15%
		反对折断小区栅栏当进出口 C22	10%
		反对车库出租或住人 C23	15%
		反对公共空间堆放杂物 C24	10%
		反对搭大棚占道办理喜事和丧事 C25	15%
		反对树上拉绳索晾晒衣物 C26	15%
	邻里空间评价 B5 20%	和邻居打招呼 C27	10%
		到邻居家串门 C28	15%
		帮助邻里的经历 C29	10%
		从邻居家里借到东西 C30	10%
		委托邻居照看房子 C31	15%
		愿意相互帮助 C32	10%
		对小区事情很感兴趣 C33	10%
		有"小区是我家"的感觉 C34	10%
		居民之间的关系很和睦 C35	10%

2011年暑假，课题组进行了过渡型社区空间规划状况的问卷调查。本次问卷调查依据金益新村、莲花新邨、淞泽家园三个社区的规模和常住人口确定，调查方式以调查者逐题询问为主，采取多阶段抽样法，一级抽样框为所有的苏州工业园区过渡型社区，二级抽样框为社区内所有单元，抽取整个单元。二级抽样实际操作中为等距抽样，抽样间隔由调研小组进入社区后根据小区楼房幢数计算。共发放问卷500份，实际收

回问卷数量 500 份,其中有效问卷数量为 498 份,有效回收率为 99.6%。

社区空间规划科学性评价的本质是一个量化分析的过程,利用某些特殊的测量技术进行量化处理,将有助于将居民难于表达和衡量的主观感受既客观又方便地表示出来。而在统计学中常用的李克特量表是较为容易的设计和处理,受访居民也容易理解,本测评体系设计借鉴了李克特量表,也将相关测量题目设计为 5 级顺序量表,即非常不符合,不符合,介于中间,符合,非常符合,相应的赋值为 1、2、3、4、5。量表中用数字表征态度出于两个目的,首先,数字便于统计分析;其次,所有的题目都是肯定性的语句,数字越高说明对某项评价越高,数字使态度测量活动本身变得容易、清楚和明确。

为了便于分析社区空间规划的科学性,需要在过渡型社区空间规划科学性测评体系的基础上,将符合度由定序转化为定距。对应量表中的选项,必须被转化为数字,才能为后续的测评服务。符合度转化方法采用百分比评价法,具体见表 12-2。

表 12-2 相符度指标标度法

符合程度	量化标度/%
非常不符合	5
不符合	25
介于中间	50
符合	75
非常符合	95

二、社区居民生活消费结构调查

对过渡型社区居民经济生活状况的调查,我们从三个角度展开。第一是过渡型社区居民(主要是本地失地农民)的政策保障状况;第二是过渡型社区股份合作社运行状况及其体制机制,这两者主要通过政策文件、政府座谈和居民访谈调查;第三是过渡型社区居民生活消费结构的调查,这一调查采用了问卷调查方法进行。

社区居民消费结构,是指在一定的社会经济条件下,人们(包括不同类型的消费者和社会集团）在消费过程中所消费的各种不同类型的消费资料（包括劳务）的比例关系，在现实生活中具体的表现为各项生活支出。这里所说的消费结构是指过渡型社区居民日常消费的各个方面的支出及各项支出占总支出的比例。事实上，消费结构直接影响和制约着消费行为、消费心理和消费水平，是考察过渡型社区居民经济生活的重点内容。在运用现场观察和访谈法对过渡型社区居民的日常生活状况进行了初步摸底调查后，课题组在2010年暑假对调研地社区居民消费结构进行了问卷调查，从消费行为、消费心理、消费水平等几个方面入手，以此揭示过渡型社区居民经济生活的基本面向及其对该类社区管理与服务的影响。调查问卷涉及了过渡型社区居民衣、食、住、行、教育、医疗、通讯、人情支出、通信、投资等九个方面，从收入和支出两方面考察居民的消费能力和消费结构。调研实施过程中，根据调查目标和方案，采用了在娄葑镇斜塘片（现为斜塘街道）主要消费场所发放问卷的策略，分层抽样和等距抽样相结合的方法。

三、社区融入状况与社会资本状况调查

社区融入程度的高低，是考察社区发育成熟度的重要维度。因此，2010年9月，课题组在调研场域针对该类社区的社区融入状况进行了抽样问卷调查。调查问卷着重考察了社区居民的社会交往状况、社会支持网络、社区事务关注度、社区归属感和认同感等四个方面。在调研中，还选取20多位居民进行了个人深度访谈，形成一定数量的个人深度访谈资料，与问卷调查所收集的数据结合在一起，为深入分析过渡型社区融入状况及面临的困境提供了比较完整系统的数据资料基础。

为进一步深入剖析过渡型社区社区融入的影响因素和社会整合的条件，借鉴运用了社会资本理论，课题组于2011年7月又在调研场域进行了过渡型社区社会资本调查。基于现有相关研究，运用探索性因子分析方法，经过多次修正调整，将过渡型社区的社会资本测量确定为6个维度：地方性社会网络、社区参与行为、社区凝聚力、志愿主义、互惠与信任、社区归属感。

问卷设计如下（表12-3）。

表 12-3　过渡型社区社会资本调查的问卷设计

1 地方性社会网络	Q1 您是否参加社区中的各种群众团体
	Q2 小区里和您见面会彼此打招呼的邻居数量
	Q3 关系好到可以登门拜访的小区居民数量
	Q4 您关系比较密切的朋友中，有多少人居住在小区内
	Q5 您的普通朋友中，有多少人居住在小区内
2 社区参与行为	Q6 自您居住到本小区以来，您参加过小区组织的各类活动吗
	Q7 您平均去社区文化娱乐中心的次数是
	Q8 您参与社区活动的主要身份是
	Q9 自您居住到本小区以来，您有被邀请或参与过社区公共事务的讨论或决策吗
	Q10 在您现在所住社区选举时，您及您家人投票采取的方式
3 社区凝聚力	Q11 小区里大部分人愿意相互帮助
	Q12 总的来说，小区居民之间的关系是和睦的
	Q13 您闲暇之余是否经常拜访邻里
	Q14 您的邻居闲暇之余是否经常拜访您
4 志愿主义	Q15 您入住本小区以来，是否参加过小区组织的捐款捐物的公益活动
	Q16 您入住本小区以来，是否参加过小区组织的志愿服务类公益活动
	Q17 如果小区一个公共项目不直接对你有利，您是否会为此付出时间
	Q18 如果小区一个公共项目不直接对你有利，您是否会为此提供物质帮助
5 互惠与信任	Q19 您入住本小区以来，有没有过帮助邻里的经历
	Q20 您入住本小区以来，有没有接受过邻里帮助的经历
	Q21 您是否有过顺利从邻居家借到需要的东西的经历
	Q22 您是否有过和邻里之间礼尚往来的经历
6 社区归属感	Q23 我对小区中发生的事情很感兴趣
	Q24 我是小区内重要的一分子
	Q25 在小区有家的感觉
	Q26 喜欢我的小区
	Q27 告诉别人我住在哪里很自豪
	Q28 如果迁居，我会留恋本小区

因子分析结果，最后共提取 5 个因子，因子 1 主要包括社交网络（Q2、Q3、Q13、Q14）和互惠与信任（Q19、Q20），赋名为社会网络；因子 2 较符合问卷设计，赋名为社区归属感；因子 3 也较符合问卷设计，赋名为社区参与行为；因子 4 主要是原志愿主义维度中分离出的意愿因子，赋名为志愿意愿；因子 5 主要是原志愿主义维度中分离出的行为因子，赋名为志愿行为。对探索性因子分析的结果进行信度检验，结果如表 12-4 所示：

表 12-4　总量表与各分量表的 Cronbachα 和斯布分半信度

量表	社会网络	社区归属感	社区参与行为	志愿意愿	志愿行为	总
α 系数	0.878	0.831	0.802	0.586	0.652	0.873
斯布分半信度	0.801	0.824	0.797	0.586	0.652	0.733

总量表信度属于"甚佳"范围，分量表中，志愿意愿和志愿行为由于题项较少，信度处于较低水平，但仍处于可用范围。获取过渡型社区社会资本因子后，通过运用 logistic 回归分析，分析了人口统计变量对过渡型社区社会资本的影响，发现政治身份、户籍、居住时间、婚姻状况和职业状况对过渡型社区社会资本有显著性影响；运用指标权重—均值的二维象限分析，我们进一步发现，当前过渡型社区优先关注的应当是社区参与行为特别是志愿行为，这为如何提升过渡型社区社会资本存量提供了较为精确的数据参考。

四、过渡型社区民众社区参与意愿与行为调查

社区参与是影响社区发育成熟度和社区治理绩效的重要考察维度，如何提高社区居民参与意愿和行为，也是当前社区治理工作的重心所在。因此，2010 年暑假期间，课题组也对过渡型社区居民社区参与的问题进行了问卷调查，主要从居民的社区参与效能感、居民社区参与意愿、居民社区参与实际行为来考察过渡型社区居民的社区参与状况及其影响因素。本次调查的抽样方法采用多级整群抽样和简单随机抽样方法，入户收集信息。数据分析环节，在客观描述过渡型社区居民参与状况的基础上，分析了该类社区居民社区参与的行为及其效果，并利用因

子分析、结构方程模型、回归分析等对过渡型社区居民社区参与效果的影响因素进行了分析。

五、社区居民满意度调查

在过渡型社区，社区居民与公共服务部门的互动更加紧密，出于自身权益的考量，他们对社区治理绩效有着更高要求，因此，社区居民满意度调查是过渡型社区治理绩效评估的基础性工作。而一个完善的居民满意度测评体系的构建，必须既要遵循满意度测评的科学原理和内在规律，也要尊重过渡型社区治理的客观现实，时刻注意与具体实际的有机结合，从而保证社区居民满意度评估体系的科学性与合理性。就过渡型社区而言，居民大多是由农民转化而来，过渡型社区居民满意度评估体系的构建必须尊重这一特点。过渡型社区治理在很大程度上延续了传统乡村的治理结构、惯习，在推进现代社区治理理念的进程中，基层政府显然具有更为重要的规范引导作用，因此，过渡型社区居民满意度评估体系有必要对基层政府投入更多关注。又因为过渡型社区治理在延续传统之时又未达至现代城市社区治理的范畴，"在过渡型社区中，居民的利益实现、政治诉求、心理归属以及社区认同仍然在很大程度上依赖于社区居民委员会，这就形成了既不同于城市社区、也不同于原来村庄的社区特性"[1]。

借助前人研究成果，在进行初步研究和预调查的基础上，我们把影响社区满意度的评价因素归纳为以下几个方面：① 社区生活便捷性，包括餐饮、出行、购物、家政等方面；② 社区治安消防；③ 社区环境，体现在保洁卫生、绿化等方面；④ 社区教育入学：包括幼儿园、小中学；⑤ 社区基础设施：包括水电煤气通讯；⑥ 社区文化娱乐活动；⑦ 社区医疗卫生，主要指社区卫生服务站的工作；⑧ 社区居委会的工作；⑨ 社区物业的工作。以上几项指标，大体可以概括过渡型社区与居民满意度相关的方方面面，如社区生活便捷性，就综合了餐饮、出行、

---

[1] 周晨虹. 城乡一体化进程中的"过渡型社区"研究［J］. 济南大学学报（社会科学版），2011（1）：8-13.

购物、家政等方面，治安消防也和居民的人身安全息息相关，社区环境状况则代表了居民对社区卫生保洁、绿化方面的意见，社区教育入学是居民非常关心的问题，基础设施是居民能够居住的必需条件，文化娱乐则与居民的精神世界有很大联系，医疗卫生事关居民健康，居委会是社区的管理者，而过渡型社区虽然没有市场化的物业公司管理其物业，但也由居委会组织了物业管理队伍，对居委会及物业的工作进行了考察。由于我们所考察的苏州工业园区的过渡型社区没有组建业委会，考察指标中就没有列入。因此，这几项指标符合评估指标体系构建的原则，并且与过渡型社区的实际情况紧密贴合，具有合理性。

社区满意度的评价本质是一个量化分析的过程，由于居民满意度反映的是居民对社区的态度、看法和意见，很难用直接询问或观察的方法来进行调查，量化分析可以使得这些难以表达和衡量的态度得以呈现出来。另外，居民满意度的结构构成也较为复杂，一般很难用单一的指标进行测量，故而须借助某些测量技术进行量化处理。在满意度评估指标的量化处理中，运用"量表"这种测量基本工具基本上能够满足要求。李克特量表是社会调查问卷中用得最多的一种量表形式，这里借用李克特的五级量表，将居民对社区满意度的态度分为非常不满意、不太满意、说不清、比较满意、非常满意五类。为了进一步对社区满意度的评价进行比较，可以将定性的评价定量化处理，我们可以将"非常不满意""不太满意""说不清""比较满意""非常满意"分别赋值为1、2、3、4、5，这样就可以很容易地对数据进行处理（表12-5）。

表 12-5 满意度评价定量标准

评价	评价值
非常不满意	1
不太满意	2
说不清	3
比较满意	4
非常满意	5

问卷调查的实施，是2011年暑假期间，本次调查采取了多阶段抽

样法，以一对一的现场填答、现场回收的方式进行了问卷调查，并辅之以相关的访谈完成数据收集。数据分析阶段，运用 AHP 要素评价法对社区居民满意度进行了评分，并运用相关性分析和因素推导模型对社区居民满意度影响因素进行了逐项分析。

六、社区治理体制与公共服务调查

有关过渡型社区治理体制与公共服务的调查，有赖于研究者进入基层政府及社区基层组织，通过与基层政府和社区基层组织领导及工作人员的接洽，采取深度访谈、现场观察和文献（主要是政策文件）搜集的方法，完成有关信息的收集。我们先后采访了苏州工业园区胜浦镇、斜塘街道办事处的相关领导，金益社区、莲花社区（现分为彩莲社区、星涛社区、新东苑社区、锦塘社区等）、淞泽社区、青剑湖社区等多个过渡型社区的党委（总支）书记，社区居委会及工作站的工作人员，胜浦镇党校校长、娄葑街道老年公寓等机构负责人，小区保洁、保安等物业工作人员，以及各类社区社会组织的负责人等。

田野调查过程中，如果访谈对象仅仅定位在官方或半官方人士，进行通常意义上正式场合的结构化访谈，实际上所能了解到的信息是有限的，并不能完全了解过渡型社区治理体制是如何运行的。许多时候，在和社区基层组织接洽的过程中，往往还会有诸如宴会等非正式沟通的场合，我们也尽可能地去收集相关信息。在过渡型社区的田野调查中，我们实际上还利用了一切机会，展开了对社区居民的半结构化访谈，比方说每一次问卷调查，由于是面访，也就经常能遇到"话痨"型的受访人，我们就要求访员顺势将一份问卷填答的过程转化成一次深度访谈的过程，这样就可以了解到结构化问卷往往不能了解到的更多信息。通过对具体生活细节中一些问题（如车库住人、围栏破拆、种菜养鸡、搭棚办事、空地晾晒）的走访，获取了更多具体生动地展现社区治理体制及公共服务状况的信息。通过对社区治理过程中具体事件的剖析，我们可以看到过渡型社区治理的实际运作究竟是怎样的，而不是停留在依赖于官方文件的结构化分析阶段。

第四节　研究经验总结与思考

"城市化进程中过渡型社区治理问题"的调查研究工作，实际上是本书主编第一次作为项目负责人进行的实证研究，课题最后顺利结项，并获得了良好评价，也为本书主编后来开展其他地方治理和社区治理问题的实证研究，打下了坚实的经验基础。回顾这段历程，收获多多，总结而言，有以下心得和体会。

一、好的调查研究，理论学习与实证调查同等重要

要真正做好实证研究，必须要看经典的规范研究著作，因为研究灵感往往就是从大量的经典阅读中逐步积累的。而相对丰富而专业的学术语言，流畅的文字表达，通常也依赖于平时大量理论文献的阅读。这对于实证研究中无论是量化研究还是质性研究，都一样重要。流畅而丰富的学术表达，意味着面对量化研究中统计数据和图表时，可以做出更加清楚全面的说明；也意味着面对质性研究中大量访谈和记录的材料时，最终可以"讲出更生动更深刻的故事"。因而，缺乏理论深度和流畅表达的实证研究，很难说会是一个好研究。在此，实际上深厚扎实的理论功底和熟练操作的实证研究技术，共同构成了政治学实证研究的两头，不可偏废。前者，靠的是长期的阅读和积累，厚积薄发；后者，靠的是不断地尝试和操练，熟能生巧。

二、好的调查研究，统计分析与"讲好故事"一样重要

一项完整的田野调查，可能会综合运用包括定量和定性多种研究技术。量化研究和质性研究，各有其优势和限度。重要的是什么时候形成运用定量或定性研究的技术展开政治学实证研究的"自觉"。坐在泳池边学游泳，是学不会游泳的。同样，对于初学者而言，与其空谈量化与质性之争，不如择其一者而习之。而且，越早学，越早操练越好。而在实际的研究过程中，选择哪一种方法来展开研究，则更应当从研究议题本身的目标、内容和特性出发。方法为目标服务，而不是相反。如果一

个研究只是为了展示研究者所掌握的某种"酷炫"或前沿的研究技术，而忽视了可能存在更为简便易行的方法或技术的选择，那我们对于方法论的理解和运用，也就陷入了另一个误区，造成我们实证研究自身的"异化"。至于许多研究者讨论的"量化研究与质性研究是否可以走向混合"这一命题，实际上现实的研究中这二者本身就不是水火不容的，一些研究者已经有了不少混合研究的尝试。就本课题的研究过程来看，类似于某个项目或课题，也许更适合同时运用两种方法，而且，从研究进程上看，往往是项目初期的调研更适合量化研究，而项目研究越深入，质性研究的价值就越突出；而类似于打算发表在某一期刊上的论文选题，作为初学者，也许选择其中的某一种方法更为合适。

三、好的调查研究，需要注意抽样与问卷调查中的细节

无论是量化研究还是质性研究，最为重要的，说到底，都是可靠有效的数据。注意数据可以是数字，也可以是文字、图像、视频、音频以及各类符号，所以不是数字才是数据，质性研究所要依赖的，也一样是数据。问题在于怎样获得靠谱有效的数据呢？这里有三点，特别需要注意。

1. 随机抽样不是随便抽样

随机抽样是一套科学的抽样方法，然而在实践中许多初学者不明就里或者为了省事，以为随机抽样就是随便抓个受访对象做调查，错把随便抽样等同于随机抽样，这是不妥的。问题是即便严格地遵循了某种随机抽样方法进行了随机抽样，是否能保证样本误差的最小化？比方说，许多严格随机抽样的调查，拒访率超过了50%，这样的抽样过程即使非常科学，实际信度也是值得商榷的。再比方说，在一个全社会性的调查中，如果对座机电话用户进行抽样，那些家里不装座机只用手机的潜在受访人其实就失去了被抽中的机会。因此，现实中的抽样调查，更可能会以一些变通的办法实现，比方说配额抽样。

2. 抽样调查时的样本数，不是越多越好

许多初学者以为抽样调查，样本量越大越好。实际不对，样本的每一个数量级的增加，都意味着调查成本的上升。合适的样本量应当是抽

样误差可接受度与调查成本之间的平衡。因为这个问题很重要，这里就借用一下有关教材里的数据来进行说明了（表12-6）：

表 12-6　置信水平为 95%的随机抽样的抽样误差和样本容量

置信水平为 95%的随机抽样的抽样误差和样本容量[1]	
抽样误差/%	样本容量/份
1	10 000
2	2 500
3	1 100
4	625
5	400
6	277
7	204
8	156
9	123

根据这个表，我们可以看到，如果在置信水平 95%上，我们能接受 5%以下的误差，样本量至少 400。而大多数比较正规的调查，样本都会在 1 000 份以上，这大致就是抽样误差 3%的水平。而这个样本量大致上成本也是可控的，对许多初学者而言，并非困难到无法实施。所以过渡型社区治理问题研究中实施的多次抽样调查，样本量都是在 400~1 000 份。当然，如果我们不打算根据样本做推论，只是就样本说事，那当然也可以不用考虑样本量的大小了。

3. 问卷设计中的细节要注意

有关问卷设计的基本程序和要求，本文在此也不赘述。同样是结合调研过程中所积累的个人经验，特别指出以下几点需要注意的地方：

（1）设计具体的问题前，应当先明确问卷设计的思路。许多初学者都希望老师能对自己设计的问卷给予具体的指导和修改建议。然而如果没有看到具体的问卷设计思路，老师们实际上难以给予有实质意义的指

---

[1] 罗杰·皮尔斯. 政治学研究方法：实践指南[M]. 重庆：重庆大学出版社，2014：76.

导。因此，建议初学者在提交问卷设计的初稿给老师们看时，务必同时提交问卷设计的思路，这样老师大致就能明白你的每个具体题目所要考察的是什么问题，才能给出更具体的修改意见。

（2）涉及个人身份的人口统计信息，通常被受访人视作较为敏感的问题，所以为提高个人身份信息的信度，通常建议放至问卷最后较为合适。同样，类似的其他越为敏感的问题，建议越往后排。

（3）一题不两问。一道问题里不要问意义不明确或有双重意义的问题。否则会让受访人无从选择。如："您是否赞成压低房价，以增加人民福利？"这样的问题就不属于好问题，如果有人赞成增加人民福利，但不赞成压低房价怎么办？同样，选择项的设置也应遵循一个选项一个意思的原则。

（4）问题设置不能贪多，除非是有大规模资金支持的机构调查，作为初学者，包括人口统计信息在内，总题量应尽量控制在 30 道题以内。如果按照正常 A4 纸正反双面打印，5 号字体单倍行距排版，刚好够 1 张 A4 纸正反面打印。这样以 400 份问卷为计，总的问卷调查费用成本较低，非常适合作为初学者的个人或团队展开调研。而且由于题量不多，单份问卷所需耗费的填答时间也较短，以访员与受访人面访方式完成的话，差不多 15 分钟就能够完成。如果一个调研团队 5 人，平均 1 人 80 份工作量，差不多两天时间即可完成 400 份问卷的面访。这样的时间成本也在可控范围内。

（5）正式实施前，问卷设计出来后一定要做试调。试调是为了完善问题的设计，许多由研究者自己设计的问题，研究者自己未必能感觉出问题和选项设置可能存在的语意不清、立场诱导、术语过于专业等问题，就需要通过试调发现这些问题以进行修正。一般试调的样本量在总样本量的 1/10 以内即可，原则上试调的问卷即使和正式问卷问题一致，也不记入正式调研的样本中。

（6）问卷设计中不建议设置开放性问题，尽量以封闭式问题呈现。由于开放式问题无法进行定量统计分析，因此在问卷中设置开放性问题并不恰当。然而实际调研时确实可能会出现许多未预见到的有意思的发现，建议访员面访时记录在问卷留白处或笔记本上，甚至于可以及时将问卷调查面访转换成小型的深度访谈，以收获更多的信息。

（7）低调处理中间选项。一般情况下，不要提供中间选项，或者将中间选项置于选项最后。访员在宣读题目时，也可通过不宣读的方式回避中间选项，除非受访人有强烈要求选择中间选项。这是考虑到国内调研时，相当大比例的受访人出于各种原因，如为了省事节约时间或对调查目的本身的不信任，常常选择中间选项或无应答选项，来回避真实态度和立场的表达，这样极易导致问卷回收后统计上的偏差。因此，这一技巧实质是为了能更真实地测量受访人对某一具体问题的真实立场。从实际效果来看，经过这样的规避，确实能够减少选择中间选项或无应答选项的情况的出现。

四、好的调查研究，要充分重视各类定性调查技术的应用

好的质性研究，其价值和意义并不亚于量化研究；而要做好质性研究，其难度也丝毫不亚于量化研究，甚至更为耗时费力。而相关数据资料的收集、整理和分析，也一样是质性研究能否成功开展的基础。现场观察、档案记录、调研日志、文件素材、访谈、实物等，都是获取质性研究数据资料的途径和方法。其中，访谈法是最为重要的定性调查技术之一。一般而言，访谈法可以分为个人深度访谈和团体焦点访谈两大类。前者，较多运用于某一地区、社区或事物历时态过程的相关研究，如社区中治理体制或结构变动的历史过程，或某一个人的个性化体验等；而后者，则较多运用于对某一具体事件过程及其评价的相关研究，如过渡型社区治理问题的调研中"车库住人"事件问题的调查。无论是个人深度访谈还是团体焦点访谈，原则上访谈时间都应控制在1~2小时，少于1小时，很难将访谈深入展开，超过2小时，则易造成受访人的疲劳，影响受访人正常工作或生活。

访谈的准备，对于初学者而言，建议多采用结构化访谈，在正式展开访谈之前，应尽可能地准备充分。通常应在完成文献检阅的基础上，收集、整理研究对象的相关资料，结合研究主题和理论预设，设计结构化访谈提纲。在访谈经验积累到一定阶段后，就可以不用受结构化访谈

题目的限定，更多结合特定场域、情境和访谈对象的互动，来展开"探询"。从许多研究者的田野调查实践来看，许多时候，实际上非结构化访谈往往能挖到更多的"料"，而有更多"料"的访谈，甚至于都不能限定在某个特定的正规场合，诸如饭桌上、调研路上、休憩间看似不经意的"闲聊"，都可能成为极具价值的访谈机会。

  访谈开始时，一定要注意谈话气氛的营造，如能和受访人达成一些经历或体验的"共鸣"，就很容易使受访人对访员产生认同感，从而有利于访谈的深入。如由于我本人有过在乡镇基层工作的经验，对于基层政府和社区干部工作中"上面千根线，下面一根针"的经历感同身受，也对于社区基层群众自治组织的"行政化"、日常工作中的"逗数字"现象有深刻体悟，因此，这一经历的分享和"吐槽"往往就成为拉近与受访人心理距离最好的手段，而且屡试不爽。而对于"话痨"型的受访人，还需注意及时巧妙引导，尽量将话题围绕调研主题展开。

  注意访谈的同时，做好访谈记录。一般而言，应当在访谈开始时即准备好录音设备。就现在的技术条件而言，所有的手机都有录音功能，因此不一定要准备专门的录音笔录音。自然，这就使得访谈时的录音成为一件随时可以不经受访人同意就能做的事情。这就必然牵涉到实证研究中的一个调研伦理问题：是否可以未经受访人同意即行录音？就国内社会情境和人际互动而言，涉及一般话题，尤其是正式场合的访谈，受访人还是会同意录音的。然而如果涉及敏感话题，或受访人有担心敏感话题的顾虑，通常就很难获得同意了。即使获得同意，受访人在回答一些敏感问题时，也可能刻意回避。这就构成了调研伦理的两难，研究者们的争论和取舍，实际到今天也未有定论。不过，在正式论文写作时，如有对受访人访谈内容的引用，隐去受访人真实身份信息（主要是姓名）是必须要注意的细节。如果在访谈时进行了录音，在完成当天的访谈后，应尽快进行访谈录音的整理工作。访谈记录的内容，也应当遵循一定的格式和要素要求。一般而言，应包括受访人身份信息、时间、地点、场景描述、对话内容、访员回应和访谈小结等。记录内容尽可能利用录音进行"原景原音再现"，才能保证访谈文本的真实性，在运用到正式论文写作中时才更具有"一手资料"的权威性。

如果对手头收集和掌握的资料进行更为细致的分析和挖掘，甚至利用若干量化技术对资料进行编码分析，以更深刻地提炼的数据信息和经验资料背后的社会关联，进而发展出新的理论，那么我们的质性研究就接近了近年来颇受社会学和人类学者所关注和应用的"扎根理论"。实际上，在扎根理论方法的运用上，基于经验的质性研究和基于数据挖掘的量化研究已经呈现出日益融合的趋势，这也使得真正意义上的混合研究成为一种可能。

五、好的调查研究，要注意田野工作中的团队建设

一个的实证调查研究，许多情况下需要一个团队的合作才能完成，尤其是需要进行基于大样本数据的量化研究时，仅仅靠个人的单打独斗更是难以想象。本书主编的幸运之处在于，在课题研究的一开始，就有一群学生一起做社区调查了。也正是在过渡型社区治理问题研究获得国家社科基金立项的2009年，本书主编和一些爱读书的学生自发举办阅读政治学经典的读书会，对学术的兴趣和爱好把大家拉到了一起。也正是这群读书会的孩子，成为开展社区调查最初的主力。而借由社区田野调查和读书会的平台，学生们也习得了田野调查的基本技能，并运用于自己的科研体验中。随着时间的迁转，这个基于学生读书会平台的学术团队不仅逐步成长壮大，许多学生陆续获得了由他们自己主持的各级各类课外科研项目资助，而且在学生课外科研领域取得了诸多成绩。2011年，这一学生团队获得了第十二届"挑战杯"全国大学生课外学术科技作品竞赛（简称"挑战杯"）特等奖，这是苏州大学历史上第一个"挑战杯"国家级文科特等奖。该团队的研究报告"城乡一体化进程中土地股份合作的制度演进与创新——以苏州市上林村为个案"，正是在经历长达3年的实地调研基础上最终形成的一个非常优秀的案例研究作品。2009年至今，这一学生团队一共获得全国MPA优秀毕业论文1篇（2017）、省优秀学术学位硕士毕业论文1篇（2019）、省优秀本科毕业论文1篇（2019），获"挑战杯"全国大学生课外学术科技作品竞赛特等奖（2011）、三等奖（2017、2019），"挑战杯"省级特等奖（2017）、一等奖（2019、2021）、三等奖（2015），获大学生创新实验训练计划项

目国家级立项 3 项、省级 8 项，筹政学者基金 1 项，全国城市治理案例挑战大赛亚军（2016）等荣誉。这些项目的主要成员，大多被推荐保送包括北京大学、复旦大学、浙江大学、武汉大学、中山大学、同济大学和厦门大学等高校攻读政治学或公共管理类专业的硕士研究生和博士研究生。

六、好的调查研究，要注意调查过程中长期合作关系与新领域的开拓

一个课题的田野调查过程，往往要经历短则数月，长则数年的时间积累。在这一过程中，研究者往往与调查对象会有多次的交流与互动，这一互动过程实际上会重构研究者与研究对象的相互关系，甚至于重构研究者自身的研究路径和学术图景。正是因为这个课题的田野调查过程，本书主编的学术研究取向就发生了重大转向。从研究领域来说，从原来较多关注比较政治和民主化研究，转向了地方治理和社区治理研究；从研究方法来说，从对实证研究的"学术无意识"转向了实证研究的"学术自觉"，进而影响到对学生的培养模式和要求；从理论与实践的互动关系来说，由于课题调查研究过程中的"深耕"，使得本书主编在过渡型社区建设与治理问题上积累了较多素材和体会，从而获得了不少在诸如苏州干部学院这样的平台给来自全国各地基层干部学员讲授相关课程的机会，也扩大了研究成果本身的影响；更有甚者，由于调研期间所积累的人脉和社会支持网络，本书主编在课题结项之后，因为一次机缘巧合接触到公益创业的机会时，很自然地将课题研究、团队建设与社会公益联系到了一起，最终培育成立了一个专门致力于社区治理和社区融入项目的社区社会组织。现在，这个组织的运作，已经初见成效。而这一经历，自然也将本书主编的学术视野带到了一个更为广阔的空间，学术研究、教书育人与社会公益，形成了可持续的良性互动。

主要参考文献

一、中文著作

1. 张英洪，等．善治乡村：乡村治理现代化研究［M］．北京：中国农业出版社，2019．

2. 陈诚．社区治理能力评估指标体系研究［M］．北京：经济日报出版社，2017．

3. 罗家德，梁肖月．社区营造的理论、流程与案例［M］．北京：社会科学文献出版社，2017．

4. 胡洁人．健全社会矛盾纠纷调解机制：当代中国"大调解"研究［M］．上海：上海交通大学出版社，2017．

5. 李郇，刘敏，黄耀福．共同缔造工作坊：社区参与式规划与美好环境建设的实践［M］．北京：科学出版社，2016．

6. 王喜富，陈肖然．智慧社区：物联网时代的未来家园［M］．北京：电子工业出版社，2015．

7. 皮尔斯．政治学研究方法：实践指南［M］．张睿壮，等译．重庆：重庆大学出版社，2014．

8. 中共中央关于全面深化改革若干重大问题的决定［M］．北京：人民出版社，2013．

9. 郭圣莉，刘晓亮．转型社会的制度变革：上海城市管理与社区治理体制构建［M］．上海：华东理工大学出版社，2013．

10. 陆学艺．中国社会建设与社会管理：探索·发现［M］．北京：社会科学文献出版社，2011．

11. 帕特南．独自打保龄：美国社区的衰落与复兴［M］．刘波，祝乃娟，张孜异，等译．北京：北京大学出版社，2011．

12. 威尔莫特，霍克．人际冲突：构成和解决（第 7 版）［M］．刘宇耘，曾敏昊，译．上海：上海社会科学院出版社，2011．

13. 王浦劬，萨拉蒙，等．政府向社会组织购买公共服务研究：中国与全球经验分析［M］．北京：北京大学出版社，2010．

14. 陈锡文，赵阳，陈剑波，等．中国农村制度变迁 60 年［M］．北京：人民出版社，2009．

15. 谈火生．审议民主［M］．南京：江苏人民出版社，2007．

16. 雷吉．协商民主：论理性与政治［M］．陈家刚，等译．北京：中央编译出版社，2006．

17. 蓝宇蕴．都市里的村庄：一个"新村社共同体"的实地研究［M］．北京：生活·读书·新知三联书店，2005．

18. 李培林．村落的终结：羊城村的故事［M］．北京：商务印书馆，2004．

19. 贝克．风险社会［M］．何博闻，译．南京：译林出版社，2004．

20. 梅尔霍夫．社区设计［M］．谭新娇，译．北京：中国社会出版社，2002．

21. 折晓叶，陈婴婴．社区的实践："超级村庄"的发展历程［M］．杭州：浙江人民出版社，2000．

22. 柯武刚，史漫飞．制度经济学：社会秩序与公共政策［M］．韩朝华，译．北京：商务印书馆，2000．

23. 吉登斯．第三条道路：社会民主主义的复兴［M］．郑戈，译．北京：北京大学出版社，2000．

24. 滕尼斯．共同体与社会：纯粹社会学的基本概念［M］．林荣远，译．北京：商务印书馆，1999．

25. 中共中央文献研究室．毛泽东文集：第六卷［M］．北京：人民出版社，1999．

26. 费孝通．乡土中国·生育制度［M］．北京：北京大学出版社，1998．

27. 中共中央马克思恩格斯列宁斯大林著作编译局．马克思恩格斯全集：第一卷［M］．北京：人民出版社，1995．

28. 林毅夫,蔡昉,李周. 中国的奇迹:发展战略与经济改革[M]. 上海:上海三联书店,1994.

29. 塞缪尔·P·亨廷顿. 变化社会中的政治秩序[M]. 王冠华,刘为,等译. 北京:生活·读书·新知三联书店,1989.

30. 帕克,等. 城市社会学:芝加哥学派城市研究文集[M]. 北京:华夏出版社,1987.

31. 毛泽东. 毛泽东选集:第五卷[M]. 北京:人民出版社,1977.

二、英文文献

1. HE G,BOAS I,MOL A P J,et al. E-participation for environmental sustainability in transitional urban China[J]. Sustainability science,2017(2):187-202.

2. BOWLES S,GINTIS H. Social capital and community governance[J]. The economic journal,2002(483):419-436.

3. SOMERVILLE P. Community governance and democracy[J]. Policy &Politics,2005(1):117-144.

4. HYMAN J. Exploring social capital and civic engagement to create a framework for community building[J]. Applied developmental science,2002(4):196-202.

5. LEUNG J C B. Community building in China:from welfare to politics[J]. Community development journal,2000(4).

6. WEIL M O. Community building:building community practice[J]. Social work,1996(5).

7. OSTROM E. Crafting institutions for self:governing irrigation systems[M]. San Francisco,CA:ICS Press,1992.

后　记

　　我和"社区治理"的缘分，大概要追溯到大学毕业那年。那年，我因为第一次考研失败，回到家乡，参加了乡镇基层公务员的招考。1999年11月21日，我正式作为一名基层公务员，到当时的扬州市郊区城东乡党委组织科报到，开始了我不到一年的基层公务员的"职业生涯"。其间，我经历最多的，就是跟随领导到村、社区考察"两委"班子，开展年底考核，整理各种台账，也经历了当时中共中央组织部部署的基层党组织"两票制"选举工作……见到了中国基层治理最真实的一面，甚至还用当年大学学过的"三脚猫"电脑编程技术，为全乡70多位乡管干部，制作了人事档案管理库。这便是我和中国基层治理理论、实践结缘的开始。然而，这段与中国基层治理的短暂相遇，随着我第二次考研成功，辞职回到母校读研，在不到一年的时间里，便很快结束了。

　　2003年，我硕士毕业留校任教。作为一个"青椒"，我教的第一门课就是"社区治理"，由此，我和"社区治理"的缘分，便再次续上了。这门课在当时还是一门新课，老教师们都不愿意开新课，所以就由我们这样的"青椒"来上，因为我们初生牛犊不怕虎，也乐意迎接开新课的挑战。不承想这门课一讲就是18年，一直到现在，从本科到MPA，我和"社区治理""不离不弃"。也正是从这门课的教学活动开始，我经历了从教学到科研，从学界到实务界的跨界发展，实现了个人教学和学术生涯的成长，从此和"社区治理"密不可分。而这段时间，也正是我国城乡社区治理理论和实践发展变化最为关键的时期。2009年，我的第一个国家社会科学基金项目"城市化进程中'过渡型社区'治理问题研究"立项；2011年，我指导的学生团队项目"城乡一体化进程中土地股份合作的制度演进与创新——以苏州市上林村为个案"获苏州大学有史以来第一个"挑战杯"全国大学生课外学术科技作品竞赛文科特等奖；2014年，我的第一本社区治理研究的著作《城市化进程中的"过渡型社区"：空间生成、社会整合与治理转型》正式出版；2017年，我赴台湾政治大学访学，就台湾社区营造开展为期半年的参访学习；2018年，我和我的学生团队创办的社会组织——苏州市吴中区禾木堂社区发展中心，在近3年孵化的基础上，正式在民政局注册成立并承接各类公益创投和社区党建为民服务项目；2019年，禾木堂团队承接了吴中区社区服务社会化第三方评估项

目；同年，我指导的研究生严瑶婷硕士学位论文《20世纪90年代台湾社区营造运动中地方权力关系的重构》获评2019年度江苏省优秀学术学位硕士学位论文；2020年，禾木堂社区发展中心通过三星级社会组织评估；2021年，我与学生合作的《"红色管家"何以管用？——基层治理创新"内卷化"的破解之道》发表在《公共行政评论》学术期刊上，受到了学界和实务界的共同关注。十多年来，我也应地方各级政府和基层社区、社工机构邀请，持续开设有关社区治理的各类专题讲座，广受好评。可以说，正是18年前"社区治理"课程的教学，开启了我今天已初步成形的教学、科研和社会服务三位一体的专业发展新思路。

本书是在我近20年有关"社区治理"课程教学、为地方各级相关条线干部及一线社会工作者和社区工作者开展的系列专题讲座的基础上，以"社区治理"课程的教学需求为基础，紧密结合城乡社区治理实务与实践需求，围绕当前城乡社区治理工作实务的重要领域和前沿领域，结合当前各地城乡社区治理的创新和实践需求，为读者提供兼有完整理论体系、前沿实践创新和一线操作实务常识的全新实用型城乡社区治理读物。本书兼具研究著作和教材双重特征，按照常识介绍、理论研讨和案例分析相结合的方式，对相关内容进行呈现。本书的编写，可以说也是对我近20年有关城乡社区治理理论和实践探索的一次小结。

本书由我和副主编何华玲负责大纲撰写、各章前期提纲编写和统稿。具体章节撰写分工如下：

第一章：何华玲；第二章：刘育宛；第三章：李梦艺；第四章：卓琪琪；第五章：李梦艺；第六章：王霏；第七章：张馨怡；第八章：夏文杰；第九章：李志欢；第十章：陈文文；第十一章：张雨晨；第十二章：张晨。

感谢团队伙伴们的共同努力，感谢学院领导的支持和苏州大学出版社编辑老师们的付出，感谢与本人团队有各类合作关系的地方各级政府、苏州干部学院、吴中区委党校、苏州工业园区社会创新发展中心等给予的机会和支持，也感谢奋斗在城乡社区治理一线的社区（村）书记、主任和一线社工机构的小伙伴们！没有你们，就不会有本书的诞生。

路漫漫其修远兮，吾将上下而求索。谢谢大家，也谢谢这本书未来的读者！

张晨　谨识

于辛丑年戊戌月·独墅湖畔